초등 때 키운 한자 어휘력!
나를 키운다 4

| 저자 소개 |

이재준

• 1950년 출생.
• 교육대학을 졸업하고 20여 년간 초등학교에서 재직하였다.
• 퇴직한 후에 다년간 초등학생들을 위한 한자교실을 운영하였다.

초등 때 키운 한자 어휘력! 나를 키운다 4

발행일   2023년 12월 8일

지은이   이재준
펴낸이   손형국
펴낸곳   (주)북랩
편집인   선일영   편집   윤용민, 배진용, 김부경, 김다빈
디자인   이현수, 김민하, 임진형, 안유경   제작   박기성, 구성우, 이창영, 배상진
마케팅   김회란, 박진관
출판등록   2004. 12. 1(제2012-000051호)
주소   서울특별시 금천구 가산디지털 1로 168, 우림라이온스밸리 B동 B113~114호, C동 B101호
홈페이지   www.book.co.kr
전화번호   (02)2026-5777   팩스   (02)3159-9637

ISBN   979-11-93499-73-3 64710 (종이책)   979-11-93499-74-0 65710 (전자책)
         979-11-93499-67-2 64710 (세트)

초등 때 키운
한자 어휘력!
나를 키운다

4

차근차근 꾸준히

머리말

　같은 글을 읽으면서도 어떤 사람은 쉽게 이해하고 어떤 사람은 제대로 이해하지 못합니다. 그런가 하면 누구는 어떤 사실이나 자기의 생각을 간결하고 명확하게 잘 표현하는데 누구는 그렇지 못합니다. 왜 그럴까요? 그것은 사람에 따라 문해력과 어휘 구사력, 즉 어휘력이 있기도 하고 그렇지 못하기 때문입니다.

　우리는 한글이 만들어지기 전에는 한자를 우리 글자처럼 사용하였고 한글이 만들어진 뒤에도 여전히 한자를 사용해왔습니다. 그래서 우리말의 많은 어휘(낱말들)는 한자로 이루어진 한자어이며, 더욱이 교과 학습의 밑바탕이 되는 중요한 학습 용어는 90퍼센트 이상이 한자어입니다. 따라서 문해력을 키우고 온전한 학습을 이루어 나가기 위해서는 한자와 함께 한자어를 익혀야 합니다.

　초등학교 고학년에서 중학교로 이어지는 시기는 인지 발달로 추상적, 논리적 사고를 할 수 있기에 교과 학습에서 사용하는 어휘가 크게 늘어나게 되는 때입니다. 그러므로 원활한 학습을 위해서는 어휘력을 키워야 하는데, 이때는 인지 기능이 활발하고 어휘 습득력도 왕성하므로 현재의 학습은 물론 앞날의 더 큰 학업 성취와 성숙한 언어 생활을 위해 어휘력을 키우기에 어느 때보다도 좋은 시기입니다.

　지은이는 오랫동안 학교에서 학생들과 생활하며 한자와 한자어 학습 자료를 만들고 지도하여 많은 성과와 보람이 있었습니다. 학생 지도의 오랜 경험을 바탕으로 그동안 활용하던 자료를 정리하고 보완하여 누구나 스스로 배우고 익히도록 이 책을 엮었습니다.

　쉬운 것만을 찾고 편하게 공부하려 한다면 그 이상의 발전을 기대할 수 없습니다. 마음먹고 차근차근 꾸준히 배우고 익히면 어느덧 한자와 한자어에 대한 이해와 함께 어휘력이 쌓이고 사고력과 학습 능력도 늘어나 뿌듯한 성취감을 느낄 것입니다. 그리고 앞으로 더욱더 많은 한자와 한자어를 쉽게 익힐 수 있는 힘이 갖추어질 것입니다.

2023년 12월　이재준

한자 어휘력! 나를 키운다

구성과 특징

✱ 혼자서 공부할 수 있어요 ✱

1. 많이 쓰이는 한자 1162자와 그 한자들로 이루어진 한자어를 익힙니다.
   ☞ 기본이 되는 한자 1162자와 이들로 이루어진 한자어를 익히므로 문해력은 물론
   모든 교과 학습과 독서, 논술 등에 바탕이 되는 어휘력과 사고력을 기릅니다.

2. 옛일에서 비롯된 성어와 생활 속에서 이루어진 성어 228개를 익힙니다.
   ☞ 한자성어의 함축된 의미와 그에 담긴 지혜와 교훈을 이해하고 적절한 활용을 익혀
   글을 읽고 이해하는 배경 지식을 쌓고 상황에 알맞은 표현을 구사할 수 있게 합니다.

3. 획과 필순을 익혀 한자의 모양을 파악하고 바르게 쓸 수 있도록 합니다.
   ☞ 한자를 처음 대하면 글자의 모양이 복잡하게 느껴지고 어떻게 써야 할지 모르는데,
   획과 필순을 익히면 글자의 모양을 쉽게 파악할 수 있고 바르게 쓸 수 있습니다.

4. 한자의 바탕이 되는 갑골문을 살펴보며 한자의 이해와 학습을 돕습니다.
   ☞ 처음 글자는 그림의 모습을 하고 있어서 뜻하는 것을 쉽게 알 수 있으며, 이는 모든
   한자의 바탕이 되는 글자로 한자를 배우고 익히는 데에 큰 도움이 됩니다.

5. 앞서 배운 한자가 뒤에 한자를 이해하는 데 도움이 되는 순서로 배웁니다.
   ☞ 즉 '日(날 일)', '月(달 월)', '門(문 문)'과 '耳(귀 이)' 등을 먼저, '明(밝을 명)', '間(사이 간)',
   '聞(들을 문)' 등을 뒤에 배우는 것으로, 한자를 배우고 익히는 데에 효과적입니다.

6. 새 한자를 배우면 앞서 배운 한자와 이루어진 한자어를 익혀 나갑니다.
   ☞ 한자 학습이 한자어 학습으로 이어져 한자어의 뜻과 활용을 효과적으로 익힐 수
   있으며 바로 어휘력이 됩니다. 그리고 이때 한자도 반복 학습이 이루어집니다.

7. 한자어를 이루는 한자의 뜻과 결합 관계로 한자어의 뜻을 알도록 합니다.
   ☞ 한자의 말을 만드는 기능을 이해하게 되어 다른 한자어의 뜻도 유추할 수 있게 됩니다.
   이로써 한자어에 대한 이해력과 적응력이 커지고 우리말 이해의 폭이 넓어집니다.

8. 학습 진행에 따라 알아야 할 것과 참고할 것을 각 권에 적었습니다.
   ☞ 1권 – 한자의 획과 필순. 2권 – 한자의 짜임. 3권 – 한자의 부수. 부수의 변형.
   4권 – 한자어의 짜임. 5권 – 자전 이용법.

– 한 묶음(12 글자) 단위로 학습 활동을 엮었습니다. –

공부할 한자

⊙ 공부할 한자를 살펴보며 글자의 모양을 파악하도록 합니다.

⊙ 공부할 한자의 음과 훈을 알도록 합니다.

알아보기

⊙ 주어진 내용의 글에서 공부할 한자로 이루어진 한자어의 뜻과 쓰임을 알아봅니다.

⊙ 공부할 한자가 이루어진 근원과 지니는 뜻을 알아보고 필순을 따라 바르게 써 봅니다.

새기고 익히기

⊙ 배울 한자가 지니는 뜻을 새기고 앞서 배운 한자와 이루어진 한자어의 뜻과 활용을 익힙니다.

⊙ 한자어를 이루는 한자의 뜻을 결합 관계에 따라 연결하여 한자어의 뜻을 알도록 합니다.

⊙ 예문을 통해 한자어의 뜻과 활용을 익힙니다.

한자성어

⊙ 한자성어의 뜻과 그 속에 담긴 함축된 의미를 이해하고 그에 적합한 활용을 익힙니다.

더 살펴 익히기

⊙ 한자가 지닌 여러 뜻을 살펴보고 그 뜻으로 결합된 한자어를 익힙니다.

⊙ 비슷한 뜻, 상대되는 뜻을 지니는 한자를 살펴 익힙니다.

⊙ 한자 성어가 지니는 의미와 성어를 이루는 개별 한자의 뜻을 한 번 더 익힙니다.

어휘력 다지기

⊙ 배운 한자로 이루어진 한자어의 뜻과 활용을 익혀 가다듬습니다.

⊙ 한자가 글자의 조합으로 말(한자어)을 만드는 기능을 알 수 있어 우리말(한자어) 이해의 폭이 넓어집니다

되새기기

⊙ 배운 한자를 음과 뜻을 되새기며 필순에 따라 한 번 더 쓰면서 한 묶음의 한자 공부를 마무리 짓습니다.

차례

8

한자어의 짜임

한자어의 짜임을 알면 한자어의 뜻을 쉽고 바르게 이해할 수 있다.

유사관계

〔 A = B 〕

뜻이 같거나 비슷한 한자 A 와 B 가 결합하여 보다 명확한 뜻을 나타내는 것.

■ 유사관계로 이루어진 한자어의 뜻은 'A 와 B 의 공통의 뜻', 'A 하고 B 함'으로 풀이한다.

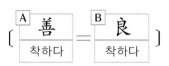

■ 善良(선량): 착함.

■ 海洋(해양): 바다.

■ 道路(도로): 길.

■ 始初(시초): 처음.

■ 〔計=算〕 (셈할 계. 셈 산): 셈.　　■ 〔心=情〕 (마음 심. 마음의 작용 정): 마음.

■ 〔順=序〕 (차례 순. 차례 서): 차례.　　■ 〔家=屋〕 (집 가. 집 옥): 집.

임의관계

〔 A - B 〕

뜻이 서로 아무런 관계가 없이, 말하고자 하는 A 와 B 를 나란히 늘어놓은 것.

■ 임의관계로 이루어진 한자어의 뜻은 'A 와(과) B'로 풀이한다.

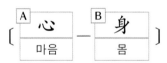

■ 心身(심신): 마음과 몸, 몸과 마음.

■ 富貴(부귀): 부함과 귀함.

■ 信義(신의): 믿음과 의리.

■ 技藝(기예): 재주와 예술.

■ 〔時-空〕 (시각 시. 공간 공): 시간과 공간.　　■ 〔耳-目〕 (귀 이. 눈 목): 귀와 눈, 눈과 귀.

■ 〔宿-食〕 (잘 숙. 먹을 식): 자고 먹음.　　■ 〔風-雨〕 (바람 풍. 비 우): 바람과 비, 비와 바람.

<table>
<tr><td>대립관계</td></tr>
<tr><td>〔 A ↔ B 〕</td></tr>
</table>

대립관계
〔 A ↔ B 〕

뜻이 상대되거나 반대가 되는 한자 A 와 B 를 결합하여, 둘의 차이를 대비시킨다.

■ 대립관계로 이루어진 한자어의 뜻은 ' A 와(과) B ' 또는 ' A 하고 B 함'으로 풀이한다.

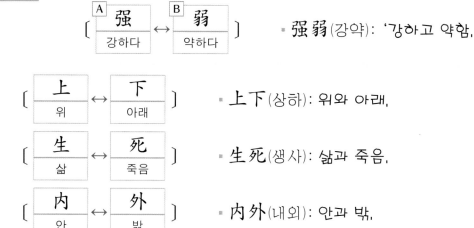

〔 强 ↔ 弱 〕 강하다 약하다

■ 强弱(강약): '강하고 약함,

〔 上 ↔ 下 〕 위 아래

■ 上下(상하): 위와 아래,

〔 生 ↔ 死 〕 삶 죽음

■ 生死(생사): 삶과 죽음,

〔 內 ↔ 外 〕 안 밖

■ 內外(내외): 안과 밖,

■ 〔大↔小〕 (큰 대. 작을 소): 크고 작음,　　■ 〔先↔後〕 (먼저 선. 나중 후): 먼저와 나중,

■ 〔吉↔凶〕 (길할 길. 흉할 흉): 길함과 흉함,　　■ 〔進↔退〕 (나아갈 진. 물러날 퇴): 나아감과 물러남,

■ 〔賣↔買〕 (팔 매. 살 매): 팔고 삼,　　■ 〔貴↔賤〕 (귀할 귀. 천할 천): 귀함과 천함,

술목관계
〔 A ┃ B 〕

동작을 나타내는 말 A 와 그 동작의 대상이 되는 말 B 가 결합된 것.

■ 술목관계로 이루어진 한자어의 뜻은 ' B 를(을) A 하다'로 풀이한다.

〔 乘 ┃ 車 〕 타다 차

■ 乘車(승차): 차를 타다,

〔 救 ┃ 國 〕 구하다 나라

■ 救國(구국): 나라를 구하다,

〔 植 ┃ 木 〕 심다 나무

■ 植木(식목): 나무를 심다,

〔 開 ┃ 會 〕 시작하다 회의

■ 開會(개회): 회의를 시작하다,

■ 〔求 ┃ 人〕 (구할 구. 사람 인): 일할 사람을 구하다.　■ 〔投 ┃ 石〕 (던질 투. 돌 석): 돌을 던지다,

■ 〔養 ┃ 魚〕 (기를 양. 물고기 어): 물고기를 기르다.　■ 〔作 ┃ 文〕 (지을 작. 글월 문): 글을 짓다,

■ 〔設 ┃ 計〕 (세울 설. 계획할 계): 계획을 짜다.　■ 〔讀 ┃ 書〕 (읽을 독. 책 서): 책을 읽다,

〔A / B〕

동작이나 상태를 나타내는 말 A와 뜻을 보충하는 말 B가 결합한 것.

■ 술보관계로 이루어진 한자어의 뜻은 'B에 A하다', 'B가(이) A하다'로 풀이한다.

〔有 있다 / 能 재능〕 ▸ 有能(유능): 재능이 있다.

〔登 오르다 / 山 산〕 ▸ 登山(등산): 산에 오르다.

〔入 들어가다 / 學 학교〕 ▸ 入學(입학): 학교에 들어가다.

〔歸 돌아가다 / 鄕 고향〕 ▸ 歸鄕(귀향): 고향에 돌아가다.

▪〔登 / 校〕 (나갈 등. 학교 교): 학교에 가다.　　▪〔無 / 用〕 (없을 무. 쓸 용): 쓸모가 없다.

▪〔出 / 席〕 (나갈 출. 자리 석): 자리에 나아가다.　　▪〔有 / 感〕 (있을 유. 느낄 감): 느끼는 바가 있

▪〔歸 / 家〕 (돌아갈 귀. 집 가): 집에 돌아오다.　　▪〔入 / 室〕 (들어갈 입. 방 실): 방에 들어가다.

〔A ‖ B〕

주체가 되는 말 A와 그 주체의 동작이나 상태를 나타내는 말 B가 결합한 것.

■ 주술관계로 이루어진 한자어의 뜻은 'A가(이) B하다'로 풀이한다.

〔天 하늘 ‖ 高 높다〕 ▸ 天高(천고): 하늘이 높다.

〔人 사람 ‖ 造 만들다〕 ▸ 人造(인조): 사람이 만들다.

〔國 나라 ‖ 立 세우다〕 ▸ 國立(국립): 나라가 세우다.

〔山 산 ‖ 靑 푸르다〕 ▸ 山靑(산청): 산이 푸르다.

▪〔冬 ‖ 至〕 (겨울 동. 이를 지): 겨울이 이르다.　　▪〔日 ‖ 出〕 (해 일. 나올 출): 해가 뜨다.

▪〔地 ‖ 動〕 (땅 지. 움직일 동): 땅이 움직이다.　　▪〔水 ‖ 流〕 (물 수. 흐를 류): 물이 흐르다.

▪〔年 ‖ 老〕 (나이 년. 늙을 로): 나이가 들어 늙다.　　▪〔月 ‖ 明〕 (달 월. 밝을 명): 달이 밝다.

수식관계

〔 A   B 〕

꾸밈을 받는 말 B 에 꾸미는 말 A 를 덧붙여 뜻을 더욱 분명하게 하는 것.

■ 수식관계로 이루어진 한자어의 뜻은 ' A 한 B ', 또는 ' A 하게 B 하다'로 풀이한다.

▪ 靑天(청천): 푸른 하늘.

▪ 高山(고산): 높은 산.

▪ 明月(명월): 밝은 달.

▪ 食水(식수): 먹는 물.

▪ 〔土　器〕(흙 토. 그릇 기): 흙으로 만든 그릇.　　▪ 〔休　日〕(쉴 휴. 날 일): 쉬는 날.

▪ 〔農　民〕(농사 농. 사람 민): 농사 짓는 사람.　　▪ 〔活　魚〕(살 활. 물고기 어): 살아있는 물고

접어

같은 글자의 반복으로, 글자가 가진 뜻이 실현된 상태를 나타낸다.

▪ 次次(차차): 점점.　　　　　　　　▪ 往往(왕왕): 이따금.

▪ 年年(연년): 해마다.　　　　　　　▪ 堂堂(당당): 떳떳하다.

▪ 明明白白(명명백백): 의심할 여지가 없이 아주 뚜렷하다.

▪ 是是非非(시시비비): 여러 가지의 잘잘못.

성어

생활 속에서 이루어진 것과 옛이야기에서 유래한 것(고사성어)이 있다.

한자의 뜻만으로는 성어의 뜻을 이해하기 어려운 경우가 많다.

▪ 師弟同行(사제동행): 스승과 제자가 한 마음으로 연구하여 나아감.

▪ 殺身成仁(살신성인): 자기의 몸을 희생하여 인(仁)을 이룸.

▪ 自給自足(자급자족): 필요한 물자를 스스로 생산하여 충당함.

일러두기

★ 한자는 오랜 세월이 흐르는 동안 글자의 모양이 많이 변화되어 지금의 모습이 되었습니다. 그런데 처음의 글자(갑골문)는 그림의 모습을 하고 있어서 뜻하는 것을 쉽게 이해할 수 있습니다. 이는 모든 한자의 바탕이 되는 글자로 이를 살펴보는 것은 한자를 배우고 익히는 데에 큰 도움이 되며 재미도 있습니다. 갑골문이 없는 것은 그 자리를 비워 놓았습니다.

[갑골문이 있는 한자]

[갑골문이 없는 한자]

★ 새로운 한자를 배우는 대로, 앞서 배운 한자와 이루어진 한자어를 익혀나 갑니다. 이때 앞서 배운 한자는 뜻을 다시 새기면서 반복하여 익히게 됩니다. 처음 배우는 한자와 앞서 배운 한자를 바탕색으로 구분하였습니다.

[처음 배우는 한자]

[앞서 배운 한자]

묶음 4-1

음 ■ 한자를 읽는 소리
아래 한자의 음을 찾아 적고 소리내어 읽어 보자.

– 바탕색과 글자색이 같은 것을 찾아 보자 –

훈 ■ 한자의 뜻 새김
한자의 음을 적고 훈과 함께 외어 보자.

兩 두	側 곁	位 자리	置 둘
適 맞을	當 마땅	歸 돌아갈	京 서울
乘 탈	船 배	付 줄	託 부탁할

■ 한자어와 한자어를 이루는 개별 한자의 뜻을 알아보자.
- 아래 한자어의 음을 적고 그 뜻을 생각하며 글을 읽어 보자.
- 공부할 한자의 뜻을 알아보고 필순에 따라 바르게 써 보자.

兩側 〔　　〕 ▶ 두 편. 양쪽의 측면.

「 우리 겨레는 배 만드는 技術도 뛰어나서 오늘날에도 世界 여러 나라에서 우리나라에 배를 주문해 오고 있다. 배 만드는 데서 特히 뛰어난 솜씨를 보여준 것은 거북선이다. 거북선은 군함으로써 튼튼할 뿐만 아니라 배의 兩側에 노가 여러 개 있어 재빠르게 움직이며, 앞, 뒤, 옆에서 적을 공격할 수 있도록 만들어졌다. 거북선은 임진왜란 때, 왜적을 물리치는 데 큰 공헌을 하였다. 」

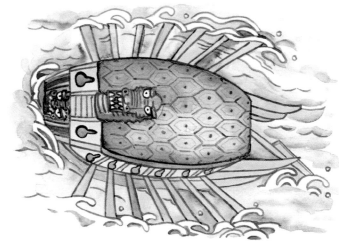

- 技術(기술) • 世界(세계) • 特(특). * 겨레: 같은 핏줄을 이어받은 민족. * 공헌: 힘써 이바지 함.
* 주문: 어떤 상품을 만들거나 파는 사람에게 그 상품의 생산이나 수송, 또는 서비스의 제공을 요구하거나 청구함.

仦는 쌍두마차의 말 멍에와 안장의 모습이다. 쌍두마차를 끄는 두 마리 말처럼 〈짝을 이루는 둘〉을 의미한다.

[새김] ■ 두, 둘 ■ 짝, 양쪽 ■ 냥(무게의 단위)

一 丁 万 币 雨 雨 雨 兩			
兩	兩	兩	兩
兩	兩	兩	兩

仦은 왕권을 상징하는 청동솥(鼎)의 양 옆에 두 사람(亻 亻)이 서 있는 모습이다. 힘을 가진 사람의 〈곁〉을 의미한다. 또 곁에 있는 사람에게 마음이 쏠리는 데서, 〈기울다〉를 의미한다.

[새김] ■ 곁, 옆 ■ 측면 ■ 기울다

丿 亻 亻 仰 侧 侧 侧 侧 俱 側 側			
側	側	側	側
側	側	側	側

■ 한자의 뜻을 새기고 그 한자로 이루어진 한자어를 익히자.

　■ 한자의 뜻을 연결하여 한자어의 뜻을 생각해 보자.

　■ 한자어의 뜻을 알고 예문을 통해 그 쓰임을 익히자.

兩 두 양	■ 두, 둘 ■ 짝, 양쪽 ■ 냥(단위)	側 곁 측	■ 곁, 옆 ■ 측면 ■ 기울다

－ 흐리게 나타난 한자어 위에 겹쳐서 쓰고 음을 적어라 －

▷ 이것을 兩面으로 복사 하여라.

두　　　면　▶ 사물의 두 면, 또는 겉과 안, 두 가지 방면.

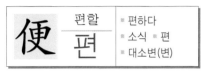

▷ 길 兩便에 은행나무 가로수가 죽 늘어서 있다.

두　　　편　▶ 상대가 되는 두 편.

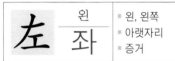

▷ 이 화분을 현관 左側에 놓아 두어라.

왼쪽으로　　옆　▶ 왼쪽.

▷ 좌측 통행에서 右側 통행으로 바뀌었다.

오른쪽으로　　옆　▶ 오른쪽.

한 글자 더

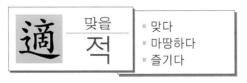

☆ 일의 이치로 보아 마땅히 가야 할
　곳으로 찾아감을 뜻한다.

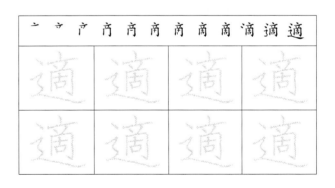

▷ 그 회사가 내놓은 신제품은 새로운 기술이
適用된 것이다.

알맞게　　쓸　▶ 알맞게 이용하거나 맞추어 씀.

▷ 지금이 김장 배추 씨앗을 뿌릴 適期이다.

마땅한　　시기　▶ 알맞은 시기.

17

알아보기

■ 한자어와 한자어를 이루는 개별 한자의 뜻을 알아보자.
■ 아래 한자어의 음을 적고 그 뜻을 생각하며 글을 읽어 보자.
■ 공부할 한자의 뜻을 알아보고 필순에 따라 바르게 써 보자.

位置 [ ]

▶ 사람이나 물건이 자리잡고 있는 곳. 사회적으로 담당하고 있는 지위나 역할.

「 철새들은 계절에 따라 매년 매우 멀리 떨어진 같은 장소로 이동합니다. 철새들이 어떻게 이런 신기한 여행을 할 수 있는지에 대해서는 여러 가지 주장이 있습니다. 어떤 사람들은 철새들이 地球의 자기력을 따라 이동한다고 말합니다. 또, 어떤 사람들은 太陽의 位置 가 철새의 길잡이가 된다고 말합니다. 바람의 方向을 利用하여 철새가 이동한다고 말하는 사람들도 있습니다. 」

• 地球(지구) • 太陽(태양) • 方向(방향) • 利用(이용).
＊이동: 움직여 옮김. 또는 움직여 자리를 바꿈. ＊주장: 자기의 의견이나 주의를 굳게 내세움. 또는 그런 의견이나 주의.

夵는 사람(大)이 어떤 자리(一)에 서 있는 모습이다. 처음엔 立(설 립)이 位의 뜻도 나타내었는데 나중에 亻(인)을 결합하여 구별하였다.　사람이 〈서 있는 자리〉를 의미한다.

[새김] ▪ 자리, 위치 ▪ 지위 ▪ 서 있다

ノ 亻 亻 亻 位 位 位			
位	位	位	位
位	位	位	位

置는 '그물'을 뜻하는 罒(망)과 '곧다', '펴다'는 뜻인 直(직)을 결합한 것이다.　바닷물이 드나드는 곳에 물을 따라 들어오는 고기를 잡기 위해 그물을 쳐 두는 데서, 〈놓아둠〉을 의미한다.

[새김] ▪ 두다 ▪ 놓아두다 ▪ 베풀다

一 ｒ 罒 罒 罒 罒 罗 罘 罜 罜 置			
置	置	置	置
置	置	置	置

■ 한자의 뜻을 새기고 그 한자로 이루어진 한자어를 익히자.

■ 한자의 뜻을 연결하여 한자어의 뜻을 생각해 보자.

■ 한자어의 뜻을 알고 예문을 통해 그 쓰임을 익히자.

位 자리 위
■ 자리, 위치
■ 지위
■ 서 있다

置 둘 치
■ 두다
■ 놓아 두다
■ 베풀다

― 흐리게 나타난 한자어 위에 겹쳐서 쓰고 음을 적어라 ―

地 땅 지
■ 땅
■ 곳, 장소
■ 자리

地位
자리   위치나

▷ 地位가 높을수록 마음은 낮추어 먹어야 한다.

▶ 개인의 사회적 신분에 따르는 위치나 자리.

品 물건 품
■ 물건 ■ 물품
■ 종류
■ 품격 ■ 등급

品位
품격   위치와

▷ 그는 몸가짐과 언행에서 언제나 品位를 지키려고 했다.

▶ 사람이 갖추어야 할 위엄이나 기품.

配 나눌 배
■ 나누다
■ 짝 ■ 딸리다
■ 귀양보내다

配置
나누어   둠

▷ 용의자의 집 근처에 감시조를 配置하고 순시를 강화시켰다.

▶ 사람이나 물자 따위를 일정한 자리에 알맞게 나누어 둠.

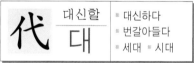
代 대신할 대
■ 대신하다
■ 번갈아들다
■ 세대 ■ 시대

代置
대신하여   놓음

▷ 생산 현장에서는 자동화 설비가 인력을 代置하고 있다.

▶ 다른 것으로 바꾸어 놓음.

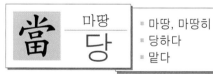
한 글자 더

當 마땅 당
■ 마땅, 마땅히
■ 당하다
■ 맡다

☆ 정도에 알맞게. 이치로 보아 옳게.

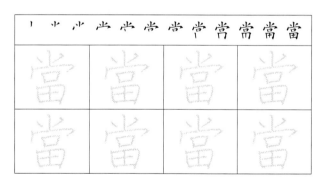

適 맞을 적
■ 맞다
■ 마땅하다
■ 즐기다

適當
맞음   마땅하게

▷ 이곳은 물이 깊지 않아 아이들이 놀기에 適當하다.

▶ 정도가 알맞게 적합함.

充 채울 충
■ 채우다
■ 차다
■ 갖추다

充當
채움   마땅하게

▷ 국내 생산이 부족한 물량을 수입품으로 充當하였다.

▶ 모자라는 것을 채워 메움.

알아보기

■ 한자어와 한자어를 이루는 개별 한자의 뜻을 알아보자.
■ 아래 한자어의 음을 적고 그 뜻을 생각하며 글을 읽어 보자.
■ 공부할 한자의 뜻을 알아보고 필순에 따라 바르게 써 보자.

歸京 [　　　] ▶ 서울로 돌아오거나 돌아감.

「 우리 가족은 할머니, 할아버지를 뵙고, 일손도 도와 드릴 겸 해서 시골에 다녀 오게 되었다. 할머니와 할아버지께서 우리를 반갑게 맞아 주셨다. 이튿날 아침 밭으로 나갔다. 얼마 지나지 않아 숨이 차고 온몸이 땀으로 젖었다. 일을 하다가 밭둑에서 먹는 점심은 정말 맛이 있었다. 高速 道路가 붐빌 것을 걱정하여 더 오래 일을 도와 드리지 못하고 歸京길에 올랐다. 힘은 들었지만, 보람 있는 연휴였던 것 같았다. 」

• 高速道路(고속도로).　# 자부심: 자기 자신 또는 자기와 관련된 것에 대하여 스스로 그 가치나 능력을 믿고 당당히 여기는 마음.
* 보람: 어떤 일을 한 뒤에 얻어지는 좋은 결과나 만족감. 또는 자랑스러움이나 자부심을 갖게 해주는 일의 가치.

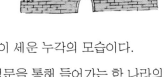

는 '따라가다'는 뜻인 (추)…→追를 줄인 와 '아내'를 뜻하는 (부)婦를 줄인 를 결합한 것이다. 장가들어 일정 기간 처가에 머문 신랑이 아내를 데리고 집으로 〈돌아감〉을 의미한다.

는 성문과 그 위에 높이 세운 누각의 모습이다. 크고 높은 누각이 있는 성문을 통해 들어가는 한 나라의 수도인 〈서울〉을 의미한다.

[새김] ■ 돌아가다 ■ 돌려보내다 ■ 따르다

[새김] ■ 서울 ■ 크다 ■ 큰 언덕

´	ｨ	⼛	⺁	皀	皀	皀	皀	皀	歸	歸	歸
歸		歸		歸		歸					
歸		歸		歸		歸					

`	⼇	⼇	亠	亠	京	京	京
京		京		京		京	
京		京		京		京	

새기고 익히기

■ 한자의 뜻을 새기고 그 한자로 이루어진 한자어를 익히자.
　　■ 한자의 뜻을 연결하여 한자어의 뜻을 생각해 보자.
　　■ 한자어의 뜻을 알고 예문을 통해 그 쓰임을 익히자.

| 歸 돌아갈 귀 | ■ 돌아가다 ■ 돌려보내다 ■ 따르다 | 京 서울 경 | ■ 서울 ■ 크다 ■ 큰 언덕 |

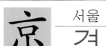

― 흐리게 나타난 한자어 위에 겹쳐서 쓰고 음을 적어라 ―

| 家 집 가 | ■ 집 ■ 집안 ■ 일가(가족) ■ 전문가 | 歸家 [　] 돌아감 집으로 ▶ 집으로 돌아가거나 돌아옴. | ▷ 내가 歸家한 시간은 밤 열시 전이었다. |

| 路 길 로 | ■ 길 ■ 거쳐 가는길 ■ 드러나다 | 歸路 [　] 돌아가는 길 ▶ 돌아오는 길. | ▷ 열흘간의 여행을 마치고 歸路에 올랐다. |

| 上 웃 상 | ■ 위 ■ 오르다 ■ 앞 | 上京 [　] 올라옴 서울로 ▶ 지방에서 서울로 올라옴. | ▷ 오늘 고향에서 부모님이 上京하셨다. |

| 在 있을 재 | ■ 있다 ■ 존재하다 ■ ~에 있다 | 在京 [　] 있음 서울에 ▶ 서울에 있음. | ▷ 아버지께서는 在京 동창회에 빠짐없이 참석하신다. |

한 글자 더

| 託 부탁할 탁 | ■ 부탁하다 ■ 맡기다 ■ 의지하다 |

☆ 당부하여 맡기다.

| 委 맡길 위 | ■ 맡기다 ■ 맡게 하다 ■ 따르다 | 委託 [　] 맡기어 부탁함 ▶ 남에게 사물이나 사람의 책임을 맡김. | ▷ 그분은 자신의 재산 관리를 신탁 회사에 委託했다. |

| 依 의지할 의 | ■ 의지하다 ■ 기대다 ■ 좇다 | 依託 [　] 의지하여 맡김 ▶ 어떤 것에 몸이나 마음을 의지하여 맡김. | ▷ 나는 대학을 마칠 동안 서울에 있는 외가에 依託하려고 한다. |

21

알아보기

■ 한자어와 한자어를 이루는 개별 한자의 뜻을 알아보자.
━ 아래 한자어의 음을 적고 그 뜻을 생각하며 글을 읽어 보자.
━ 공부할 한자의 뜻을 알아보고 필순에 따라 바르게 써 보자.

乘船 [　　] ▶ 배를 탐.

「 배를 利用할 때 지킬 일

• 배에 오를 때에는 승무원의 안내에 따라 乘船한다.

• 뱃전에 나가서 함부로 돌아다니거나
  위험한 곳에 가지 않는다.

• 객실에서는 다른 사람에게 不便을
  끼치지 않도록 조심한다.

• 救命 조끼 등을 살펴보고,
  萬一의 事態에 대비하는
  자세를 가진다. 」

• 利用(이용) • 不便(불편) • 救命(구명): 사람의 목숨을 구함. • 萬一(만일) • 事態(사태)
* 대비: 앞으로 일어날지도 모르는 어떠한 일에 대응하기 위하여 미리 준비함 또는 그런 준비

☆는 사람(大)이 나무(Ｙ)에 오른 모습이다. 乘는 두 발(舛)로 가지를 딛고 있는 모습이다. 나무 또는 〈탈 것에 오름〉을 의미한다.

[새김] ▪ 타다 ▪ 오르다 ▪ 곱하다

ノ 一 千 千 千 禾 乖 乖 乘 乘				
乘	乘	乘	乘
乘	乘	乘	乘

船은 '배'를 뜻하는 舟(주)와 '물 따라 내려가다'는 뜻인 沿(연)을 줄인 㕣을 결합한 것이다. 물길 따라 사람과 물건을 실어 나르는 〈배〉를 의미한다.

[새김] ▪ 배, 선박 ▪ 배로 실어 나르다

ノ ノ 月 月 月 舟 舟 舮 舡 船 船				
船	船	船	船
船	船	船	船

■ 한자의 뜻을 새기고 그 한자로 이루어진 한자어를 익히자.
■ 한자의 뜻을 연결하여 한자어의 뜻을 생각해 보자.
■ 한자어의 뜻을 알고 예문을 통해 그 쓰임을 익히자.

乘 탈 승	■ 타다 ■ 오르다 ■ 곱하다	船 배 선	■ 배, 선박 ■ 배로 실어 나르다

－ 흐리게 나타난 한자어 위에 겹쳐서 쓰고 음을 적어라 －

客 손 객	■ 손 ■ 사람 ■ 나그네 ■ 상대

乘 客   ▷ 터미널 앞에는 乘客을 기다리는 택시가 줄지어 있었다.
타는   손님 ▶ 차, 배, 비행기 따위의 탈 것을 타는 손님.

便 편할 편	■ 편하다 ■ 소식 ■ 편 ■ 대소변(변)

便 乘   ▷ 마침 같은 방향으로 가는 친구의 차가 있어 便乘하였다.
가는 편에   탐 ▶ 남이 타고 가는 차를 얻어 탐.

漁 고기 잡을 어	■ 고기 잡다 ■ 고기잡이 ■ 어부

漁 船   ▷ 바다에는 작은 漁船이 서너 척 떠 있었다.
고기잡이   배 ▶ 고기잡이를 하는 배.

員 인원 원	■ 인원 ■ 사람 ■ 둥글다

船 員   ▷ 갑작스런 강한 비바람에 船員들은 바삐 움직이기 시작했다.
배에서   일하는 사람 ▶ 배의 승무원.

한 글자 더

付 줄 부	■ 주다 ■ 맡기다 ■ 붙이다

☆ 건네주다.

ノ イ 亻 付 付
付 付 付 付
付 付 付 付

託 부탁할 탁	■ 부탁하다 ■ 맡기다 ■ 의지하다

付 託   ▷ 어려운 付託인데 들어줄 수 있겠니?
부탁하여   맡김 ▶ 어떤 일을 해달라고 청하거나 맡김, 또는 그 일거리.

交 사귈 교	■ 사귀다, 교제 ■ 오고가다 ■ 바꾸다

交 付   ▷ 오늘부터 대학 입시 원서의 交付가 시작되었다.
내어(주고받고할 때)   줌 ▶ 내어 줌.

어휘력 다지기

■ 한반도는 남북으로 | 兩分 | 된 상태야. •　• 옆면, 사물이나 현상의 한 부분, 또는 한쪽 면,

■ 사건 당사자들인 | 兩者 | 가 합의했어 •　• 북쪽에 위치한 편,

■ 교육적 | 側面 | 에서 잘 생각해 보세요. •　• 둘로 가르거나 나눔,

■ 남측 대표와 | 北側 | 대표가 만났어. •　• 일정한 관계에 있는 두 사람이나 두 개의 사물,

■ | 歲暮 | 의 거리는 매우 붐비고 있다. •　• 어떠한 것에 특히 중점을 둠,

■ 시험 성적이 | 上位 | 권에 속하였다. •　• 세밑(한 해가 끝날 무렵),

■ 수비에 | 置重 | 히면서 역습을 노렸다. •　• 높은 위치나 지위,

■ 사형 제도의 | 存置 | 론과 폐지론. •　• 제도나 설비 따위를 없애지 아니하고 그대로 둠,

■ 이 샘물은 식수로 | 適合 | 하다고 한다. •　• 일이나 조건 따위에 꼭 알맞음,

■ 직업 선택에는 | 適性 | 이 고려되어야. •　• 어떤 기준, 조건, 용도, 도리 따위에 꼭 알맞음,

■ 실내 | 適正 | 온도를 유지하여라. •　• 이치에 맞지 않음,

■ 질문에 | 合當 | 한 답변을 하도록 해라. •　• 어떤 일에 알맞은 성질이나 적응 능력,

■ 그의 | 不當 | 한 요구는 거절당했다. •　• 알맞고 바른 정도,

■ 각자 하여야 할 작업이 | 配當 | 되었다. •　• 부모를 뵙기 위해 고향으로 돌아가거나 돌아옴,

■ 휴가를 마치고 부대에 | 復歸 | 하는 중. •　• 일정한 기준에 따라 나누어 줌,

■ 추석 | 歸省 | 열차표가 매진되었다. •　• 본디의 자리나 상태로 되돌아감,

■ 고속 도로가 | 歸京 | 차량으로 붐벼요. •　• 배를 탐,

■ 전철에서 내려 버스로 | 換乘 | 하였다. •　• 서울로 돌아가거나 돌아옴,

■ 제주도로 가는 배에 | 乘船 | 하였다. •　• 다른 노선이나 교통수단으로 갈아탐,

■ 그 일은 청소년 문제와도 | 結付 | 된다. •　• 출판물이나 서류 따위를 나누어 줌,

■ 학생들에게 지원서를 | 配付 | 하였다. •　• 일정한 사물이나 현상을 서로 연관시킴,

· 양분 · 양자 · 측면 · 북측 · 세모 · 상위 · 치중 · 존치 · 적합 · 적성 · 적정 · 합당 · 부당 · 배당 · 복귀 · 귀성 · 귀경 · 환승 · 승선 · 결부 · 배부

■ 한자어가 되도록 □ 안에 공통으로 넣을 한자를 보기에서 찾아 □ 안에 쓰고 , 그 한자어의 뜻을 생각하며 음을 적어라.

□ ⇨	左□	右□	□面		□ ⇨	漁□	乘□	□體
□ ⇨	位□	配□	代□		□ ⇨	□用	□合	□應
□ ⇨	歸□	上□	在□		□ ⇨	付□	委□	依□

보기

側·當·置·兩·位·京·適·船·棄·付·乘·託·歸

■ 아래의 뜻을 지닌 한자어가 되도록 위의 보기에서 알맞은 한자를 찾아 □ 안에 써 넣어라.

▶ 두 나라.

▷ 한중 □ 國 의 경제 교류가 활발하다.

▶ 강, 바다, 오수, 저수지 따위의 물의 높이.

▷ 가뭄으로 댐의 水 □ 가 최저인 상태.

▶ 이치에 맞아 올바르고 마땅함.

▷ 그의 주장과 요구는 正 □ 한 것이다.

▶ 투표, 의결, 경기 따위에 참가할 수 있는 권리를 스스로 포기하고 행사하지 아니함.

▷ 나는 이번 투표에 □ 權 하지 않겠다.

▶ 외국에 나갔 있던 사람이 자기 나라로 돌아오거나 돌아감.

▷ 그는 외국 유학을 마치고 □ 國 했다.

▶ 차, 배, 비행기 따위를 같이 탐.

▷ 그와 우연히 버스에 同 □ 하였다.

▶ 발급(증명서 따위를 발행하여 줌).

▷ 내가 신청한 여권이 發 □ 되었다.

· 좌측. 우측. 측면 · 어선. 승선. 선체 · 위치. 배치. 대치 · 적용. 적합. 적응 · 귀경. 상경. 재경 · 부탁. 위탁. 의탁 / · 양국 · 수위 · 정당 · 기권 · 귀국 · 동승 · 발부

■ 한자의 음과 훈을 되새기며 필순에 따라 바르게 써 보자.

兩 두 량.양	入(들입) / 총 8획
一一一一一一一兩兩兩兩	

位 자리 위	亻(사람인변) / 총 7획
丿亻亻亻亻亻位位	

適 맞을 적	辶(책받침) / 총 15획
一一一一一一一一一適適適	

歸 돌아갈 귀	止(그칠지) / 총 18획
一一一一一一一一一一歸歸	

乘 탈 승	丿(삐침별) / 총 10획
一一一一一一一一乘乘乘	

付 줄 부	亻(사람인변) / 총 5획
丿亻亻付付	

暮 저물 모	日(날일) / 총 15획
一一一一一一一一莫莫幕暮暮	

側 곁 측	亻(사람인변) / 총 11획
丿亻亻亻们们但但但側側	

置 둘 치	罒(그물망머리) / 총 13획
一一四四四四罗罗罗罗置	

當 마땅 당	田(밭전) / 총 13획
丿丷丷丷丷当堂堂堂常當	

京 서울 경	亠(돼지해머리) / 총 8획
丶亠亠亠古古亨京京	

船 배 선	舟(배주) / 총 11획
丿丿丿月月月舟舟舟舟船船	

託 부탁할 탁	言(말씀언) / 총 10획
丶亠亠亖言言言言訂託	

棄 버릴 기	木(나무목) / 총 12획
丶亠亠去去杏杏杳查棄棄	

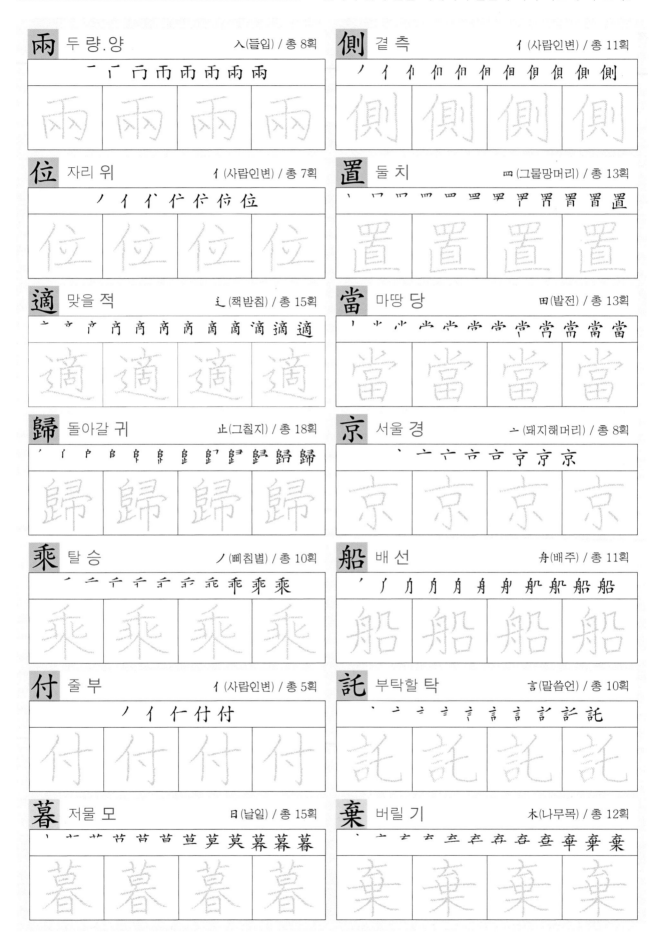

26

■ 공부할 한자의 모양을 살펴보며 음과 훈을 알아보자,

묶음 4-2

음 ■ 한자를 읽는 소리
아래 한자의 음을 찾아 적고 소리내어 읽어 보자.

훈 ■ 한자의 뜻 새김
한자의 음을 적고 훈과 함께 외어 보자.

虛 빌	榮 영화	豪 호걸	華 빛날
寢 잠잘	室 집	番 차례	號 이름
順 순할	序 차례	確 굳을	然 그럴

■ 한자어와 한자어를 이루는 개별 한자의 뜻을 알아보자.
■ 아래 한자어의 음을 적고 그 뜻을 생각하며 글을 읽어 보자.
■ 공부할 한자의 뜻을 알아보고 필순에 따라 바르게 써 보자.

虛榮 [　　]

▶ 자기 분수에 넘치고 실속이 없이 겉모습뿐인 영화,
또는 필요 이상의 겉치레.

「 요즈음은 학생들에게도 虛榮 에 가까운 과소비가 문제 되고
있습니다. 어떤 친구는 매우 비싼 옷을 입고 학교에 옵니다. 또,
신발만 하여도 有名 會社의 값비싼 제품만을 고집하고 있으며,
充分히 더 신을 수 있음에도 불구하고
새것을 사서 신습니다. 이런 학생은
내 돈으로 物件을 사는데 남이 웬
參見이냐고 말할지 모릅니다만,
그럴 수 없는 학생은 위화감을
가지게 됩니다.

• 有名(유명) • 會社(회사) • 充分(충분) • 物件(물건) • 參見(참견). * 불구하다: 얽매여 거리끼지 아니하다.
* 과소비: 돈이나 물품 따위를 지나치게 많이 써서 없애는 일. * 위화감: 조화되지 아니하는 어설픈 느낌.

虛는 '범의 가죽무늬'를 뜻하는 虍→虎(호)와 '언덕',
'무덤', '비다'는 뜻인 业→丘(구)를 결합한 것이다.
겉만(무늬만) 그럴듯하고 〈속은 비어있음〉을 의미한다.

[새김] ■ 비다, 없다 ■ 헛되다 ■ 약하다

'	⺊	⺊	广	广	虍	虎	虛	虛	虛	虛	虛
虛	虛	虛	虛								
虛	虛	虛	虛								

炏은 횃불 두 자루가 어우른 모습이다(炏). 나중에
'나무'를 뜻하는 木(목)을 결합하였다. 성하게 타오
르며 밝게 빛나는 횃불과 나무에 꽃이 만발한 모습처럼
〈영화로움〉을 의미한다.

[새김] ■ 영화 ■ 영예롭다 ■ 성하다

'	'	⺌	⺌	⺌	炏	炏	炏	炏	炏	榮	榮
榮	榮	榮	榮								
榮	榮	榮	榮								

새기고 익히기

■ 한자의 뜻을 새기고 그 한자로 이루어진 한자어를 익히자.
■ 한자의 뜻을 연결하여 한자어의 뜻을 생각해 보자.
■ 한자어의 뜻을 알고 예문을 통해 그 쓰임을 익히자.

虛　빌 허　■ 비다, 없다　■ 헛되다　■ 약하다

榮　영화 영　■ 영화　■ 영예롭다　■ 성하다

- 흐리게 나타난 한자어 위에 겹쳐서 쓰고 음을 적어라 -

空　빌 공　■ 비다　■ 하늘　■ 공중　■ 헛되다

虛空
텅빈　공중　▶ 텅빈 공중.

▷ 그는 분이 풀리지 않는지 虛空에다 대고 악을 쓰며 고함을 질러댔다.

弱　약할 약　■ 약하다　■ 어리다　■ 수가 모자라다

虛弱
힘이 없고　약하다　▶ 힘이나 기운이 없고 약함.

▷ 그는 몸이 虛弱해서 병을 자주 앓는다.

光　빛 광　■ 빛　■ 빛나다　■ 윤기

榮光
영예　빛나는　▶ 빛나고 아름다운 영예.

▷ 그의 작품이 최고상의 榮光을 차지하였다.

達　통달할 달　■ 통달하다　■ 통하다　■ 이르다(도달)

榮達
영화를　이룸　▶ 지위가 높고 귀하게 됨.

▷ 그 일도 알고보면 오로지 자신의 榮達을 위한 술수인 것이었다.

한 글자 더

寢　잠잘 침　■ 잠자다　■ 자리에 눕다　■ 쉬다

☆ 잠자리에 듦.

丶	丷	宀	宀	宀	宀	宊	宋	宋	宑	寑	寢

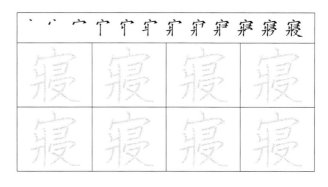

食　먹을 식　■ 먹다　■ 음식　■ 먹이, 밥

寢食
잠자고　먹음　▶ 잠자는 일과 먹는 일.

▷ 당장 寢食을 해결하는 것이 큰일이다.

具　갖출 구　■ 갖추다　■ 기구　■ 도구

寢具
잠자는 데 쓰는　도구　▶ 잠을 자는 데 쓰는 이부자리, 베개 따위를 통틀어 이르는 말.

▷ 아침에 일어나면 寢具 정리 좀 하여라.

■ 한자어와 한자어를 이루는 개별 한자의 뜻을 알아보자.
■ 아래 한자어의 음을 적고 그 뜻을 생각하며 글을 읽어 보자.
■ 공부할 한자의 뜻을 알아보고 필순에 따라 바르게 써 보자.

豪華 [　　] ▶ 매우 사치스럽고 화려함.

「 1912年 4月 12日의 일이었다. 북대서양을 航海하던 영국의
豪華 여객선 '타이타닉호'가 빙산에 부딪혀 크게 파손되었다.
2천2백 명의 乘客이 이른 봄의 航海를 즐기고 있을 때에 돌발한
不意의 사고였다. 그러나 이때의 乘客들은 '버큰 헤이드'의
傳統을 잊지 않고 있었다. 그들은 여자와 어린이들을 먼저
탈출시켰다. 세계적 명성을 가지고
있는 명사들이, 이민 가는 最下等
선실의 가난한 부인들을 위하여
생명을 포기하였다. 」

• 航海(항해) • 乘客(승객) • 不意(불의) • 傳統(전통) • 最下等(최하등).
* 돌발: 뜻밖의 일이 갑자기 일어남. * 명성: 세상에 널리 퍼져 평판 높은 이름. * 명사: 세상에 널리 알려진 사람.

는 등털미가 잘 발달된 멧돼지의 모습이다. 나중에
'뛰어나다'는 뜻인 高＝高(고)를 결합하였다.   등털
미가 잘 발달된 멧돼지 같이 〈힘이 군세고 뛰어남〉을 의
미한다.

[새김] ▪호걸 ▪뛰어나다 ▪군세다

는 활짝 핀 한 송이 꽃이다. 나중에 '초목'을 뜻하는
艸＝艹를 결합하였다.   활짝 핀 꽃처럼 〈화려하게 빛
남〉을 의미한다.

[새김] ▪빛나다 ▪화려하다 ▪꽃

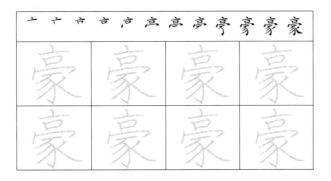

丶	亠	亠	高	高	高	高	亭	亭	豪	豪	豪
豪	豪	豪	豪								
豪	豪	豪	豪								

丶	艹	艹	艹	艹	芒	芒	莖	莖	華
華	華	華	華						
華	華	華	華						

■ 한자의 뜻을 새기고 그 한자로 이루어진 한자어를 익히자.
■ 한자의 뜻을 연결하여 한자어의 뜻을 생각해 보자.
■ 한자어의 뜻을 알고 예문을 통해 그 쓰임을 익히자.

豪	호걸 호	■ 호걸 ■ 뛰어나다 ■ 굳세다
華	빛날 화	■ 빛나다 ■ 화려하다 ■ 꽃

- 흐리게 나타난 한자어 위에 겹쳐서 쓰고 음을 적어라 -

雨	비 우	■ 비 ■ 비가 오다

豪雨 [ ]
굳세게 내리는 비 ▶ 줄기차게 내리는 크고 많은 비.

▷ 강한 바람을 동반한 豪雨로 농가에 많은 피해가 발생했다.

强	강할 강	■ 강하다 ■ 굳세다 ■ 억지로

强豪 [ ]
강함 뛰어나고 ▶ 실력이나 힘이 뛰어나고 강한 사람.

▷ 우리 팀은 여러 强豪들과 겨루어 당당히 우승컵을 거머쥐었다.

榮	영화 영	■ 영화 ■ 영예롭다 ■ 성하다

榮華 [ ]
영예롭고 빛남 ▶ 몸이 귀하게 되어 이름이 세상에 빛남.

▷ 내가 무슨 부귀와 榮華를 누리겠다고 이 고생이냐.

婚	혼인할 혼	■ 혼인하다 ■ 결혼하다

華婚 [ ]
빛나는 결혼 ▶ 남의 결혼을 아름답게 이르는 말.

▷ 따님의 華婚을 진심으로 축하합니다.

한 글자 더

室	집 실	■ 집 ■ 방 ■ 거처 ■ 아내

☆ 집안 깊숙히 아내가 거처하는 곳.

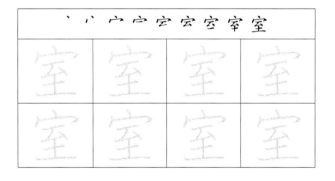

`丶 宀 宀 宇 宇 宰 室 室`

敎	가르칠 교	■ 가르치다 ■ 가르침 ■ 본받다

敎室 [ ]
가르치는 방 ▶ 학습 활동이 이루어지는 방, 어떤 것을 배우는 모임.

▷ 3학년 3반 敎室.
▷ 주부를 위한 요리 敎室.

外	바깥 외	■ 바깥 ■ 외국 ■ 벗어나다 ■ 추가로

室外 [ ]
집 밖 ▶ 방이나 건물 따위의 밖.

▷ 많은 비로 오늘은 室外 활동이 어렵다.

■ 한자어와 한자어를 이루는 개별 한자의 뜻을 알아보자.
■ 아래 한자어의 음을 적고 그 뜻을 생각하며 글을 읽어 보자.
■ 공부할 한자의 뜻을 알아보고 필순에 따라 바르게 써 보자.

番號 [ ] ▶ 차례를 나타내거나 식별하기 위해 붙이는 숫자.

「 우리들은 준비된 꽃씨를 精誠껏 심었습니다.
키 작은 꽃은 앞줄에, 키 큰 꽃은 뒷줄에 심었습니다.
우리들은 番號 순서대로 當番을 정하여 꽃밭에 물을 주며
가꾸기 시작했습니다. 새싹이 돋고 떡잎이 벌어질 때는
정말 신기했습니다. 줄기가 굵어지며
꽃망울이 맺히기 시작하자,
어린이들의 마음에도 꽃망울
같은 希望이 부풀어올랐습니다. 」

• 精誠(정성) • 當番(당번) • 希望(희망). * 신기하다: 믿을 수 없을 정도로 색다르고 놀랍다.

釆은 짐승의 발자국 모습이다. 나중에 발자국이 남겨진 '밭', '사냥터'를 뜻하는 田(전)을 결합하였다. 짐승이 지나간 자리에 네 발의 발자국이 〈번갈아듦〉을 의미한다.

[새김] ■ 차례 ■ 번(순번) ■ 횟수

號는 '이름', '부르다'는 뜻인 号(호)와 '호랑이의 부르짖음'을 뜻하는 虎(호)를 결합한 것이다. 부르짖듯 크게 소리내어 〈이름을 부름〉을 의미한다.

[새김] ■ 이름 ■ 부호 ■ 부르짖다 ■ 부르다

ノ	⺌	⺌	亚	平	乎	釆	釆	番	番	番

番	番	番	番
番	番	番	番

`	口	号	号	号'	虏'	虏	虏	號	號	號

號	號	號	號
號	號	號	號

새기고 익히기

■ 한자의 뜻을 새기고 그 한자로 이루어진 한자어를 익히자.
- 한자의 뜻을 연결하여 한자어의 뜻을 생각해 보자.
- 한자어의 뜻을 알고 예문을 통해 그 쓰임을 익히자.

番 번 ■ 차례 ■ 번(순번) ■ 횟수

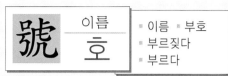
號 호 ■ 이름 ■ 부호 ■ 부르짖다 ■ 부르다

— 흐리게 나타난 한자어 위에 겹쳐서 쓰고 음을 적어라 —

當 당 | 마땅 | ■ 마땅, 마땅히 ■ 당하다 ■ 맡다

當番 [   ]
일을 맡을 | 차례가 됨 ▷ 나는 이번 주 화단에 물주기 當番이다.
▶ 어떤 일을 책임지고 돌보는 차례가 됨.

缺 결 | 이지러질 | ■ 이지러지다 ■ 이빠지다 ■ 흠

缺番 [   ]
이빠진 | 번(번호) ▷ 그 전화 번호는 缺番이었다.
▶ 중간에서 번호가 빠짐. 또는 그 번호.

記 기 | 기록할 | ■ 기록하다 ■ 적다 ■ 외다

記號 [   ]
적는 | 부호 ▷ 컴퓨터에는 알아보기 쉬운 많은 記號가 사용된다.
▶ 어떤 뜻을 나타내기 위하여 쓰이는 부호, 문자, 표지 따위.

商 상 | 장사 | ■ 장사 ■ 장수 ■ 헤아리다

商號 [   ]
장사하는 | 이름 ▷ 그 물건을 파는 곳의 商號가 무엇이냐?
▶ 영업 활동을 할 때에 자기를 표시하기 위하여 쓰는 이름.

한 글자 더

確 확 | 굳을 | ■ 굳다 ■ 단단하다 ■ 확실하다

☆ 깎이지 아니하고 솟아 있는 돌같이 단단함.

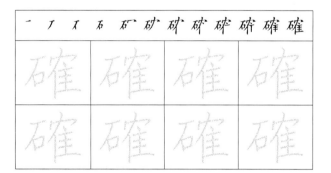
一 丆 丆 石 矿 矿 矿 硧 碻 碻 確

實 실 | 열매 | ■ 열매 ■ 씨 ■ 실제, 사실 ■ 속이 차다

確實 [   ]
단단한 | 사실 ▷ 그가 범인 이라는 確實한 증거가 있니?
▶ 틀림없이 그러하다.

答 답 | 대답할 | ■ 대답하다 ■ 답 ■ 갚다

確答 [   ]
확실하게 | 대답함 ▷ 그 문제에 대해서는 며칠 후에 確答을 해 줄께.
▶ 확실하게 대답함. 또는 그런 대답.

알아보기

■ 한자어와 한자어를 이루는 개별 한자의 뜻을 알아보자.
■ 아래 한자어의 음을 적고 그 뜻을 생각하며 글을 읽어 보자.
■ 공부할 한자의 뜻을 알아보고 필순에 따라 바르게 써 보자.

順序 [　　] ▶ 정해 놓은 차례.

「 친구나 가족을 다른 사람에게 소개할 때에는 먼저,
소개되는 사람과 소개 받는 사람의 關係를 正確히
알아야 한다. 그 關係에 따라 소개의 順序와
소개말의 내용이 달라져야 하기 때문이다.
윗사람과 아랫사람을 서로 소개할
때에는 윗사람에게 아랫사람을
먼저 소개하고, 그 다음에
아랫사람에게 윗사람을
소개하는 것이 바른 順序이다. 」

• 關係(관계) • 正確(정확)
* 소개: 둘 사이에서 양편의 일이 진행되게 주선함. 잘 알려지지 아니하였거나, 모르는 사실이나 내용을 잘 알도록 하여주는 설명.

는 '흐르는 물'을 뜻하는 川(천)과 '앞머리'를
뜻하는 頁(혈)을 결합한 것이다. 물이 앞머리를
쫓아 흐르듯 〈도리나 순서를 좇음〉을 의미한다.

[새김] ■순하다 ■좇다 ■차례, 순서

ﾉ	ﾉﾉ	川	川′	川″	川‴	順	順	順	順	順
順	順	順	順							
順	順	順	順							

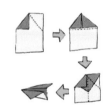

序는 '도리(기둥과 기둥 위에 건너질러 연결하는 나무)'를
뜻하는 广(엄)과 '더불다'는 뜻인 予(여)를 결합한 것
이다. 집을 지을 때, 도리를 걸어 기둥을 세워나가는
〈순서〉를 의미한다.

[새김] ■차례, 순서 ■실마리 ■서문

ﾍ	一	广	广	广	庐	序
序	序	序	序			
序	序	序	序			

 **새기고 익히기**

■ 한자의 뜻을 새기고 그 한자로 이루어진 한자어를 익히자.
■ 한자의 뜻을 연결하여 한자어의 뜻을 생각해 보자.
■ 한자어의 뜻을 알고 예문을 통해 그 쓰임을 익히자.

順 순할 순	■ 순하다 ■ 좋다 ■ 차례, 순서	序 차례 서	■ 차례, 순서 ■ 실마리 ■ 서문

– 흐리게 나타난 한자어 위에 겹쳐서 쓰고 음을 적어라 –

番 차례 번	■ 차례 ■ 번(순번) ■ 횟수	順番 ☐	▷ 언니와 나는 順番을 정하여 설거지를 하고 있다.

차례에 따른　번　▶ 차례대로 돌아가는 번, 순서대로 매겨지는 번호.

調 고를 조	■ 고르다 ■ 가락 ■ 조절하다 ■ 조사하다	順調 ☐	▷ 나의 연구는 順調롭게 잘 진행되고 있다.

순서대로　고르게　▶ 일이 아무 탈이나 말썽 없이 예정대로 잘되어 가는 상태.

列 벌릴 렬	■ 벌이다 ■ 줄짓다 ■ 가르다	序列 ☐	▷ 군대에서는 계급으로 序列을 따진다.

순서대로　늘어섬　▶ 일정한 기준에 따라 순서대로 늘어섬, 또는 그 순서.

文 글월 문	■ 글월, 문장 ■ 글자 ■ 학문 ■ 문학	序文 ☐	▷ 책의 序文과 목차를 보면 내용을 대강 알 수 있다.

실마리　글　▶ 머리말.

한 글자 더

然 그럴 연	■ 그러하다 ■ ~이다 ■ 불타다

ノ　クタタタータ妖然然然然然			
然	然	然	然
然	然	然	然

天 하늘 천	■ 하늘 ■ 자연 ■ 타고난	天然 ☐	▷ 그 지역에는 天然 동굴이 많이 있다.

자연 상태로　그러한　▶ 사람의 힘을 가하지 아니한 상태.

完 완전할 완	■ 완전하다 ■ 튼튼하다 ■ 끝내다	完然 ☐	▷ 봄날의 따뜻한 기온으로 산의 푸르름은 하루하루 完然하게 달라졌다.

완전히　그러하다　▶ 눈에 보이는 것처럼 뚜렷하다.

한자성어

■ 한자 성어에 담긴 함축된 의미를 파악하고 그 쓰임을 익히자.

■ 한자 성어의 음을 적고 그에 담긴 의미와 적절한 쓰임을 익혀라.

事	必	歸	正

▶ 모든 일은 반드시 바른길로 돌아감.

▷ 너무 실망하지 말아라. 조금 참고 기다리면 事必歸正으로 그 일에 대한 잘잘못이 가려질테니.

名	不	虛	傳

▶ 명성이나 명예가 헛되이 퍼진 것이 아니라는 뜻으로, 이름날 만한 까닭이 있음을 이르는 말.

▷ 그의 춤 실력은 과연 名不虛傳이더라.

登	龍	門

▶ 용문에 오른다는 뜻으로, 어려운 관문을 통과하여 크게 출세하게 됨. 또는 그 관문을 이르는 말.

▷ 권위있는 미술 공모전은 신인 작가의 登龍門 구실을 한다.

進	退	兩	難

▶ 이러지도 저러지도 못하는 어려운 처지.

▷ 앞에는 절벽이요 뒤에는 호랑이라, 進退兩難이구나.

龍	頭	蛇	尾

▶ 용의 머리와 뱀의 꼬리라는 뜻으로, 처음은 왕성하나 끝이 부진한 현상을 이르는 말.

▷ 거창하게 시작하고 龍頭蛇尾로 끝나기 보다는 시작은 작지만 착실하게 키워나가는 것이 더 낫다.

虛	禮	虛	飾

▶ 형편에 맞지 않게 겉만 번드르르하게 꾸밈. 또는 그런 예절이나 법식.

▷ 요즈음의 젊은이들 생각은 虛禮虛飾 보다는 가치있고 실속을 따르는 쪽으로 바뀌고 있다.

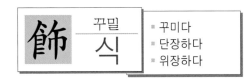

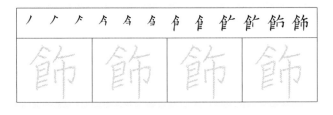

· 사필귀정 · 명불허전 · 등용문 · 진퇴양난 · 용두사미 · 허례허식

36

더 살펴 익히기

■ 한자가 지닌 여러가지 뜻과 한자어를 한 번 더 살펴 익히자.

■ 아래 한자가 지닌 뜻과 그 뜻을 지니는 한자어를 줄로 이어라.

番	차례
	번
	횟수

- 百番( ) ▶ 여러번 거듭, 전적으로 다,
- 順番( ) ▶ 차례대로 돌아가는 번,
- 番號( ) ▶ 차례를 나타내거나 식별하기 위해 붙이는 숫자,

| 順 | 순하다 |
| | 차례, 순서 |

- 筆順( ) ▶ 글씨를 쓸 때의 획의 순서,
- 溫順( ) ▶ 성질이나 마음씨가 온화하고 양순함,

| 號 | 부르짖다 |
| | 부호 |

- 號令( ) ▶ 부하나 동물 따위를 지휘하여 명령함,
- 記號( ) ▶ 어떠한 뜻을 나타내기 위하여 쓰이는 부호,

| 革 | 가죽 |
| | 고치다, 바꾸다 |

- 皮革( ) ▶ 날가죽과 무두질한 가죽을 아울러 이르는 말,
- 革新( ) ▶ 일체의 묵은 제도나 방식을 고쳐서 새롭게 함,

■ [虛]와 비슷한 뜻을 지닌 한자에 모두 ○표 하여라. ⇨ [空 · 集 · 餘 · 無]

■ [船]과 비슷한 뜻을 지닌 한자에 ○표 하여라. ⇨ [車 · 室 · 舟 · 席]

■ 아래의 뜻을 지닌 한자성어가 되도록 ( ) 안에 한자를 써 넣고 완성된 성어의 독음을 적어라.

▶ 절망에 빠져 <u>자신</u>을 스스로 포기하고 돌보지 아니함, ⇨ ( )暴自棄

▶ <u>아름답고</u> 좋은 풍속이나 기풍, ⇨ ( )風良俗

▶ 괴로움도 <u>즐거움</u>도 함께함, ⇨ 同苦同( )

▶ 잠자코 아무 <u>대답</u>도 하지 않음, ⇨ 默默不( )

▶ 아침에 명령을 내렸다가 저녁에 다시 <u>고친다</u>는 뜻으로, 법령을 자주 고쳐서 갈피를 잡기가 어려움 이르는 말, ⇨ 朝令暮( )

▶ 지진, 홍수, 태풍 따위의 자연 현상으로 인한 <u>재앙</u>, ⇨ 天( )地變

· 백번, 순번, 번호 · 필순 · 온순 · 호령, 기호 · 피혁, 혁신 / 自 · 美 · 樂 · 答 · 改 · 災

37

어휘력 다지기

■ 공부한 한자로 이루어진 한자어를 익혀 어휘력을 다지자.
■ 글 속 한자어의 음을 적고, 그 뜻과 줄로 잇고, 쓰임을 익히자.

■ 그는 멍하니 虛空[   ]만 바라보았다. · · 헛일(보람을 얻지 못하고 쓸데없이 한 노력).

■ 아무것도 없이 虛勢[   ] 부리지 말아라. · · 텅 빈 공중.

■ 애는 썼지만 모든 것이 虛事[   ]였다네. · · 실속이 없이 겉으로만 드러나 보이는 기세.

■ 세익스피어는 세계적인 文豪[   ]란다. · · 의기양양하여 오기롭게 말함. 또는 그런 말.

■ 세계 인류가 共榮[   ]할 수 있는 길은? · · 재산이 넉넉하고 세력이 있는 사람.

■ 그의 豪言[   ] 장담은 모두 허세였어. · · 뛰어난 문학 작품을 많이 써서 알려진 사람.

■ 그는 富豪[   ]의 아들로 태어났다네. · · 함께 번영함.

■ 寢床[   ] 머리맡에 늘 책을 두고 있다. · · 방이나 건물 따위의 안.

■ 室內[   ]에 들어서니 조금 어두웠다. · · 특등실(병원, 기차, 호텔 따위에 마련한 가장 좋은 방).

■ 그는 畵室[   ]에 틀어박혀 작업만 했어. · · 누워서 잘 수 있도록 만든 가구.

■ 보통실이 없어 特室[   ]로 예약했어요. · · 화가가 그림을 그리는 따위의 일을 하는 방.

■ 중환자 病室[   ]은 면회가 제한된다. · · 병을 치료하기 위하여 환자가 거처하는 방.

■ 오늘은 非番[   ]이라서 집에서 쉬는 중. · · 각각의 차례. 번번이 (매 때마다).

■ 그는 약속 시간에 每番[   ] 늦는다. · · 성질이나 마음씨가 온화하고 양순함.

■ 건강을 최우선 順位[   ]에 두도록 해라. · · 당번을 설 차례가 아님.

■ 우리나라 國號[   ]는 '대한민국'이다. · · 순한 이치나 도리, 또는 도리나 이치에 순종함.

■ 그는 성품이 溫順[   ]하고 친절하다. · · 차례와 순서를 나타내는 위치나 지위.

■ 우리, 順理[   ]에 따라 일을 처리하자. · · 국명(나라의 이름).

■ 序頭[   ]에 말했듯이 건강을 챙겨라. · · 확실히 보증하거나 가지고 있음.

■ 충분한 증거를 確保[   ]하고 있단다. · · 일이나 말의 첫머리, 어떤 차례나 순서의 맨 앞.

■ 월드컵 본선 진출이 確定[   ]되는 순간. · · 일을 확실하게 정함.

· 허공 · 허세 · 허사 · 문호 · 공영 · 호언 · 부호 · 침상 · 실내 · 화실 · 특실 · 병실 · 비번 · 매번 · 순위 · 국호 · 온순 · 순리 · 서두 · 확보 · 확정

■ 한자어가 되도록 □ 안에 공통으로 넣을 한자를 보기에서 찾아 □ 안에 쓰고, 그 한자어의 뜻을 생각하며 음을 적어라.

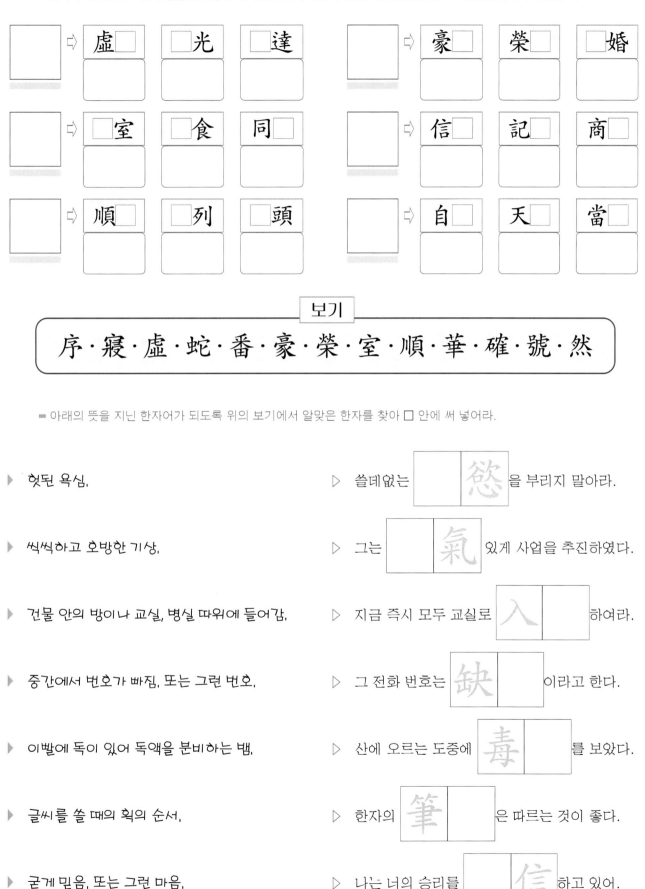

□ ⇨	虛□	□光	□達

□ ⇨	豪□	榮□	□婚

□ ⇨	□室	□食	同□

□ ⇨	信□	記□	商□

□ ⇨	順□	□列	□頭

□ ⇨	自□	天□	當□

보기

序·寢·虛·蛇·番·豪·榮·室·順·華·確·號·然

■ 아래의 뜻을 지닌 한자어가 되도록 위의 보기에서 알맞은 한자를 찾아 □ 안에 써 넣어라.

▶ 헛된 욕심.

▶ 씩씩하고 오방한 기상.

▶ 건물 안의 방이나 교실, 병실 따위에 들어감.

▶ 중간에서 번호가 빠짐, 또는 그런 번호.

▶ 이빨에 독이 있어 독액을 분비하는 뱀.

▶ 글씨를 쓸 때의 획의 순서.

▶ 굳게 믿음, 또는 그런 마음.

▷ 쓸데없는 □慾 을 부리지 말아라.

▷ 그는 □氣 있게 사업을 추진하였다.

▷ 지금 즉시 모두 교실로 入□ 하여라.

▷ 그 전화 번호는 缺□ 이라고 한다.

▷ 산에 오르는 도중에 毒□ 를 보았다.

▷ 한자의 筆□ 은 따르는 것이 좋다.

▷ 나는 너의 승리를 □信 하고 있어.

· 허영. 영광. 영달 · 호화. 영화. 화혼 · 침실. 침식. 동침 · 신호. 기호. 상호 · 순서. 서열. 서두 · 자연. 천연. 당연 / · 허욕 · 호기 · 입실 · 결번 · 독사 · 필순 · 확신

■ 한자의 음과 훈을 되새기며 필순에 따라 바르게 써 보자.

虛 빌 허	虍(범호엄) / 총 12획

` ｜ ｜ ｜ 广 户 卢 虎 虎 虚 虚 虚 虚 虛`

榮 영화 영	木(나무목) / 총 14획

`丶 ⺌ ⺌ ⺌ ⺋ 炏 炏 炏 炏 焏 榮 榮 榮`

豪 호걸 호	豕(돼지시) / 총 14획

`⺀ 广 宀 亡 宁 高 高 亮 亮 豪 豪 豪`

華 빛날 화	艹(초두머리) / 총 12획

`丶 ⼗ ⼗ ⺇ 芇 艿 芍 苎 莗 莗 華`

寢 잠잘 침	宀(갓머리) / 총 14획

`丶 宀 宀 宀 宀 宀 宀 宁 宁 宿 宿 寢 寢`

室 집 실	宀(갓머리) / 총 9획

`丶 丶 ⼍ 宀 宀 宏 宏 室 室`

番 차례 번	田(밭전) / 총 12획

`⼀ ⼆ ⼿ 丆 采 采 采 番 番 番 番`

號 이름 호	虍(범호엄) / 총 13획

`丶 ⼝ ⼝ 号 号 号 号 號 號 號 號 號`

順 순할 순	頁(머리혈) / 총 15획

`丿 丿 川 川 川 順 順 順 順 順`

序 차례 서	广(엄호) / 총 7획

`丶 ⼆ 广 广 序 序 序`

確 굳을 확	石(돌석) / 총 15획

`⼀ ⼁ ⼁ 石 石 矿 矿 矿 碎 碎 碻 確`

然 그럴 연	灬(연화발) / 총 12획

`丿 ⼓ 夕 夕 夕 外 妖 妖 妖 然 然 然`

蛇 뱀 사	虫(벌레훼) / 총 11획

`丶 ⼝ ⼝ 中 虫 虫 虫 虵 虵 蚘 蛇`

飾 꾸밀 식	食(밥식변) / 총 14획

`丿 ⼈ ⼈ ⻝ 𠆢 今 𩙿 𩙿 𣢧 飭 飭 飾`

공부할 한자

■ 공부할 한자의 모양을 살펴보며 음과 훈을 알아보자.

묶음 4-3

■ 한자를 읽는 소리
아래 한자의 음을 찾아 적고 소리내어 읽어 보자.

― 바탕색과 글자색이 같은 것을 찾아 보자 ―

훈

■ 한자의 뜻 새김
한자의 음을 적고 훈과 함께 외어 보자.

資 재물	源 근원	製 지을	造 지을
繁 번성할	昌 창성할	感 느낄	覺 깨달을
想 생각	像 모양	演 펼	劇 심할

■ 한자어와 한자어를 이루는 개별 한자의 뜻을 알아보자.
■ 아래 한자어의 음을 적고 그 뜻을 생각하며 글을 읽어 보자.
■ 공부할 한자의 뜻을 알아보고 필순에 따라 바르게 써 보자.

資源 [　　　]

▶ 인간의, 생활 및 경제 생산에 이용되는 원료로서의 광물, 산림, 수산물 따위.

「 지구 表面의 3분의 2 이상이 바다이나, 인류는 오랫동안 배의 항로로서 바다를 이용하거나, 육지 가까운 바다에서 약간의 水産物을 얻었을 뿐이다. 그러나 20세기부터 먼 바다나 깊은 바다 밑을 탐구하기 시작하였고, 그 結果, 바다에 豊富한 資源이 있다는 것이 알려졌다. 인류가 문화 생활을 하게 되고, 또 인구가 불어나 육지의 資源에 限界를 느끼게 됨에 따라, 세계 여러 나라는 바다의 중요성을 더욱 깨닫게 되었다. 」

• 表面(표면) • 水産物(수산물) • 結果(결과) • 豊富(풍부) • 限界(한계)
＊인류: 세계의 모든 사람. ＊탐구하다: 필요한 것을 조사하여 찾아내거나 얻어 내다.

資는 '다음에', '이어서'를 뜻하는 次(차)와 '돈', '재화'를 뜻하는 貝(패)를 결합한 것이다. 재물이 되거나 재화를 얻을 수 있는 〈바탕〉을 의미한다.

[새김] ▪ 재물, 자본 ▪ 바탕 ▪ 비용

＼	＞	＞	冫	沪	次	次	咨	咨	咨	資	資
資	資	資	資								
資	資	資	資								

厵은 바위 언덕(厂)에서 물이 흘러나오는(𠂢) 모습이다. 처음엔 原이 源의 뜻도 나타내었는데 나중에 氵를 결합하여 原과 구분하였다. 〈물이 흘러나오는 근원〉을 의미한다.

[새김] ▪ 근원 ▪ 수원 ▪ 발원지

＼	＼	氵	沪	沪	沪	沔	沔	湃	源	源
源	源	源	源							
源	源	源	源							

새기고 익히기

■ 한자의 뜻을 새기고 그 한자로 이루어진 한자어를 익히자.
- 한자의 뜻을 연결하여 한자어의 뜻을 생각해 보자.
- 한자어의 뜻을 알고 예문을 통해 그 쓰임을 익히자.

| 資 재물 자 | ■ 재물, 자본 ■ 바탕 ■ 비용 | 源 근원 원 | ■ 근원 ■ 수원 ■ 발원지 |

– 흐리게 나타난 한자어 위에 겹쳐서 쓰고 음을 적어라 –

| 料 해아릴 료 | ■ 헤아리다 ■ 삯, 급여 ■ 거리(재료) |

▷ 그는 새로운 연구에 필요한 資料를 수집하고 있다.

바탕이 되는   재료 ▶ **연구나 조사 따위의 바탕이 되는 재료.**

| 金 쇠 금 | ■ 쇠, 쇠붙이 ■ 금·돈 ■ 귀하다 |

▷ 요즘 그 회사의 資金 사정이 좋지 않다.
▷ 도박 資金의 출처를 조사 하고 있다.

비용으로 쓰는   돈 ▶ **사업을 경영하는 데에 쓰는 돈, 특정한 목적에 쓰는 돈.**

| 泉 샘 천 | ■ 샘 ■ 지하수 ■ 황천 |

▷ 그의 끝없는 노력의 源泉은 성공에 대한 강한 집념이었다.

근원   샘솟는 ▶ **물이 흘러 나오는 근원, 사물의 근원.**

| 財 재물 재 | ■ 재물, 재화 ■ 재산 ■ 거리(재료) |

▷ 세금이 국가 예산을 마련하는 財源이다.

재화가   나올 근원 ▶ **재화나 자금이 나올 원천.**

한 글자 더

| 繁 번성할 번 | ■ 번성하다 ■ 많다 ■ 번거롭다 |

☆ 성하다. 번거롭다. 뒤섞이다. 자주.

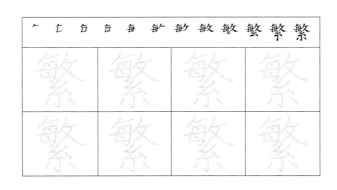

| 榮 영화 영 | ■ 영화 ■ 영예롭다 ■ 성하다 |

▷ 자라나는 청소년은 우리나라의 繁榮을 이룩할 귀한 존재이다.

번성하고   영화롭게 됨 ▶ **번성하고 영화롭게 됨.**

| 華 빛날 화 | ■ 빛나다 ■ 화려하다 ■ 꽃 |

▷ 여기가 이 도시에서 가장 繁華한 곳이다.

번성하고   화려하다 ▶ **번성하고 화려하다.**

■ 한자어와 한자어를 이루는 개별 한자의 뜻을 알아보자.
■ 아래 한자어의 음을 적고 그 뜻을 생각하며 글을 읽어 보자.
■ 공부할 한자의 뜻을 알아보고 필순에 따라 바르게 써 보자.

製造 [　　]

▶ 원료에 인공을 가하여 물품을 만듦.

「 • 연필의 단가는 매우 헐해서 이윤의 폭이 적기 때문에,
  그 製造는 그다지 돈벌이가 되지 않는다고 한다.

• 최근, 연필 소비자의 주축을 이루는 初等 學生,
  中·高等 學生들이 연필보다는
  샤프 펜슬을 愛用하는 경향이
  있어, 연필 製造업계에
  타격을 주고 있다. 」

• 初等(초등) • 學生(학생) • 高等(고등) • 愛用(애용).   ＊단가; 물건 한 단위의 가격.
＊헐하다; 값이 싸다. ＊이윤: 장사 따위를 하여 남은 돈. ＊주축; 전체 가운데서 중심이 되어 영향을 미치는 존재나 세력.
＊경향: 현상이나 사상, 행동 따위가 어떤 방향으로 기울어짐. ＊타격: 어떤 일에서 크게 기를 꺾음. 또는 그로 인한 손해·손실.

製는 '마르다(필요한 규격대로 베거나 자름)', '짓다'는 뜻인 制(제)와 '옷'을 뜻하는 衣(의)를 결합한 것이다. 옷감을 마름질하여 옷을 〈지음〉을 의미한다.

造는 '고하다', '여쭈다'는 뜻인 告→告(고)와 '가다'는 뜻인 辵→辵(착)=辶을 결합한 것이다. 계획을 세워 고하고 〈만듦〉을 의미한다.

[새김] ■짓다 ■만들다 ■마르다

'	⸍	⸗	⸗	制	制	制	制	製	製	製	製
製	製	製	製								
製	製	製	製								

[새김] ■짓다 ■만들다 ■이루다

'	⸍	牛	生	生	告	告	造	造	造	造
造	造	造	造							
造	造	造	造							

새기고 익히기

■ 한자의 뜻을 새기고 그 한자로 이루어진 한자어를 익히자.
- 한자의 뜻을 연결하여 한자어의 뜻을 생각해 보자.
- 한자어의 뜻을 알고 예문을 통해 그 쓰임을 익히자.

製	지을 제	▪ 짓다 ▪ 만들다 ▪ 마르다

造	지을 조	▪ 짓다 ▪ 만들다 ▪ 이루다

– 흐리게 나타난 한자어 위에 겹쳐서 쓰고 음을 적어라 –

作	지을 작	▪ 짓다 ▪ 만들다 ▪ 행하다 ▪ 일으키다

製作
지어 / 만듦
▷ 인공 지능을 지닌 첨단 로봇이 製作되어 여기저기 활용되고 있다.
▶ 재료를 가지고 새로운 물건이나 예술 작품을 만듦.

品	물건 품	▪ 물건 ▪ 물품 ▪ 종류 ▪ 품격 ▪ 등급

製品
만들어 낸 / 물품
▷ 소비자가 원하는 製品을 만들어야 한다.
▶ 원료를 써서 물건을 만듦. 또는 그렇게 만들어 낸 물품.

成	이룰 성	▪ 이루다 ▪ 갖추어지다 ▪ 성숙하다

造成
만들어 / 이룸
▷ 이곳에 대규모 시민 공원을 造成한다.
▷ 공포 분위기를 造成하지 말아라.
▶ 무엇을 만들어 이룸. 분위기나 정세 따위를 만듦.

改	고칠 개	▪ 고치다 ▪ 바꾸다 ▪ 다시

改造
고쳐 / 만듦
▷ 오래된 한옥의 내부를 생활이 편리하도록 改造하였다.
▶ 고쳐 만들거나 바꿈.

한 글자 더

昌	창성할 창	▪ 창성하다 ▪ 아름답다 ▪ 외치다

☆ 기운 세력 등이 성한 모양.

ㅣ ㅁ ㅁ 日 日 旦 昌 昌

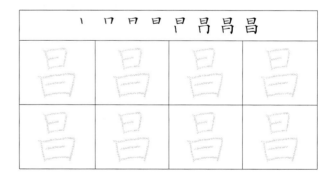

繁	번성한 번	▪ 번성하다 ▪ 많다 ▪ 번거롭다

繁昌
번성하고 / 창성함
▷ 그의 사업은 날로 繁昌하고 있다.
▶ 번화하게 창성함.

盛	성할 성	▪ 성하다 ▪ 많다 ▪ 성대하다

昌盛
흥성하고 / 성함
▷ 한 나라의 昌盛은 국민의 의지와 노력에 달려있다.
▶ 기세가 크게 일어나 잘 뻗어 나감.

45

■ 한자어와 한자어를 이루는 개별 한자의 뜻을 알아보자.
- 아래 한자어의 음을 적고 그 뜻을 생각하며 글을 읽어 보자.
- 공부할 한자의 뜻을 알아보고 필순에 따라 바르게 써 보자.

感覺 [　　] ▸ 눈, 코, 귀, 혀, 살갗을 통하여 바깥의 어떤 자극을 알아차림.

「 사람들은 시각에 의해 색깔을 보고,
청각에 의해 소리를 들으며, 후각에 의해
냄새를 맡고. 미각에 의해 飮食을 맛보며,
촉각에 의해 책상의 딱딱함을 느낀다.
이와 같이 다섯 가지 感覺 기관으로
사물을 파악하는 能力에 의해 感覺的
경험이 얻어진다. 그러나 人間은
感覺的인 경험이 없이도 여러 가지
事實이나 事物을 파악할 수 있다. 」

• 飮食(음식) • 能力(능력) • 人間(인간) • 事實(사실).　＊파악: 어떤 대상의 내용이나 본질을 확실하게 이해하여 앎.
＊경험: 자신이 실제로 해 보거나 겪어 봄. 또는 거기서 얻은 지식이나 기능.

感은 '차다(충만하다)'는 뜻인 咸(함)과 '마음'을 뜻하는 心(심)을 결합한 것이다.　마음 가득히 〈느껴짐〉을 의미한다.

覺은 '배우다'는 뜻인 學(학)을 줄인 與과 '보이다', '드러나다'는 뜻인 見(견)을 결합한 것이다.　배움을 통해 세상을 보는 눈이 트여 〈깨달음〉을 의미한다.

[새김] ▪느끼다 ▪감응하다 ▪감동하다

[새김] ▪깨닫다 ▪드러나다 ▪감각

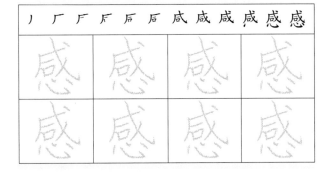

ノ	厂	厂	戶	戶	咸	咸	感	感	感	感	感

感	感	感	感
感	感	感	感

ˊ	ˊ	ˊ	ˊ	ˊ	ˊ	ˊ	阴	阴	與	學	譽	覺

覺	覺	覺	覺
覺	覺	覺	覺

새기고 익히기

■ 한자의 뜻을 새기고 그 한자로 이루어진 한자어를 익히자.
■ 한자의 뜻을 연결하여 한자어의 뜻을 생각해 보자.
■ 한자어의 뜻을 알고 예문을 통해 그 쓰임을 익히자.

| 感 느낄 감 | ■ 느끼다 ■ 감응하다 ■ 감동하다 | 覺 깨달을 각 | ■ 깨닫다 ■ 드러나다 ■ 감각 |

― 흐리게 나타난 한자어 위에 겹쳐서 쓰고 음을 적어라 ―

| 好 좋을 호 | ■ 좋다 ■ 좋아하다 ■ 사랑하다 |
好感 좋은 느낌 ▶ 좋게 여기는 감정.
▷ 그와 이야기를 나누어 보면 누구나 그에게 好感을 느끼게 된다.

| 動 움직일 동 | ■ 움직이다 ■ 옮기다 ■ 일어나다 |
感動 느끼어 움직임 ▶ 크게 느끼어 마음이 움직임.
▷ 큰 어려움을 딛고 우뚝 선 그의 이야기가 나에게 많은 感動을 주었다.

| 自 스스로 자 | ■ 스스로 ■ 자기, 자신 ■ ~부터 |
自覺 스스로 깨달음 ▶ 현실을 판단해 자기의 입장이나 능력 따위를 스스로 깨달음.
▷ 너의 처지를 自覺하고 분수에 맞게 행동하여라.

| 發 필 발 | ■ 피다 ■ 쏘다 ■ 떠나다 ■ 내다 ■ 일으키다 |
發覺 나타나서 드러남 ▶ 숨기던 것이 드러남.
▷ 나는 담장 뒤에 숨으려다 그에게 發覺되었다.

한 글자 더

| 演 펼 연 | ■ 펴다 ■ 행하다 ■ 자세히 설명하다 |

丶 氵 氵 氵 沪 沪 沪 沪 涪 渲 演 演 演

演 演 演 演
演 演 演 演

| 技 재주 기 | ■ 재주, 솜씨 ■ 재간 ■ 기술, 기능 |
演技 행함 재간을 ▶ 배우가 배역의 인물, 성격, 행동 따위를 표현해 내는 일.
▷ 그는 건물에서 뛰어내리는 演技를 대역 없이 해냈다.

| 說 말씀 설 | ■ 말씀 ■ 이야기하다 ■ 학설 |
演說 설명하여 이야기 함 ▶ 여러 사람 앞에서 자기의 주의나 주장 또는 의견을 진술함.
▷ 많은 사람들이 그의 演說에 공감하였다.

47

알아보기

■ 한자어와 한자어를 이루는 개별 한자의 뜻을 알아보자.
▪ 아래 한자어의 음을 적고 그 뜻을 생각하며 글을 읽어 보자.
▪ 공부할 한자의 뜻을 알아보고 필순에 따라 바르게 써 보자.

想像 [　　] ▶ 마음속으로 그리며 미루어 생각함.

「 훈아, 그곳에는 냇물이 흐르고, 과수원과 목장이 있다지?
너와 같이 물놀이도 하고, 원두막에 앉아 싱싱한 참외와 수박을
먹으면서 오순도순 이야기 나누는 場面을 想像해 보았어.
　　훈아!
　　이번 여름 방학이 나에게는
農村의 모습을 구경하는 좋은
機會가 될거야. 벌써 내 마음은
그 곳으로 달리고 있는 듯 하구나.
더위에 몸 조심해. 또 消息 전할게. 」

• 場面(장면)　• 農村(농촌)　• 機會(기회)　• 消息(소식).　*과수원: 과실 나무를 심은 밭.
*원두막: 오이, 참외, 수박, 호박 따위를 심은 밭을 지키기 위하여 밭머리(밭이랑의 양쪽 끝이 되는 곳)에 지은 막.

想은 '모양(형상)'을 뜻하는 相(상)과 '마음', '생각'을 뜻하는 心(심)을 결합한 것이다. 형상을 〈떠올려 생각함〉을 의미한다.

[새김] ▪생각　▪생각하다　▪상상하다

一	十	才	末	朾	杊	相	相	相	想	想	想

想	想	想	想
想	想	想	想

像은 '사람'을 뜻하는 亻(인)과 '모양', '본뜨다'는 뜻인 象(상)을 결합한 것이다. 사람의 모습을 닮게 〈본뜬 형상〉을 의미한다.

[새김] ▪모양, 형상　▪본뜬 형상　▪닮다

亻	亻	俨	俨	俨	俨	傻	傻	像	像

像	像	像	像
像	像	像	像

■ 한자의 뜻을 새기고 그 한자로 이루어진 한자어를 익히자.
 ▬ 한자의 뜻을 연결하여 한자어의 뜻을 생각해 보자.
 ▬ 한자어의 뜻을 알고 예문을 통해 그 쓰임을 익히자.

想 생각 상	▪ 생각 ▪ 생각하다 ▪ 상상하다	像 형상 상	▪ 모양, 형상 ▪ 본뜬 형상 ▪ 닮다

– 흐리게 나타난 한자어 위에 겹쳐서 쓰고 음을 적어라 –

假 거짓 가	▪ 거짓 ▪ 가짜 ▪ 임시적 ▪ 빌리다	假 想 [ ]	▷ 첨단 기기를 이용하여 현실 세계와 다른 假想 공간을 체험할 수 있다.

임시로 인정해 생각함 ▶ 사실이라고 가정하여 생각함.

念 생각 념	▪ 생각 ▪ 생각하다 ▪ 마음에 두다	想 念 [ ]	▷ 그는 바다를 바라보며 한동안 想念에 잠겨 있었다.

생각 마음에 품은 ▶ 마음 속에 품고 있는 여러 가지 생각.

頭 머리 두	▪ 머리 ▪ 맨 앞 ▪ 우두머리 ▪ 근처	頭 像 [ ]	▷ 과학관에 들어서자 몇몇 위대한 과학자의 頭像이 눈에 들어왔다.

머리 부분을 본뜬 형상 ▶ 머리 부분만을 나타낸 조각 작품.

立 설 립	▪ 서다 ▪ 세우다 ▪ 이루어지다	立 像 [ ]	▷ 미술관 입구에는 아기를 안고 있는 어머니의 立像이 놓여 있었다.

서있는 모습을 본뜬 형상 ▶ 서 있는 모습으로 만든 상.

한 글자 더

劇 심할 극	▪ 심하다 ▪ 대단하다 ▪ 놀이 ▪ 연극

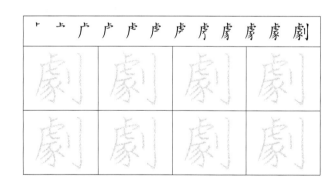

場 마당 장	▪ 마당 ▪ 곳, 장소 ▪ 때, 경우	劇 場 [ ]	▷ 누나와 함께 劇場에 가서 영화를 보았다.

연극 공연,
영화 상영 장소 ▶ 연극 따위의 공연이나 영화를 상영하기 위한 건물이나 시설.

團 둥글 단	▪ 둥글다 ▪ 덩어리 ▪ 단체 ▪ 모임	劇 團 [ ]	▷ 전용 극장을 가지고 있는 劇團은 그리 많지 않다.

연극 공연 단체 ▶ 연극을 전문으로 공연하는 단체.

어휘력 다지기

- 적은 資本 □으로 사업을 시작하였다. • • 물이 흘러나오는 근원,

- 건축 資材 □를 한곳에 쌓아두었다. • • 전기 코드 따위와 같이 기계 등에 전류가 오는 원천,

- 水源 □이 풍부해 농사짓기에 적합해. • • 장사나 사업 따위의 기본이 되는 돈,

- 거실 등의 電源 □ 스위치를 올려다오.. • • 무엇을 만들기 위한 기본적인 재료,

- 전통 기법의 手製 □ 고급 가구란다. • • 약재를 섞어서 약을 만듦, 또는 그 약,

- 그는 製藥 □ 회사에 근무하고 있다. • • 손으로 만듦, 수제품(손으로 만든 물건),

- 운동장에 人造 □ 잔디를 깔았다. • • 한창 성하게 일어나 퍼짐, 나무나 풀이 무성함,

- 그림, 조각, 건축 등은 造形 □ 예술. • • 어떤 현상이나 일에 대하여 일어나는 마음이나 느끼는 기분,

- 그의 사업은 나날이 繁盛 □하고 있어. • • 사람이 만듦, 또는 그런 물건,

- 너의 感情 □을 솔직하게 표현하여라. • • 여러 가지 재료로 구체적인 형태나 형상을 만듦,

- 나도 너의 말에 전적으로 同感 □이다. • • 반대하거나 반항하는 감정,

- 환절기에는 毒感 □ 환자가 늘어난다. • • 재질(材質)의 차이에서 받는 느낌,

- 그들이 反感 □을 갖지 않도록 하여라, • • 어떤 견해나 의견에 같은 생각을 가짐, 또는 그 생각,

- 나무의 質感 □을 제대로 살린 가구. • • 지독한 감기, 유행성 감기,

- 覺書 □를 쓰고 손도장을 찍도록 해. • • 눈을 감고 말없이 마음속으로 생각함,

- 지난 일들에 대해 默想 □에 잠겼다. • • 약속을 지키겠다는 내용을 적은 문서,

- 지난 날을 回想 □하며 미소를 지었어. • • 어떤 생각을 해냄, 또는 그런 생각,

- 그의 發想 □은 기발하면서 참신했다. • • 돌을 조각하여 만든 사람이나 동물의 형상,

- 공원 입구에 사자 石像 □이 있었다. • • 지난 일을 돌이켜 생각함, 또는 그런 생각,

- 할머니는 史劇 □을 더 좋아하신다. • • 음악, 무용, 연극 따위를 많은 사람 앞에서 보이는 일,

- 나는 오후 公演 □ 관람권을 예매했어. • • 역사극(역사에 있었던 사실을 바탕으로 만든 극),

· 자본 · 자재 · 수원 · 전원 · 수제 · 제약 · 인조 · 조형 · 번성 · 감정 · 동감 · 독감 · 반감 · 질감 · 각서 · 묵상 · 회상 · 발상 · 석상 · 사극 · 공연

■ 한자어가 되도록 □ 안에 공통으로 넣을 한자를 보기에서 찾아 □ 안에 쓰고 , 그 한자어의 뜻을 생각하며 음을 적어라.

□ ⇨	資□	□泉	電□

□ ⇨	手□	□作	□品

□ ⇨	□榮	□華	□盛

□ ⇨	感□	自□	發□

□ ⇨	想□	形□	石□

□ ⇨	□技	出□	□說

보기

製 · 覺 · 源 · 像 · 想 · 劇 · 資 · 繁 · 演 · 飾 · 感 · 昌 · 造

■ 아래의 뜻을 지닌 한자어가 되도록 위의 보기에서 알맞은 한자를 찾아 □ 안에 써 넣어라.

▶ 이익을 얻기 위하여 어떤 일이나 사업에 자본을 대거나 시간이나 정성을 쏟음.

▷ 나는 태양광 산업에 [投][ ]하려 한다.

▶ 종이, 천, 비닐 따위를 재료로 하여 만든 꽃.

▷ 이 꽃은 생화가 아니고 [ ][花]이다.

▶ 번화하게 창성함.

▷ 그의 사업은 나날이 [繁][ ]하고 있다.

▶ 말이나 행동 따위를 거짓으로 꾸밈.

▷ 그의 말과 행동에는 [假][ ]이 없어.

▶ 남의 감정, 의견, 주장 따위에 대하여 자기도 그렇다고 느낌. 또는 그렇게 느끼는 기분.

▷ 나도 그들의 분노에 [共][ ]한다.

▶ 현실적이지 못하거나 실현될 가망이 없는 것을 막연히 그리어 봄. 또는 그런 생각.

▷ 복권에 당첨되는 헛된 [空][ ]을 했지.

▶ 극을 보는 것처럼 큰 긴장이나 감동을 불러일으키는. 또는 그런것.

▷ 화재 현장에서 [ ][的]으로 탈출했다.

· 자원. 원천. 전원 · 수제. 제작. 제품 · 번영. 번화. 번성 · 감각. 자각. 발각 · 상상. 형상. 석상 · 연기. 출연. 연설 / · 투자 · 조화 · 번창 · 가식 · 공감 · 공상 · 극적

51

■ 한자의 음과 훈을 되새기며 필순에 따라 바르게 써 보자.

資	재물 자	貝(조개패) / 총 13획

丶 冫 冫 次 次 次 次 資 資 資 資

源	근원 원	氵(삼수변) / 총 13획

丶 冫 氵 汀 沪 沪 汇 沪 浥 源 源 源 源

製	지을 제	衣(옷의) / 총 14획

丿 一 二 午 牛 制 制 制 製 製 製 製

造	지을 조	辶(책받침) / 총 11획

丿 牛 生 牛 告 告 告 告 造 造

繁	번성할 번	糸(실사) / 총 17획

一 仁 缶 缶 每 每 敏 敏 敏 繁 繁 繁

昌	창성할 창	日(날일) / 총 8획

丶 口 口 日 日 昌 昌 昌

感	느낄 감	心(마음심) / 총 13획

丿 厂 厂 厂 后 咸 咸 咸 咸 感 感

覺	깨달을 각	見(볼견) / 총 20획

丷 ᠇ ᠇ ᠇ ᠇ 闁 闁 闁 與 覺 覺 覺

想	생각 상	心(마음심) / 총 13획

一 十 才 木 朴 相 相 相 相 想 想 想

像	모양 상	亻(사람인변) / 총 14획

亻 亻 亻 俨 俨 俨 伊 像 像 像

演	펼 연	氵(삼수변) / 총 14획

丶 冫 氵 沪 沪 沪 沪 渲 渲 演 演 演

劇	심할 극	刂(선칼도방) / 총 15획

丶 上 广 庐 卢 虍 虍 虖 虖 豦 豦 豦 劇

蛇	뱀 사	虫(벌레훼) / 총 11획

丶 口 口 中 虫 虫 虫 虫 蚈 蛇 蛇

飾	꾸밀 식	食(밥식변) / 총 14획

丶 口 口 中 虫 虫 虫 虫 蚈 蛇 蛇

공부할 한자

묶음 4-4

음　■ 한자를 읽는 소리
　　　아래 한자의 음을 찾아 적고 소리내어 읽어 보자.

- 바탕색과 글자색이 같은 것을 찾아 보자 -

智 □　思 □　憂 □　刊 □
優 □　知 □　慧 □　識 □
慮 □　考 □　創 □　劣 □

간　혜　식　려　지　우
열　창　사　우　지　고

훈　■ 한자의 뜻 새김
　　　한자의 음을 적고 훈과 함께 외어 보자.

知 (알)	識 (알)	創 (비롯할)	刊 (새길)
智 (슬기)	慧 (슬기로울)	憂 (근심)	慮 (생각할)
思 (생각)	考 (생각할)	優 (넉넉할)	劣 (못할)

알아보기

■ 한자어와 한자어를 이루는 개별 한자의 뜻을 알아보자.
■ 아래 한자어의 음을 적고 그 뜻을 생각하며 글을 읽어 보자.
■ 공부할 한자의 뜻을 알아보고 필순에 따라 바르게 써 보자.

知識 [　　] ▶ 알고 있는 내용.

「 言語는 그것을 습득하는 사람에게 知識을 쌓게 하고, 생각을 넓고 깊게 하는 구실을 한다. 사실, 知識을 쌓는다는 것은 어휘를 늘린다는 것과 같고, 어휘가 豊富하다는 것은 그만큼 知識이 많다는 것과 같은 것이다. 따라서, 어휘를 늘릴수록 知識이 豊富해져서 생각이 넓고 깊게 되는 것이다. 우리의 先生님이나 선배들이 우리에게 독서를 권하는 까닭의 하나가 바로 여기에 있다. 」

• 言語(언어) • 豊富(풍부). *습득: 학문이나 기술 따위를 배워서 자기 것으로 함.
* 어휘: 어떤 일정한 범위 안에서 쓰이는 단어(낱말)의 수효. 또는 단어의 전체.

知는 '화살'을 뜻하는 矢(시)와 '말하다', '입 밖에 내다'는 뜻인 口(구)를 결합한 것이다.　우는살(날아갈 때 소리가 나도록 속이 빈 깍지를 단 화살)을 쏘아 〈알림〉을 의미한다.

[새김] ▪알다 ▪알리다 ▪앎, 지식

ノ 亠 丆 矢 矢 知 知 知			
知	知	知	知
知	知	知	知

戠은 창(卡→戈)에 매단 깃발에 표지로 적은 '말', '소식'(ᄴ→音)을 나타낸다. 나중에 '글', '알리다'는 뜻인 言(언)을 결합하였다.　배움이나 견문이 있어서 깃발에 적은 글이나 표지를 〈분별하여 앎〉을 의미한다.

[새김] ▪알다 ▪식견 ▪지식 ▪적다(지)

亠 言 言 言 言 言 語 語 語 識 識 識			
識	識	識	識
識	識	識	識

■ 한자의 뜻을 새기고 그 한자로 이루어진 한자어를 익히자.

━ 한자의 뜻을 연결하여 한자어의 뜻을 생각해 보자.
━ 한자어의 뜻을 알고 예문을 통해 그 쓰임을 익히자.

知 [알 지] ▪ 알다 ▪ 알리다 ▪ 앎, 지식

識 [알 식] ▪ 알다 ▪ 식견 ▪ 지식 ▪ 적다(지)

― 흐리게 나타난 한자어 위에 겹쳐서 쓰고 음을 적어라 ―

能 [능할 능] ▪ 능하다 ▪ ~할 수 있다 ▪ 재능

지혜와   재능 ▶ 지혜와 재능을 통틀어 이르는 말.

▷ 침팬지는 돌멩이나 막대 따위의 도구를 사용하는 知能을 지니고 있다.

無 [없을 무] ▪ 없다 ▪ 아니하다 ▪ 공허하다

없음   아는 것이 ▶ 아는 것이 없음, 미련하고 우악스러움.

▷ 사이비 종교에 빠져 자신을 망치는 것은 無知로 인한 안타까운 비극이다.

常 [항상 상] ▪ 항상, 늘 ▪ 보통 ▪ 일정하다

보통의   지식 ▶ 사람들이 보통 알고 있거나 알아야 하는 지식.

▷ 그의 행동은 누가 보더라도 常識을 벗어난 것이었다.

學 [배울 학] ▪ 배우다 ▪ 학문 ▪ 가르침

학문과   식견 ▶ 배워서 얻은 지식, 학문과 식견을 통틀어 이르는 말.

▷ 그의 學識은 많은 독서를 통해 얻어진 것이다.

한 글자 더

智 [슬기 지] ▪ 슬기 ▪ 슬기롭다 ▪ 지혜

☆ 사리를 깨달아 아는 능력.

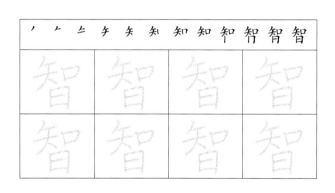

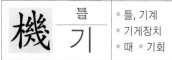

機 [틀 기] ▪ 틀, 기계 ▪ 기계장치 ▪ 때 ▪ 기회

機智

때에 대응하는   지혜 ▶ 경우에 따라 재치 있게 대응하는 지혜.

▷ 그의 機智로 어려움을 모면할 수 있었다.

者 [놈 자] ▪ 놈 ▪ 사람 ▪ 것

슬기로운   사람 ▶ 슬기로운 사람.

▷ 아는 것이 많다고해서 누구나 智者가 될 수 있는 것은 아니다.

알아보기

■ 한자어와 한자어를 이루는 개별 한자의 뜻을 알아보자.
■ 아래 한자어의 음을 적고 그 뜻을 생각하며 글을 읽어 보자.
■ 공부할 한자의 뜻을 알아보고 필순에 따라 바르게 써 보자.

創刊 [　　] ▶ 신문 잡지 따위의 정기 간행물의 첫 번째 오를 펴냄.

「 독립신문은 1896年 4月 7日 서재필과 개화파가
合作해 創刊한 한국 最初의 일간지이다. 국문판과
영문판으로 구성되었으며 개혁 정책을 국민들에게
알리고 지지를 얻기 위하여 創刊되었다.
이 신문의 내용 중 特色은 근대
민족주의 사상, 민주주의 사상,
자주적 근대화 사상을 強調해
국민들을 教育·계몽한 것이었다. 」

• 合作(합작) • 最初(최초) • 特色(특색):보통의 것과 다른 점. • 強調(강조) • 教育(교육)
* 개혁: 제도나 기구 따위를 새롭게 뜯어고침. * 계몽: 지식수준이 낮거나 인습에 젖은 사람을 가르쳐서 깨우침.

創은 곡식을 비축해 두는 '곳집'을 뜻하는 倉(창)과
'칼'을 뜻하는 刂(도)를 결합한 것이다.   비축해 둔 곡
식을 내는 일이 곳집을 허는 것으로 〈비롯함〉을 의미한
다.

[새김] ▪ 비롯하다 ▪ 다치다 ▪ 처음 이룩하다

ノ	ノ	㇒	㇏	㇏	今	今	倉	倉	倉	創	創
創	創	創	創								
創	創	創	創								

刊은 '평평하다'는 뜻인 幵(견)의 줄인 모양인 干과
'칼'을 뜻하는 刂(도)를 결합한 것이다.   평평한 판목
에 칼로 깎아 글자나 그림을 〈새김〉을 의미한다.

[새김] ▪ 새기다 ▪ 깎다 ▪ 발행하다

一	二	干	刋	刊
刊	刊	刊	刊	
刊	刊	刊	刊	

■ 한자의 뜻을 새기고 그 한자로 이루어진 한자어를 익히자.
■ 한자의 뜻을 연결하여 한자어의 뜻을 생각해 보자.
■ 한자어의 뜻을 알고 예문을 통해 그 쓰임을 익히자.

創 비롯할 창	■ 비롯하다 ■ 다치다 ■ 처음 이룩하다	刊 새길 간	■ 새기다 ■ 깎다 ■ 발행하다

― 흐리게 나타난 한자어 위에 겹쳐서 쓰고 음을 적어라 ―

造 지을 조	■ 짓다 ■ 만들다 ■ 이루다

創造 [   ]
처음으로   만듦 ▶ 전에 없던 것을 처음으로 만듦.

▷ 그 디자이너의 뛰어난 감각은 패션계에 새로운 유행을 創造하였다.

作 지을 작	■ 짓다 ■ 만들다 ■ 행하다 ■ 일으키다

創作 [   ]
처음으로   지어냄 ▶ 예술 작품을 독창적으로 지어냄.

▷ 그는 오로지 創作 활동에만 전념하였다.

新 새 신	■ 새, 새로운 ■ 새롭게 다시 ■ 처음으로

新刊 [   ]
새로   발행한 ▶ 책을 새로 간행함, 또는 그 책.

▷ 오늘 서점에 들러 보고싶은 新刊 서적을 몇 권 구입하였다.

發 필 발	■ 피다 ■ 쏘다 ■ 떠나다 ■ 내다 ■ 일르키다

發刊 [   ]
냄   발행하여 ▶ 책, 신문, 잡지 따위를 만들어 냄.

▷ 학교 신문을 發刊하기 위해 원고를 모집하고 있다.

한 글자 더

慧 슬기로울 혜	■ 슬기롭다 ■ 사리에 밝다 ■ 지혜

☆ 사리를 분별하여 의혹에서 해탈하는 작용.

一 二 三 丰 圭 圭 彗 彗 彗 彗 慧 慧

智 슬기 지	■ 슬기 ■ 슬기롭다 ■ 지혜

智慧 [   ]
슬기로운   사리에 밝고 ▶ 사물의 이치를 깨닫고 사물을 정확하게 처리하는 정신 능력.

▷ 문화 유산을 통해 우리 조상들의 정신과 智慧를 살펴볼 수 있다.

眼 눈 안	■ 눈 ■ 눈동자 ■ 보다

慧眼 [   ]
사리에 밝은   눈 ▶ 사물을 꿰뚫어 보는 안목과 식견.

▷ 아마도 그 분은 앞날을 내다 볼 수 있는 慧眼을 지녔던 것 같다.

알아보기

■ 한자어와 한자어를 이루는 개별 한자의 뜻을 알아보자.
▬ 아래 한자어의 음을 적고 그 뜻을 생각하며 글을 읽어 보자.
▬ 공부할 한자의 뜻을 알아보고 필순에 따라 바르게 써 보자.

思考 [　　] ▶ 생각하고 궁리함.

「 想像力이란, 눈앞에 있지 않은 것을 생각하는 能力이요, 익숙해 있는 것과 달리 생각할 수 있는 能力이다. 독서를 통한 자유로운 想像의 여행은 우리에게 日常과는 다른 다양한 세계를 열어준다. 이런 다양하고 낯선 세계의 경험은 우리를 습관적인 思考로부터 벗어나게 하기도 한다. 모든 것을 特定 목적과 연관시켜서만 생각하는 精神이나, 낯선 것에 대해서는 거부감밖에 가질줄 모르는 精神에 새로운 세계가 열리기는 어렵다. 」

• 想像力(상상력) • 能力(능력) • 日常(일상): 날마다 반복되는 생활. • 特定(특정) • 精神(정신)
＊ 다양: 여러 가지 모양이나 양식. ＊ 거부감: 어떤 것에 대해 받아들이고 싶지 않거나 물리치고 싶은 느낌.

는 '정수리(머리 꼭데기)'를 뜻하는 ⊕…囟(신)과 '마음'을 뜻하는 ♡…心(심)으로 이루어졌다. 나중에 囟이 田으로 바뀌었다.   마음과 머리에서 나오는 〈생각〉을 뜻한다.

[새김] ▪생각 ▪의지 ▪마음

ㅣ 冂 冂 冊 田 田 思 思 思			
思	思	思	思
思	思	思	思

考는 '노인'을 뜻하는 老(노)를 줄인 耂과 '꾀'를 뜻하는 巧(교)를 줄인 丂을 결합한 것이다.   노인의 많은 경험과 꾀로 〈깊이 헤아려 생각함〉을 뜻한다.

[새김] ▪생각하다 ▪깊이 헤아리다 ▪살펴보다

一 十 土 耂 耂 考			
考	考	考	考
考	考	考	考

새기고 익히기

■ 한자의 뜻을 새기고 그 한자로 이루어진 한자어를 익히자.

■ 한자의 뜻을 연결하여 한자어의 뜻을 생각해 보자.
■ 한자어의 뜻을 알고 예문을 통해 그 쓰임을 익히자.

| 思 | 생각 사 | ▪ 생각 ▪ 의지 ▪ 마음 |

| 考 | 생각할 고 | ▪ 생각하다 ▪ 깊이 헤아리다 ▪ 살펴보다 |

– 흐리게 나타난 한자어 위에 겹쳐서 쓰고 음을 적어라 –

| 意 | 뜻 의 | ▪ 뜻, 뜻하다 ▪ 생각 ▪ 마음 |

意思 [   ] ▷ 그는 자기의 意思를 분명하게 말하였다.
뜻과　생각　▶ 무엇을 하고자 하는 생각.

| 想 | 생각 상 | ▪ 생각 ▪ 생각하다 ▪ 상상하다 |

思想 [   ] ▷ 사람은 누구나 思想의 자유가 있다.
의지와　생각　▶ 어떤 사물에 대하여 가지고 있는 구체적인 사고나 생각.

| 古 | 옛 고 | ▪ 옛, 예 ▪ 옛날 ▪ 오래되다 |

考古 [   ] ▷ 삼촌은 考古學에 흥미를 느끼고 있다.
살펴서따져봄　옛것을　▶ 옛 유물과 유적으로 고대의 역사적 사실을 연구함.

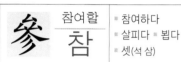
| 參 | 참여할 참 | ▪ 참여하다 ▪ 살피다 ▪ 뵙다 ▪ 셋(석 삼) |

參考 [   ] ▷ 배낭 여행에 參考할 만한 책들을 추천해 주면 좋겠다.
살펴서　생각함　▶ 살펴서 생각함. 살펴서 도움이 될 만한 재료로 삼음.

한 글자 더

| 劣 | 못할 열 | ▪ 못하다 ▪ 뒤떨어지다 ▪ 낮다 |

☆ 어느 정도에 미치지 않는다. 남보다 뒤떨어지다.

| 勢 | 형세 세 | ▪ 형세 ▪ 세력, 힘 ▪ 기세 |

劣勢 [   ] ▷ 아직은 우리 팀이 劣勢이다.
뒤떨어지다　세력이　▶ 상대편 보다 힘이나 세력이 약함. 또는 그 힘이나 세력.

| 惡 | 악할 악 | ▪ 악하다. ▪ 나쁘다 ▪ 미워하다(오) |

劣惡 [   ] ▷ 그들은 劣惡한 교육 환경 속에서도 희망을 잃지 않고 열심히 공부했다.
뒤떨어지고　나쁘다　▶ 품질이나 능력, 시설 따위가 매우 떨어지고 나쁘다.

59

■ 한자어와 한자어를 이루는 개별 한자의 뜻을 알아보자.
■ 아래 한자어의 음을 적고 그 뜻을 생각하며 글을 읽어 보자.
■ 공부할 한자의 뜻을 알아보고 필순에 따라 바르게 써 보자.

憂慮 [　　] ▶ 근심과 걱정.

「'新世代 청소년 문화'
청소년 문화는 청소년만의 獨特한 생각이나
行動 方式을 일컫는 말이다. 그런데 요즈음
청소년 문화에 대해 憂慮하는 어른이 적지 않다.
그러나 과연 이것이 청소년만의 문제인가?
청소년 문화는 우리 사회 문화의 일부일 뿐이다.
지금의 어른도 한때는 청소년이였으며,
청소년들도 자라나서 언젠가는 未來의
청소년을 걱정하는 어른이 될 것이다.
그러므로 이것은 청소년만의 문제는 아니다. 」

• 新世代(신세대) • 獨特(독특) • 行動(행동) • 方式(방식) • 未來(미래).
* 청소년: 청년과 소년을 아울러 이르는 말. 청소년 보호법에서, 19세 미만인 사람을 이르는 말. * 일부: 한 부분.

憂는 '근심하다'는 뜻인 惪(우) 와 '천천히 걷다'는 뜻인 夊(쇠)를 결합한 것이다. 근심거리가 있어 천천히 걸으며 〈애태움〉을 의미한다.

[새김] ▪근심, 걱정 ▪애태우다 ▪병 ▪환난

一 丁 亇 亇 百 百 直 直 惪 憂 夢 憂
憂	憂	憂	憂
憂	憂	憂	憂

慮는 '호랑이처럼 무릎을 세우고 앉은 형상'을 뜻하는 虍(호)와 '생각하다'는 뜻인 思(사)를 결합한 것이다. 우두커니 앉아 걱정거리를 〈이리저리 헤아려 생각함〉을 의미한다.

[새김] ▪생각하다 ▪헤아려 보다 ▪걱정하다

丶 亠 广 广 卢 卢 虍 虒 虘 慮 慮
慮	慮	慮	慮
慮	慮	慮	慮

■ 한자의 뜻을 새기고 그 한자로 이루어진 한자어를 익히자.
- 한자의 뜻을 연결하여 한자어의 뜻을 생각해 보자.
- 한자어의 뜻을 알고 예문을 통해 그 쓰임을 익히자.

| 憂 | 근심
우 | ■ 근심, 걱정
■ 애태우다
■ 병 · 환난 | 慮 | 생각할
려 | ■ 생각하다
■ 헤아려 보다
■ 걱정, 염려 |

– 흐리게 나타난 한자어 위에 겹쳐서 쓰고 음을 적어라 –

| 患 | 근심
환 | ■ 근심
■ 근심하다
■ 앓다 | 憂 患 [　] | ▷ 그는 끊이지 않는 憂患으로 걱정거리가 이만저만이 아니다. |

걱정이나　근심 ▶ 집안에 복잡한 일이나 환자가 생겨서 나는 걱정이나 근심.

| 國 | 나라
국 | ■ 나라, 국가
■ 세상, 세계 | 憂 國 [　] | ▷ 말로는 憂國한다고 외치지만 너희들이 실제로 나라를 위해 한 것이 무엇이냐? |

걱정함　나라를 ▶ 나랏일을 근심하고 걱정함.

| 念 | 생각
념 | ■ 생각
■ 생각하다
■ 마음에 두다 | 念 慮 [　] | ▷ 그 일에 대해서는 念慮 말아라 모두 다 잘될 것이다. |

마음에 두고　걱정함 ▶ 앞일에 대하여 여러 가지로 마음을 써서 걱정함.

| 配 | 나눌
배 | ■ 나누다
■ 짝 · 딸리다
■ 귀양보내다 | 配 慮 [　] | ▷ 약자를 配慮하는 사회가 참다운 공동체 사회이다. |

함께 나눔　염려를 ▶ 도와주거나 보살펴 주려고 마음을 씀.

| 優 | 넉넉할
우 | ■ 넉넉하다
■ 보다 낫다
■ 연기자 |

| イ イ′ イ″ 俨 俥 俥 偮 傪 傪 優 優 |
| 優　優　優　優 |
| 優　優　優　優 |

| 劣 | 못할
열 | ■ 못하다
■ 뒤떨어지다
■ 낮다 | 優 劣 [　] | ▷ 그 둘의 탁구 실력은 막상막하로 優劣을 가리기 어렵다. |

나음과　못함 ▶ 나음과 못함.

| 勝 | 이길
승 | ■ 이기다
■ 낫다
■ 뛰어난 것 | 優 勝 [　] | ▷ 지난 대회 優勝 팀이 우리와 결승전에서 맞붙게 되었다. |

뛰어나게　이김 ▶ 경기, 경주 따위에서 이겨 첫째를 차지함. 또는 첫째 등위.

한자성어

■ 한자 성어의 음을 적고 그에 담긴 의미와 적절한 쓰임을 익혀라.

内 憂 外 患

▶ 나라 안팎의 여러가지 어려움.

▷ 수출 경쟁은 심해지고, 일자리는 줄어들어 취업은 어려워지고 우리 나라 경제는 지금 이러한 内憂外患에서 벗어나야 한다.

見 利 思 義

▶ 눈앞의 이익을 보면 의리를 먼저 생각함.

▷ 우리가 見利思義를 따른다면 언제나 부끄럽지 않고 떳떳하게 살아 갈 수 있다.

易 地 思 之

▶ 처지를 바꾸어서 생각하여 봄.

▷ 각자의 처지에 따라 생각이 다를 수 있으니, 때로는 상대방을 이해하기 위해 易地思之해 볼 필요가 있단다.

多 情 多 感

▶ 정이 많고 감정이 풍부함.

▷ 나는 무엇보다도 그의 多情多感한 성격이 마음에 들었다.

我 田 引 水

▶ 자기 논에 물대기라는 뜻으로, 자기에게만 이롭게 되도록 생각하거나 행동함을 이르는 말.

▷ 사람들은 대부분 자기와 관계되는 일은 我田引水 격으로 생각하고 행동하는 경향이 있기에 서로 다툼이 생긴다.

天 井 不 知

▶ 천정을 알지 못한다는 뜻으로, 물가 따위가 한없이 오르기만 함을 이르는 말.

▷ 어머니는 요즘 물가가 天井不知여서 장보기가 겁난다고 하신다.

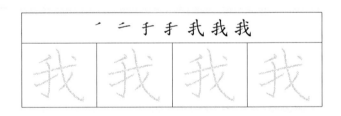

我	나 아	■ 나, 나 자신 ■ 나의 ■ 우리

` ´ 二 手 手 我 我 我 `

井	우물 정	■ 우물 ■ 우물난간 ■ 정(井)자 꼴

` 一 二 丰 井 `

· 내우외환 · 견리사의 · 역지사지 · 다정다감 · 아전인수 · 천정부지

더 살펴 익히기

■ 아래 한자가 지닌 뜻과 그 뜻을 지니는 한자어를 줄로 이어라.

覺	깨닫다 ·	· 發覺( ) ▸	숨기던 것이 드러남.
	드러나다 ·	· 感覺( ) ▸	눈, 코, 귀 혀, 살갗을 통하여 바깥의 어떤 자극을 알아차림.
	감각 ·	· 自覺( ) ▸	현실을 판단해 자기의 입장이나 능력 따위를 스스로 깨달음.

劇 — 심하다 · / 놀이, 연극 ·

· 劇本( ) ▸ 연극이나 영화를 만들기 위하여 쓴 글.
· 劇藥( ) ▸ 적은 분량으로 사람이나 동물에게 위험을 줄 수 있는 약품. 극단적인 해결 방법을 비유적으로 이르는 말.

識 — 알다, 식견(식) · / 적다(지) ·

· 學識( ) ▸ 배워서 얻은 지식. 학문과 식견을 통틀어 이르는 말.
· 標識( ) ▸ 표시나 특징으로 어떤 사물을 다른 것과 구별하게 함. 또는 그 표시나 특징.

優 — 뛰어나다 · / 광대, 연기자 ·

· 名優( ) ▸ 명배우(연기를 잘하여 이름난 배우).
· 優良( ) ▸ 물건의 품질이나 상태가 좋음.

■ [製]와 비슷한 뜻을 지닌 한자에 모두 ○표 하여라. ⇨ [成 · 作 · 造 · 工]

■ [優]와 상대되는 뜻을 지닌 한자에 ○표 하여라. ⇨ [能 · 弱 · 劣 · 缺]

■ 아래의 뜻을 지닌 한자성어가 되도록 ( ) 안에 한자를 써 넣고 완성된 성어의 독음을 적어라.

뜻	성어	독음
▸ 용문에 오른다는 뜻으로, 어려운 관문을 통과하여 크게 출세하게 됨. 또는 그 관문을 이르는 말.	( )龍門	
▸ 용의 머리와 뱀의 꼬리라는 뜻으로, 처음은 왕성하나 끝이 부진한 현상을 이르는 말.	龍( )蛇尾	
▸ 모든 일은 반드시 바른길로 돌아감.	事( )歸正	
▸ 이러지도 저러지도 못하는 어려운 처지.	進退兩( )	
▸ 형편에 맞지 않게 겉만 번드르르하게 꾸밈. 또는 그런 예절이나 법식.	虛( )虛式	
▸ 명성이나 명예가 헛되이 퍼진 것이 아니라는 뜻으로, 이름날 만한 까닭이 있음을 이르는 말.	名不( )傳	

· 발각. 감각. 자각 · 극본. 극약 · 학식. 표지 · 명우. 우량 / 登 · 頭 · 必 · 難 · 禮 · 虛

어휘력 다지기

■ 공부한 한자로 이루어진 한자어를 익혀 어휘력을 다지자.
■ 글 속 한자어의 음을 적고, 그 뜻과 줄로 잇고, 쓰임을 익히자.

■ 합격 通知 [　　　] 를 받고 매우 기뻤다. · · 느끼어 앎.

■ 난 본능적으로 위험을 感知 [　　　] 하였다. · · 뛰어난 식견이나 건전한 판단.

■ 未知 [　　　] 의 세계를 여행하고 싶어요. · · 기별을 하여 알게 함.

■ 良識 [　　　] 이 있는 사람의 생각과 태도. · · 아직 알지 못함.

■ 그곳에 통행금지 標識 [　　　] 를 붙여두어. · · 기관이나 단체 따위를 새로 만들어 세움.

■ 그는 有識 [　　　] 하고 점잖은 사람이었어. · · 표시나 특징으로 어떤 사물을 다른 것과 구별하게 함.

■ 회사 創立 [　　　] 10주년 기념 할인 행사. · · 학문이 있어 견식이 높음. 또는 그런 지식.

■ 학생의 創意 [　　　] 가 중시되는 교육을. · · 한 달에 한 번씩 정해 놓고 책 따위를 발행하는 일.

■ 그가 두 번째로 出刊 [　　　] 한 책이야. · · 새로운 의견을 생각하여 냄. 또는 그 의견.

■ 月刊 [　　　] 문예 잡지를 구독하고 있어. · · 서적이나 회화 따위를 인쇄하여 세상에 내놓음.

■ 理智 [　　　] 적인 판단에 따라 행동하여라. · · 자신의 존재를 잊음.

■ 순간적인 機智 [　　　] 로 위기를 면하였다. · · 그 수가 예상보다 상당히 많음을 나타내는 말.

■ 참선으로 無我 [　　　] 의 경지에 들어갔다. · · 이성과 지혜를 아울러 이르는 말.

■ 지원자가 無慮 [　　　] 백 명이나 되었어요. · · 경우에 따라 재치 있게 대응하는 지혜.

■ 별 일 아니니 너무 心慮 [　　　] 마세요. · · 여러 가지 일에 대하여 깊게 생각함. 또는 그런 생각.

■ 그는 매우 思慮 [　　　] 깊은 사람이란다. · · 마음속으로 걱정함. 또는 그런 걱정.

■ 누나는 요즘 心思 [　　　] 가 편치 못하다. · · 어떤 일에 대한 여러 가지 마음의 작용.

■ 나는 長考 [　　　] 에 장고를 거듭했단다. · · 어떤 일이나 문제에 대하여 다시 생각함.

■ 그 계획은 再考 [　　　] 할 여지가 있었어. · · 우수한 등급. 성적 따위가 우수한 것. 또는 그런 성적.

■ 수적인 劣勢 [　　　] 로 우리 편이 밀리네. · · 오랫동안 깊이 생각함.

■ 누나는 優等 [　　　] 으로 졸업했어. · · 상대편보다 힘이나 세력이 약함. 또는 그 힘이나 세력.

· 통지 · 감지 · 미지 · 양식 · 표지 · 유식 · 창립 · 창의 · 출간 · 월간 · 이지 · 기지 · 무아 · 무려 · 심려 · 사려 · 심사 · 장고 · 재고 · 열세 · 우등

■ 한자어가 되도록 □ 안에 공통으로 넣을 한자를 보기에서 찾아 □ 안에 쓰고 , 그 한자어의 뜻을 생각하며 음을 적어라.

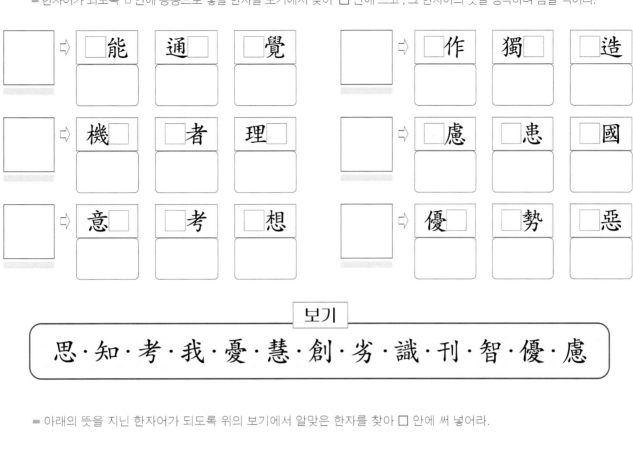

	⇨	□能	通□	□覺
	⇨	機□	□者	理□
	⇨	意□	□考	□想

	⇨	□作	獨□	□造
	⇨	□慮	□患	□國
	⇨	優□	□勢	□惡

보기

思·知·考·我·憂·慧·創·劣·識·刊·智·優·慮

■ 아래의 뜻을 지닌 한자어가 되도록 위의 보기에서 알맞은 한자를 찾아 □ 안에 써 넣어라.

▶ 깨어 있는 상태에서 자기 자신이나 사물에 대하여 인식하는 작용.

▶ 책 따위를 인쇄하여 발행함.

▶ 사물의 이치를 빨리 깨닫고 사물을 정확하게 처리하는 정신적 능력.

▶ 우리 편 군대.

▶ 생각하여 헤아려 봄.

▶ 살펴서 도움이 될 만한 재료로 삼음.

▶ 남보다 나은 위치나 수준.

▷ 그가 갑지기 意□ 을 잃고 쓰러졌다.

▷ 너의 글들을 문집으로 □行 하여라.

▷ 책을 통해 삶의 智□ 를 얻어라.

▷ 이번 전투는 □軍 의 큰 승리였다.

▷ 비용을 考□ 해 여행 계획을 짜라.

▷ 너의 의견을 충분히 參□ 하겠다.

▷ 우리의 경쟁력이 □位 에 있었다.

· 지능. 통지. 지각 · 창작. 독창. 창조 · 기지. 지자. 이지 · 우려. 우환. 우국 · 의사. 사고. 사상 · 우열. 열세. 열악 / · 의식 · 간행 · 지혜 · 아군 · 고려 · 참고 · 우위

■ 한자의 음과 훈을 되새기며 필순에 따라 바르게 써 보자.

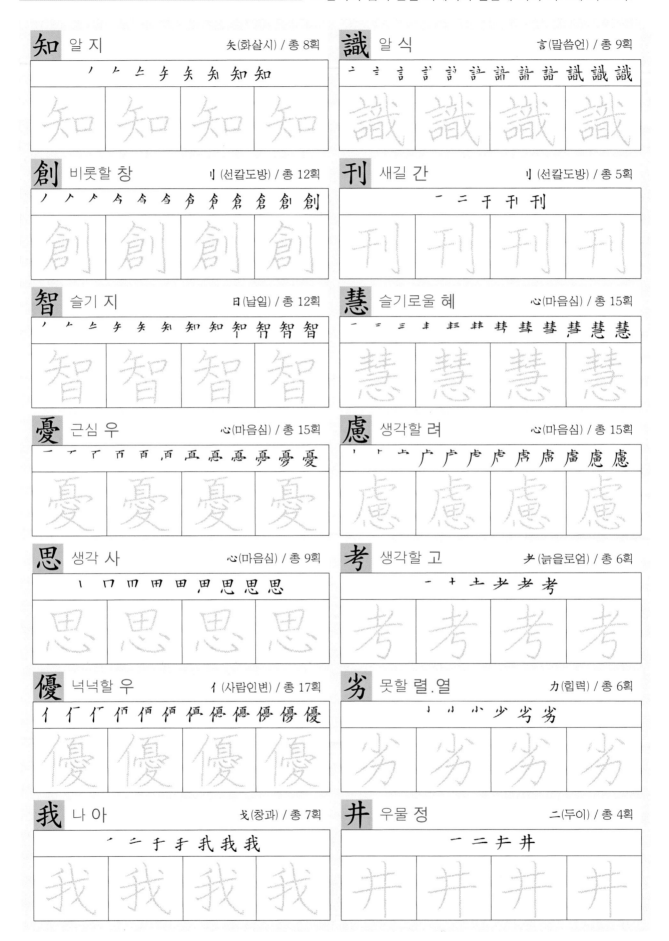

知 알 지	矢(화살시) / 총 8획
ノ 乍 ㅗ 乍 矢 知 知 知	

識 알 식	言(말씀언) / 총 9획
言 言 言 言 訁 訁 諳 諳 諳 識 識 識	

創 비롯할 창	刂(선칼도방) / 총 12획
ノ 亼 亽 夸 夸 今 含 倉 倉 倉 創	

刊 새길 간	刂(선칼도방) / 총 5획
一 二 干 刊 刊	

智 슬기 지	日(날일) / 총 12획
ノ 乍 ㅗ 乍 矢 知 知 知 知 智 智 智	

慧 슬기로울 혜	心(마음심) / 총 15획
一 一 三 丰 丰 圭 圭 彗 彗 彗 慧 慧	

憂 근심 우	心(마음심) / 총 15획
一 一 一 百 百 百 直 惪 惪 夢 夢 憂	

慮 생각할 려	心(마음심) / 총 15획
丶 丿 广 广 庐 庐 虍 虐 虐 虙 慮 慮	

思 생각 사	心(마음심) / 총 9획
丨 冂 田 田 田 甲 思 思 思	

考 생각할 고	耂(늙을로엄) / 총 6획
一 十 土 耂 耂 考	

優 넉넉할 우	亻(사람인변) / 총 17획
亻 亻 伛 価 価 価 価 価 優 優 優 優	

劣 못할 렬.열	力(힘력) / 총 6획
丿 丿 小 少 劣 劣	

我 나 아	戈(창과) / 총 7획
一 二 千 手 我 我 我	

井 우물 정	二(두이) / 총 4획
一 二 井 井	

■ 공부할 한자의 모양을 살펴보며 음과 훈을 알아보자,

묶음 4-5

음 ■ 한자를 읽는 소리
아래 한자의 음을 찾아 적고 소리내어 읽어 보자.

- 바탕색과 글자색이 같은 것을 찾아 보자 -

훈 ■ 한자의 뜻 새김
한자의 음을 적고 훈과 함께 외어 보자.

魔	마귀	鬼	귀신	童	아이	話	이야기
深	깊을	趣	뜻	野	들	營	경영할
到	이를	着	붙을	輕	가벼울	快	쾌할

알아보기

■ 한자어와 한자어를 이루는 개별 한자의 뜻을 알아보자.
▪ 아래 한자어의 음을 적고 그 뜻을 생각하며 글을 읽어 보자.
▪ 공부할 한자의 뜻을 알아보고 필순에 따라 바르게 써 보자.

魔鬼 [　　]　▶ 요사스럽고 못된 잡귀의 총칭.

「 "괘씸한 녀석, 내가 그냥 둘 것 같으냐?"

魔鬼 할멈은 龍의 머리에 냉큼 올라앉아 命令하였다.

　"확확 불을 뿜어서 저 건방진 녀석을 태워 죽여라!"

龍은 시뻘건 불길을 뿜어 내었다. 王子는 요술 할멈이

준 방패로 龍의 불길을 막아냈다.

불길은 방패에 닿자, 그대로

반사되어 魔鬼 할멈에게로

돌아갔다. 魔鬼 할멈은

시뻘건 불덩이가 되어 아래로

굴러 떨어져 죽고 말았다.

• 龍(용) • 命令(명령) • 王子(왕자). 　＊건방지다: 잘난 체 하거나 남을 낮추어 보듯이 행동하는 데가 있다.
＊냉큼: 머뭇거리지 않고 가볍게 빨리. ＊반사: 한 방향으로 나아가던 파동 따위가 다른 물체에 부딪쳐서 되돌아오는 현상.

魔 魔

魔는 '귀신'을 뜻하는 鬼(귀)와 '마비되다'는 뜻인
麻(마)를 결합한 것이다. 불교에서 말하는, 수도자를 방
해하는 악귀인 '마라(범어로 Mara)'를 한자 음으로 적은
글자이다. 〈마귀〉를 의미한다.

[새김]　▪마귀 ▪마술, 요술 ▪악마

一 广 广 广 庈 麻 麻 麿 魔 魔 魔 魔
魔	魔	魔	魔
魔	魔	魔	魔

鬼 鬼 鬼

鬼는 괴상한 모양의 얼굴을 가진 귀신의 형상이다.
옛 사람들은 사람이 죽으면 정신을 맡은 '혼'은 승천하
여 신(神)이 되고 육체를 주재하는 '백'은 땅에 들어가
귀(鬼)가 된다고 생각하였다. 〈귀신〉을 의미한다.

[새김]　▪귀신 ▪귀신같다 ▪도깨비

´ ∫ ∫ 宀 臼 田 甶 鬼 鬼 鬼
鬼	鬼	鬼	鬼
鬼	鬼	鬼	鬼

새기고 익히기

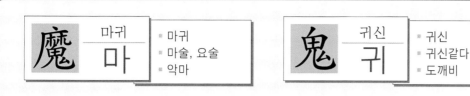

■ 한자의 뜻을 새기고 그 한자로 이루어진 한자어를 익히자.
- 한자의 뜻을 연결하여 한자어의 뜻을 생각해 보자.
- 한자어의 뜻을 알고 예문을 통해 그 쓰임을 익히자.

| 魔 마귀 마 | ■ 마귀
■ 마술, 요술
■ 악마 | 鬼 귀신 귀 | ■ 귀신
■ 귀신같다
■ 도깨비 |

— 흐리게 나타난 한자어 위에 겹쳐서 쓰고 음을 적어라 —

 術 재주 술
■ 재주, 꾀
■ 방법, 수단
■ 일

 魔術
요술 부리는 　재주 ▶ 재빠른 손놀림 따위를 써서 불가사의한 일을 해 보이는 술법.

▷ 빈 상자 속에서 비둘기가 나오는 魔術을 시연해 보았다.

法 법 법
■ 법
■ 방법
■ 불교의 진리

 魔法
요술 부리는 　방법 ▶ 마력으로 불가사의한 일을 행하는 술법.

▷ 왕자는 못된 마녀의 魔法에 걸려 백조가 되어 있었다.

神 귀신 신
■ 귀신, 신령
■ 정신
■ 신묘하다

 鬼神
귀신 　귀신 ▶ 죽은 사람의 혼령, 뛰어난 재주가 있는 사람을 비유.

▷ 鬼神에게 홀렸다.
▷ 그는 냄새를 맡는 데는 鬼神이다.

才 재주 재
■ 재주
■ 재능
■ 근본, 바탕

 鬼才
귀신같은 　재주 ▶ 세상에서 보기 드문 뛰어난 재능, 또는 그런 재능을 가진 사람.

▷ 그는 줄타기의 鬼才라 알려진대로 별의별 묘기를 다 부린다.

한 글자 더

深 깊을 심
■ 깊다
■ 깊이
■ (색이)짙다

☆ 얕지 아니하다.

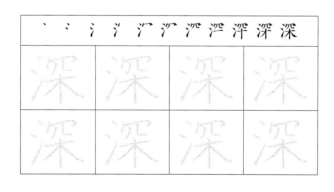

| 丶 丶 氵 氵 氵 沪 沪 沪 深 深 深 |

夜 밤 야
■ 밤

 深夜
깊은 　밤 ▶ 깊은 밤.

▷ 번화가에는 深夜에도 사람들의 왕래가 끊이지 않는다.

海 바다 해
■ 바다
■ 바닷물
■ 넓다

深海
깊은 　바다 ▶ 깊은 바다, 보통 수심이 200미터 이상이 되는 곳을 이른다.

▷ 특별히 제작된 잠수정으로 深海 탐사를 하려고 한다.

■ 한자어와 한자어를 이루는 개별 한자의 뜻을 알아보자.
━ 아래 한자어의 음을 적고 그 뜻을 생각하며 글을 읽어 보자.
━ 공부할 한자의 뜻을 알아보고 필순에 따라 바르게 써 보자.

童話 ▶ 어린이를 위하여 지은 이야기.

「 '어린 王子'는 童話 이지만 어린이, 어른, 老人 할 것 없이
모두 읽는다. '걸리버 여행기'는 처음에는 어른의
小說이었지만, 지금은 어린이들이 더 좋아한다.
'벌거벗은 임금님'이란 童話 는
어린이에게나 어른에게나
많은 교훈을 준다. 그렇다면
童話 가 어찌 어린이만의
文學이란 말인가? 」

• 老人(노인) • 小說(소설) • 文學(문학).   # 준칙: 따라야 할 기준이 되는 규칙이나 법칙.
* 교훈: 앞으로의 행동이나 생활에 지침(방향을 인도하여 주는 준칙)이 될 만한 것을 가르침. 또는 그런 가르침.

童은 '노복(종)'을 뜻하는 과 '주인'을 뜻하는 ⋯▶
東(동)을 결합한 것이다.   주인을 섬기는 '사내종'을
뜻한다. 그들은 나이가 들어도 아이들과 같은 머리 모양
을 하는데서, 〈아이〉를 의미하게 되었다.

[새김] ■아이 ■이리석다 ■종

| ` | `` | `` | `` | `` | `` | 音 | 音 | 音 | 童 | 童 | 童 |

童	童	童	童
童	童	童	童

話는 '말하다'는 뜻인 言(언)과 '혀'를 뜻하는 舌(설)
을 결합한 것이다.   혀를 움직여 〈말로 하는 이야기〉를
의미한다.

[새김] ■이야기 ■말씀 ■말하다

| ` | `` | `` | 言 | 言 | 言 | 言 | 言 | 話 | 話 | 話 | 話 |

話	話	話	話
話	話	話	話

새기고 익히기

■ 한자의 뜻을 새기고 그 한자로 이루어진 한자어를 익히자.

- 한자의 뜻을 연결하여 한자어의 뜻을 생각해 보자.
- 한자어의 뜻을 알고 예문을 통해 그 쓰임을 익히자.

童 아이 동
- 아이
- 어리석다
- 종

話 이야기 화
- 이야기
- 말씀
- 말하다

– 흐리게 나타난 한자어 위에 겹쳐서 쓰고 음을 적어라 –

兒 아이 아
- 아이
- 젊은 남자의 미칭

兒 童
아이   아이

▷ 나는 兒童 문학에 대해 관심이 많다.

▶ 신체적 지적으로 미숙한 단계에 있는 사람.

心 마음 심
- 마음
- 심장
- 가운데

童 心
아이의   마음

▷ 아이들의 그림을 통해서 童心의 세계를 들여다 볼 수 있다.

▶ 어린 아이의 마음.

電 번개 전
- 번개
- 전기, 전자
- 전신

電 話
전신으로   말을 주고받음

▷ 소식이 뜸했던 친구에게서 만나자는 電話가 왔다.

▶ 전화기를 이용하여 말을 주고받음.

對 대할 대
- 대하다
- 서로 마주 대함
- 대답하다

對 話
마주 대하여   이야기 함

▷ 청소년들의 이성 문제에 대하여 진지한 對話를 나누었다.

▶ 마주 대하여 이야기를 주고받음. 또는 그 이야기.

한 글자 더

趣 뜻 취
- 뜻 (취향)
- 취미 ■ 멋
- 향하다

☆ 마음이 이끌리는 곳, 목적하는 곳을 향하여 달려가다.

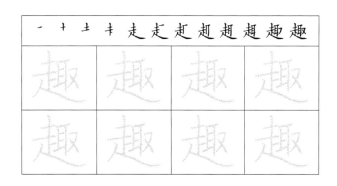
一 十 土 耂 走 走 起 赿 趣 趣 趣 趣

情 뜻 정
- 뜻 ■ 정
- 마음의 작용
- 정취

情 趣
정서와   멋

▷ 산모퉁이를 돌아 논둑길을 걸으며 시골의 情趣를 느낄 수 있었다.

▶ 깊은 정서를 자아내는 흥취.

風 바람 풍
- 바람
- 풍속, 습속
- 풍치

風 趣
풍치와   멋

▷ 낮은 언덕에 자리잡은 서양식 건물들이 이국적인 風趣를 자아내고 있다.

▶ 아담한 정취가 있는 풍경.

알아보기

■ 한자어와 한자어를 이루는 개별 한자의 뜻을 알아보자.
■ 아래 한자어의 음을 적고 그 뜻을 생각하며 글을 읽어 보자.
■ 공부할 한자의 뜻을 알아보고 필순에 따라 바르게 써 보자.

野營 [　　] ▶ 휴양이나 훈련을 목적으로 야외에 천막을 쳐 놓고 하는 생활.

「 野外에서 野營을 하며 하룻밤을 보내는 것은 몸과 마음을 튼튼하게 하는 데 매우 유익한 일이다. 우리가 직접 먹을 것을 마련하고, 낯선 곳을 찾아가 보는 것은 獨立心을 기르는 데 도움이 된다. 그러나 요즈음은 예기치 못한 事件, 사고가 많이 일어나기 때문에 우리들 끼리만 野外에서 밤을 보내는 것은 매우 위험하다. 우리는 아직 어리므로, 친구들 끼리 野營을 하기 보다는 가족들과 함께 하는 것이 좋다. 」

• 野外(야외) • 獨立心(독립심) • 事件(사건).
* 유익: 이롭거나 도움이 될 만한 것이 있음. * 예기하다: 앞으로 닥쳐올 일에 대하여 미리 생각하고 기다리다.

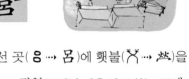

野는 '수풀'을 뜻하는 ⺀⺀과 '땅'을 뜻하는 ⼟를 결합한 것이다. 나중에 ⺀⺀이 田으로 바뀌었고 予(여)를 결합하였다.　수풀과 너른 밭이 펼쳐진 〈들판〉을 의미한다.

㜖은 건물이 늘어선 곳(呂 … 呂)에 횃불(⽕ … ⽕⽕)을 밝혀놓은 모습이다.　진영(군대가 진을 치고 있는 곳)에 불을 밝히고 〈일을 꾀함〉을 의미한다.

[새김] ■ 들, 들판 ■ 기질다 ■ 촌스럽다

[새김] ■ 경영하다 ■ 꾀하다 ■ 진영

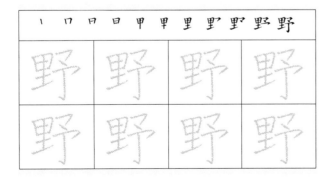

丨	冂	曰	日	甲	甲	里	野	野	野	野

丶	丷	⺍	⺍⺍	⺍⺍	⺍⺍	⺍⺍	營	營	營	營

새기고 익히기

■ 한자의 뜻을 새기고 그 한자로 이루어진 한자어를 익히자.
─ 한자의 뜻을 연결하여 한자어의 뜻을 생각해 보자.
─ 한자어의 뜻을 알고 예문을 통해 그 쓰임을 익히자.

| 野 들 야 | ■ 들, 들판
■ 거칠다
■ 촌스럽다 | 營 경영할 영 | ■ 경영하다
■ 꾀하다
■ 진영 |

─ 흐리게 나타난 한자어 위에 겹쳐서 쓰고 음을 적어라 ─

平 평평할 평	■ 평평하다 ■ 편안하다 ■ 고르다 ■ 보통
平野	▷ 강 하류쪽으로 너른 平野가 펼쳐져 있다.
평평한 들	▶ 기복이 매우 작고, 지표면이 평평하고 너른 들.

球 공 구	■ 공 ■ 둥근 물체 ■ 둥글다
野球	▷ 나는 野球 선수가 꿈이다. 그 중에서도 투수가 되고싶다.
들판에서 하는 구기	▶ 두 팀이 9회씩 공수를 번갈아 하며 승패를 겨루는 구기 경기.

業 업 업	■ 업 ■ 일, 직업 ■ 학업
營業	▷ 그 음식점은 점심때만 營業을 한다.
경영하는 일	▶ 영리를 목적으로 하는 사업, 또는 그런 행위.

運 옮길 운	■ 옮기다 ■ 부리다 ■ 움직이다 ■ 운(운수)
運營	▷ 이모는 제법 큰 유치원을 運營하고 있다.
부리고 경영함	▶ 조직이나 기구, 사업체 따위를 운용하고 경영함.

한 글자 더

| 輕 가벼울 경 | ■ 가볍다
■ 가벼이하다
■ 함부로 |

☆ 가벼운 수레. 무게가 적다. 홀가분하다

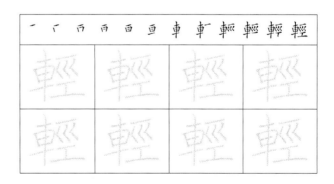

重 무거울 중	■ 무겁다 ■ 무게 ■ 중하다 ■ 겹치다
輕重	▷ 죄의 輕重에 따라 처벌도 달라진다.
가벼움과 무거움	▶ 가벼움과 무거움, 중요함과 중요하지 않음.

車 수레 차	■ 수레 ■ 수레바퀴 ■ 차
輕車	▷ 요즘 휘발유 값이 오르면서 輕車 수요가 늘어나고 있다.
가벼운 차	▶ (크기가 작아)가벼운 차.

알아보기

到着 [ ] ▶ 목적한 곳에 다다름.

「 나는 물입니다. 하늘에서 내려온 깨끗한 물입니다.

맨 처음에 나는 산꼭대기의 작은 웅덩이에 내려 앉았습니다.

산 아래로 보이는 풍경들, 맑은 空氣, 상큼한

냄새 등 모든 것이 마음에 들었습니다.

나와 친구들은 幸福했습니다.

우리는 여행을 계속했습니다. 계곡을

지나 작은 시냇가에 **到着**했습니다.

   "시냇물을 졸졸졸졸,

   고기들은 왔다갔다…."

   우리는 신이 났습니다. 」

• 空氣(공기) • 幸福(행복).   * 풍경: 산이나 들, 강, 바다 따위의 자연이나 지역의 모습.   * 계곡: 물이 흐르는 골짜기.

𡐩는 '이르다'는 뜻인 𡊸 ⋯➡ 至(지)와 '사람'을 뜻하는 亻를 결합한 것이다. 나중에 亻이 '거룻배'를 뜻하는 刀(도)= 刂 로 바뀌었다.   어떤 곳에 〈도달함〉을 의미한다.

새김 ▪이르다(도달) ▪미치다 ▪주밀하다

一	了	至	至	至	至	到	到
到	到	到	到				
到	到	到	到				

살눈

蓍은 '식물'을 뜻하는 艹과 식물이 양분을 저장하는 '살눈'을 가리키는 耆 ⋯➡ 者(자)를 결합한 것이다. 着은 著의 속자이다.   양분을 저장하기 시작하여 살눈이 잎 겨드랑이에 〈붙어 나타남〉을 의미한다.

새김 ▪붙다 ▪입다 ▪시작하다 ▪나타나다(저)

丶	丷	丷	芉	芉	羊	羔	着	着	着	着
着	着	着	着							
着	着	着	着							

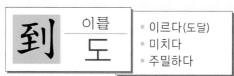

새기고 익히기

■ 한자의 뜻을 새기고 그 한자로 이루어진 한자어를 익히자.
■ 한자의 뜻을 연결하여 한자어의 뜻을 생각해 보자.
■ 한자어의 뜻을 알고 예문을 통해 그 쓰임을 익히자.

到	이를 도	▪ 이르다(도달) ▪ 미치다 ▪ 주밀하다

着	붙을 착	▪ 붙다 ▪ 입다 ▪ 시작하다 ▪ 나타나다(저)

- 흐리게 나타난 한자어 위에 겹쳐서 쓰고 음을 적어라 -

達	통달할 달	▪ 통달하다 ▪ 통하다 ▪ 이르다(도달)

到達 이르다 이르다 ▶ 목적한 곳이나 수준에 다다름.

▷ 탐험대는 마침내 북극점에 到達하였다.

來	올 래	▪ 오다 ▪ 돌아오다 ▪ 부터

到來 이르름 와서 ▶ 어떤 시기나 기회가 닥쳐옴.

▷ 교통과 통신의 획기적인 발달로 이른바 지구촌 시대가 到來하였다.

席	자리 석	▪ 자리 ▪ 앉을 자리 ▪ 베푸는 자리

着席 앉음 자리에 ▶ 자리에 앉음.

▷ 시간이 되자 참석자들이 모두 着席하고 회의가 시작되었다.

眼	눈 안	▪ 눈 ▪ 눈동자 ▪ 보다

着眼 붙음(머뭄) 눈이 ▶ 어떤 일을 주의하여 봄. 문제를 해결하기 위한 실마리를 잡음.

▷ 온라인 판매는 컴퓨터 통신 가입자가 급증하는 점에 着眼하여 시작되었다.

한 글자 더

快	쾌할 쾌	▪ 쾌하다 ▪ 빠르다 ▪ 잘 들다

☆ 마음이 상쾌하고 기분이 좋다.
병이 나아 몸이 거뿐하다.

`	`丶	忄	忄	忰	快	快

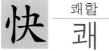

輕	가벼울 경	▪ 가볍다 ▪ 가벼이하다 ▪ 함부로

輕快 가볍고 쾌함 ▶ 움직임이나 모습, 기분 따위가 가볍고 상쾌하다.

▷ 짐을 내려놓아 몸이 홀가분하니 발걸음도 輕快하구나.

活	살 활	▪ 살다 ▪ 생기가 있다 ▪ 생활

快活 쾌하고 생기가 있다. ▶ 명랑하고 활발하다.

▷ 그는 快活한 성격으로 친구가 많다.

75

어휘력 다지기

■ 그는 한동안 病魔 [　] 에 시달렸단다.　·　　·　'병(病)'을 악마에 비유하여 이르는 말.

■ 사람의 마음을 끄는 묘한 魔力 [　] 이.　·　　·　재주와 슬기가 남달리 독특한 아이.

■ 꿈 속에서 惡鬼 [　] 와 힘들게 싸웠다.　·　　·　사람을 현혹하는 원인을 알 수 없는 이상한 힘.

■ 넌 세 살 때 글을 깨친 神童 [　] 이었어.　·　　·　몹쓸 귀신.

■ 한 무리의 學童 [　] 들이 줄지어 가네.　·　　·　실제로 있는 이야기, 또는 실제로 있었던 이야기.

■ 그와는 수시로 通話 [　] 를 하고 있어.　·　　·　실례를 들어 하는 이야기.

■ 믿기 어렵겠지만 그것은 實話 [　] 였다.　·　　·　글방에서 글 배우는 아이, 초등학생 정도의 아이.

■ 例話 [　] 를 통해서 쉽게 설명하였다.　·　　·　전화로 말을 주고받음, 통화한 횟수를 세는 말.

■ 사태가 深刻 [　] 하다는 것을 깨달았어.　·　　·　하고싶은 마음이 생기는 방향, 또는 그런 경향.

■ 水深 [　] 이 깊지 않아 물놀이에 적합.　·　　·　상태나 정도가 매우 깊고 중대함, 또는 절박함이 있음.

■ 각자의 趣向 [　] 대로 선택하도록 해라.　·　　·　강이나 바다, 오수 따위의 물의 깊이.

■ 멸종 위기에 처한 野生 [　] 동물들은?　·　　·　들 가까이의 나지막한 산.

■ 청년들이어 野望 [　] 을 가져라!　·　　·　산이나 들에서 저절로 나서 자람, 또는 그런 생물.

■ 野山 [　] 을 일구어 사과나무를 심었다.　·　　·　크게 무엇을 이루어 보겠다는 희망.

■ 놀이공원이 營業 [　] 시간을 연장했어.　·　　·　어떤 곳에 다다름.

■ 기업은 營利 [　] 를 목적으로 한다.　·　　·　영리를 목적으로 하는 사업, 또는 그런 행위.

■ 저녁 무렵 목적지에 當到 [　] 하였지.　·　　·　재산상의 이익을 꾀함, 또는 그 이익.

■ 경찰이 그 사건 수사를 着手 [　] 했어.　·　　·　의복, 모자, 신발 따위를 입거나, 쓰거나, 신거나 함.

■ 차를 타면 바로 안전벨트를 着用 [　] 해.　·　　·　병이 완전히 나음.

■ 그의 병세는 다행이도 輕症 [　] 이었어.　·　　·　어떤 일에 손을 댐, 또는 어떤일을 시작함.

■ 그는 병이 完快 [　] 되어 퇴원하였다.　·　　·　병의 가벼운 증세.

·병마·마력·악귀·신동·학동·통화·실화·예화·심각·수심·취향·야생·야망·야산·영업·영리·당도·착수·착용·경증·완쾌

■ 한자어가 되도록 □ 안에 공통으로 넣을 한자를 보기에서 찾아 □ 안에 쓰고, 그 한자어의 뜻을 생각하며 음을 적어라.

⇨	魔□	□神	□才		⇨	兒□	□心	□話

⇨	情□	風□	□向		⇨	運□	□業	□利

⇨	□着	□達	□來		⇨	□重	□車	□快

보기

輕·井·着·話·趣·童·營·到·深·魔·鬼·野·快

■ 아래의 뜻을 지닌 한자어가 되도록 위의 보기에서 알맞은 한자를 찾아 □ 안에 써 넣어라.

▶ 불의나 암흑, 또는 사람을 악으로 유혹하고 멸망하게 하는 것을 비유적으로 이르는 말.

▷ 그는 惡□ 의 유혹을 모두 뿌리쳤다.

▶ 외국어로 이야기를 나눔, 또는 그런 이야기.

▷ 영어 會□ 를 꾸준히 익히고 있다.

▶ 정도나 경지가 점점 깊어짐, 또는 깊어지게 함.

▷ 환경 오염이 날로 □化 되고 있다.

▶ 둥글게 판 우물, 또는 둘레가 대롱 모양으로 된 우물.

▷ 管□ 에서 지하수를 뽑아 올린다.

▶ 자기 잇속만 채우려는 더러운 욕심.

▷ □慾 이 결국 그를 망하게 하였어.

▶ 공사를 시작함.

▷ □工 2년만에 건물이 완공되었어.

▶ 말이나 글 따위의 내용이 명백하여 시원함.

▷ 그의 질문에 明□ 하게 답변하였다.

· 마귀. 귀신. 귀재 · 아동. 동심. 동화 · 정취. 풍취. 취향 · 운영. 영업. 영리 · 도착. 도달. 도래 · 경중. 경차. 경쾌 / · 악마 · 회화 · 심화 · 관정 · 야욕 · 착공 · 명쾌

■ 한자의 음과 훈을 되새기며 필순에 따라 바르게 써 보자.

魔 마귀 마	鬼(귀신귀) / 총 21획
鬼 귀신 귀	鬼(귀신귀) / 총 10획
童 아이 동	立(설립) / 총 12획
話 이야기 화	言(말씀언) / 총 13획
深 깊을 심	氵(삼수변) / 총 11획
趣 뜻 취	走(달릴주) / 총 15획
野 들 야	里(마을리) / 총 11획
營 경영할 영	火(불화) / 총 17획
到 이를 도	刂(선칼도방) / 총 8획
着 붙을 착	目(눈목) / 총 12획
輕 가벼울 경	車(수레거) / 총 14획
快 쾌할 쾌	忄(심방변) / 총 7획
我 나 아	戈(창과) / 총 7획
井 우물 정	二(두이) / 총 4획

공부할 한자

묶음 4-6

음 ■ 한자를 읽는 소리
아래 한자의 음을 찾아 적고 소리내어 읽어 보자.

- 바탕색과 글자색이 같은 것을 찾아 보자 -

笑　聽　微　甘
赤　油　旗　停
留　衆　味　注

기　미　주　류　적　유
미　소　정　중　감　청

훈 ■ 한자의 뜻 새김
한자의 음을 적고 훈과 함께 외어 보자.

停 머무를	留 머무를	赤 붉을	旗 기
注 부을	油 기름	甘 달	味 맛
聽 들을	衆 무리	微 작을	笑 웃음

알아보기

■ 한자어와 한자어를 이루는 개별 한자의 뜻을 알아보자.
■ 아래 한자어의 음을 적고 그 뜻을 생각하며 글을 읽어 보자.
■ 공부할 한자의 뜻을 알아보고 필순에 따라 바르게 써 보자.

停留 ▷ 자동차 전동차 등이 가다가 머무름.

「 버스를 탈 때에도 질서를 지켜야 한다. 버스 停留 장은
아침 저녁 출퇴근 時間이 되면 많은 사람으로 항상 붐빈다.
그래서 車를 탈 때에 이리저리 밀고 밀리다가는
사고를 당하기 쉽다. 그러므로 줄을
서서 次例대로 車를 타는 것이 더
빨리 탈 수 있을 뿐만 아니라,
安全에도 좋다. 버스를 타려는
사람들로 붐비지 않는 쾌적한
환경이 되었으면 좋겠다. 」

• 時間(시간) • 次例(차례) • 安全(안전).
* 붐비다: 좁은 공간에 많은 사람이나 자동차 따위가 들끓다.   * 쾌적하다: 기분이 상쾌하고 즐겁다.

停은 '사람'을 뜻하는 亻(인)과 '정자', '주막'을 뜻하는 亭(정)을 결합한 것이다.   길을 가는 사람이 정자나 주막에 〈잠시 머묾〉을 의미한다.

새김   ▪머무르다 ▪멈추다 ▪중지하다

ノ イ 亻 亻 亼 亼 停 停 停 停 停
停	停	停	停
停	停	停	停

는 도랑의 물길을 좁혀 놓은 모습인 과 '논밭'을 뜻하는 田(전)을 결합한 것이다.   논밭에 물을 대기 위해 도랑의 물길을 막거나 좁혀서 물의 흐름이 〈머무르거나 지체됨〉을 의미한다.

새김   ▪머무르다 ▪지체하다 ▪붙잡다

' ⺈ ⼕ 囟 囟 囵 留 留 留
留	留	留	留
留	留	留	留

■ 한자의 뜻을 새기고 그 한자로 이루어진 한자어를 익히자.
━ 한자의 뜻을 연결하여 한자어의 뜻을 생각해 보자.
━ 한자어의 뜻을 알고 예문을 통해 그 쓰임을 익히자.

| 停 머무를 정 | ▪ 머무르다
▪ 멈추다
▪ 중지하다 | 留 머무를 류 | ▪ 머무르다
▪ 지체하다
▪ 붙잡다 |

- 흐리게 나타난 한자어 위에 겹쳐서 쓰고 음을 적어라 -

| 止 그칠 지 | ▪ 그치다
▪ 없어지다
▪ 억제하다 |

停止 ▷ 신호가 빨간불로 바뀌어서 차의 속도를 줄이며 停止하였다.
멈추거나 · 그침 ▶ 움직이고 있던 것이 멎거나 그침, 또는 중도에서 멎게 함.

| 會 모일 회 | ▪ 모이다
▪ 집회
▪ 만나다 |

停會 ▷ 열띤 토론을 벌였으나 오전 회의는 결론을 내지 못하고 停會했다.
중지함 · 집회를 ▶ 회의를 일시 중지함.

| 保 지킬 보 | ▪ 지키다
▪ 보전하다
▪ 지니다 |

保留 ▷ 태풍 소식에 우리들은 여행 계획을 잠시 保留하였다.
보전함 · 잡아두고 ▶ 어떤 일을 당장 처리하지 아니하고 나중으로 미루어 둠.

| 任 맡길 임 | ▪ 맡기다
▪ 지다
▪ 맡은 일 |

留任 ▷ 이번 인사 개편에서 그는 留任되었다
머물러 있음 · 맡긴 자리에 ▶ 개편이나 임기 만료 때에 그 자리에 그대로 머물러 있음.

한 글자 더

| 注 부을 주 | ▪ 붓다, 물대다
▪ 모으다
▪ 뜻두다 |

☆ 등잔에 기름을 따라 붓듯 물대다.

`丶 丶 氵 氵 氵 汢 注 注`

| 注 | 注 | 注 | 注 |
| 注 | 注 | 注 | 注 |

| 意 뜻 의 | ▪ 뜻, 뜻하다
▪ 생각
▪ 마음 |

注意 ▷ 이번 실험에서 注意할 점을 알고 있겠지?
두고 있음 · 마음에 ▶ 마음에 새겨두고 조심함. 경고나 훈계의 뜻으로 일깨움.

| 入 들 입 | ▪ 들다
▪ 들어가다
▪ 늘이다 |

注入 ▷ 셀프 주유소에서는 운전자가 직접 자동차에 연료를 주입한다.
부어서 · 들어가게 함 ▶ 흘러 들어가도록 부어 넣음.

알아보기

■ 한자어와 한자어를 이루는 개별 한자의 뜻을 알아보자.
■ 아래 한자어의 음을 적고 그 뜻을 생각하며 글을 읽어 보자.
■ 공부할 한자의 뜻을 알아보고 필순에 따라 바르게 써 보자.

赤旗 [   ] ▶ 붉은 기.

「 最初의 通信 방법은 상대방에게 직접 가서 알리는 방법이었다. 이 방법은 불편하고 거리가 먼 곳일 때에는 속히 전하기가 어려웠다. 사람들은 산봉우리에서 횃불을 피워 연락을 하기도 하였다. 밤에는 불을 피워서, 낮에는 연기를 올려 알렸다. 사람들은 전해야 할 말을 여러 가지 다른 信號로 바꾸어서 알리기도 하였다. 赤旗와 백기를 사용하는 수기는 이 방법의 代表的인 것이며, 오늘날의 교통 信號는 이 방법을 應用한 것이다. 」

- 最初(최초) • 通信(통신) • 信號(신호) • 代表的(대표적). * 수기: 손에 쥐는 작은 기.
- 應用(응용): 어떤 이론이나 이미 얻은 지식을 구체적인 개개의 사례나 다른 분야의 일에 적용하여 이용함.

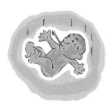

은 사람이 팔다리를 펼친 모양인 ⤳ 大(대)와 오행으로 색깔로는 '붉은 빛', 병의 기운으로는 '열'에 해당하는 ⤳ 火(화)를 결합한 것이다. 열로 몸이 붉게 달아올라 〈발가벗음〉을 의미한다.

[새김] ▪ 붉다 ▪ 발가벗다 ▪ 비다

一 十 土 夫 赤 赤 赤

赤	赤	赤	赤
赤	赤	赤	赤

는 깃대에 달린 깃발이 펄럭이는 모습이다. 나중에 사물을 가리키는 말인 其(기)를 결합하였다. 군사를 이끄는 장수가 표지(다른 것과 구별되게 하는 표시나 특징)로 세우는 〈기〉를 의미한다.

[새김] ▪ 기 ▪ 깃발 ▪ 표지

` ᐟ ᐤ 方 方 㫃 㫃 旃 旗 旗 旗

旗	旗	旗	旗
旗	旗	旗	旗

새기고 익히기

■ 한자의 뜻을 새기고 그 한자로 이루어진 한자어를 익히자.
　■ 한자의 뜻을 연결하여 한자어의 뜻을 생각해 보자.
　■ 한자어의 뜻을 알고 예문을 통해 그 쓰임을 익히자.

赤 붉은 빛 적	■ 붉다 ■ 발가벗다 ■ 비다	旗 기 기	■ 기 ■ 깃발 ■ 표지

― 흐리게 나타난 한자어 위에 겹쳐서 쓰고 음을 적어라 ―

色 빛 색	■ 빛, 빛깔 ■ 낯빛 ■ 미색 ■ 꿰매다

赤色 [　]
붉은　색　▶ 짙은 붉은 색.

▷ 赤色은 경고하거나 위험을 알리기 위한 색으로 많이 사용한다.

字 글자 자	■ 글자, 문자 ■ 자('날짜'를 　나타내는 말)

赤字 [　]
붉은　글자　▶ 지출이 수입보다 많아서 생기는 결손액(붉은 글자로 기입).

▷ 지난달의 赤字를 메우려면 이번 달에는 지출을 줄여야 하겠다.

國 나라 국	■ 나라, 국가 ■ 세상, 세계

國旗 [　]
나라를 상징
하는　기　▶ 한 나라의 역사, 국민성, 이상 따위를 상징하도록 정한 기.

▷ 國旗에 대하여 경례!

弔 조상할 조	■ 조상하다 ■ 애도하다

弔旗 [　]
애도를 표하는　기　▶ 조의를 표하기 위해 깃봉에서 기의 폭만큼 내려서 다는 국기.

▷ 국민들은 민족 지도자의 서거에 弔旗를 달아 애도를 표하였다.

한 글자 더

油 기름 유	■ 기름 ■ 기름 먹이다

☆ 가연성의 액체.
　동식물에서 얻어낸 액체.

丶 丶 氵 汀 沪 油 油 油

油	油	油	油
油	油	油	油

原 근원 원	■ 근원, 근본 ■ 원래 ■ 벌판, 들판

原油 [　]
원래
그대로의　기름　▶ 땅속에서 뽑아낸, 정제하지 아니한 그대로의 기름.

▷ 原油 가격의 상승은 바로 물가 상승으로 이어진다.

精 정할 정	■ 정하다 ■ 자세하다 ■ 정기

精油 [　]
정하게 함
(정제함)　기름을　▶ 석유나 동물 지방 따위를 정제하는 일.

▷ 원유를 精油하는 과정에서 여러 종류의 화학 물질을 얻는다.

■ 한자어와 한자어를 이루는 개별 한자의 뜻을 알아보자.
　■ 아래 한자어의 음을 적고 그 뜻을 생각하며 글을 읽어 보자.
　■ 공부할 한자의 뜻을 알아보고 필순에 따라 바르게 써 보자.

甘味 [　　] ▶ 단 맛. 맛이 달콤하다.

「 "또 왔다!"

우리들은 西쪽 하늘에 나타난 은빛 物體를 보고 소리쳤습니다.

은빛 物體는 깜짝할 사이에 날아와 뒷산에 스르르 내려앉았습니다.

　"비행접시가 내려앉는다!"

우리는 누가 먼저랄 것도 없이

뒷산을 向해 내달았습니다.

난생 처음 비행접시를 가까이서

보았습니다. 은빛 物體에서는

'부부부'하고 甘味롭고 황홀한

음악이 흘러 나왔습니다. 」

• 西(서) • 物體(물체) • 向(향).
* 황홀하다: 눈이 부시어 어릿어릿할 정도로 찬란하거나 화려하다. 미묘하여 헤아려 알기 어려운 상태이다.

甘은 '입'을 뜻하는 ⊔과 그 안에서 '느껴지는 맛'을 가리키는 – 을 결합한 것이다. 　입안에서 느껴지는 〈단맛〉을 의미한다.

[새김] ▪달다 ▪맛나다 ▪맛이 좋다

一 十 廿 甘 甘			
甘	甘	甘	甘
甘	甘	甘	甘

味는 '입'을 뜻하는 口(구)와 1년 열두 달 중 '6월'을 뜻하는 未(미)를 결합한 것이다. 　6월에 들어서면서 나무에 맺힌 과일에 들기 시작하는 〈맛〉을 의미한다.

[새김] ▪맛 ▪기분, 취향 ▪뜻, 의의

ㅣ 口 口 口ー 口二 吽 昧 味			
味	味	味	味
味	味	味	味

■ 한자의 뜻을 새기고 그 한자로 이루어진 한자어를 익히자.

　■ 한자의 뜻을 연결하여 한자어의 뜻을 생각해 보자.

　■ 한자어의 뜻을 알고 예문을 통해 그 쓰임을 익히자.

甘 달 감 ▫ 달다 ▫ 맛나다 ▫ 맛이 좋다

味 맛 미 ▫ 맛 ▫ 기분 ▫ 취향 ▫ 뜻, 의의

- 흐리게 나타난 한자어 위에 겹쳐서 쓰고 음을 적어라 -

受 받을 수 ▫ 받다 ▫ 얻다 ▫ 받아들이다

甘受

▷ 내 잘못이니 어떠한 비난도 甘受하겠다.

달게 여기며　받아들임 ▶ 책망이나 괴로움 따위를 달갑게 받아들임.

言 말씀 언 ▫ 말씀, 말 ▫ 의견

甘言

▷ 온갖 甘言에도 그는 넘어가지 않았다.

달게 여기는　말 ▶ 남의 비위에 맞도록 듣기 좋게 꾸미어 하는 말.

覺 깨달을 각 ▫ 깨닫다 ▫ 드러나다 ▫ 감각

味覺

▷ 味覺이 발달한 사람만이 요리를 잘할 수 있는 것은 아니다.

맛을 느끼는　감각 ▶ 맛을 느끼는 감각.

意 뜻 의 ▫ 뜻, 뜻하다 ▫ 생각 ▫ 마음

意味

▷ 내 말의 意味를 알고 있느냐?
▷ 이번 휴가를 意味 있게 보내려고 한다.

뜻　뜻 ▶ 말이나 글의 뜻, 사물이나 현상의 가치.

微 작을 미 ▫ 작다 ▫ 적다 ▫ 어렴풋하다

☆ 머리카락이 자라듯 아주 작아 눈에 띄지 않음.

輕 가벼울 경 ▫ 가볍다 ▫ 가벼이하다 ▫ 함부로

輕微

▷ 어머니는 자동차 접촉 사고가 있었으나 피해는 輕微하였다.

가볍고　적음 ▶ 가볍고 아주 적어서 대수롭지 아니하다.

弱 약할 약 ▫ 약하다 ▫ 어리다 ▫ 수가 모자라다

微弱

▷ 실명의 위기를 벗어났지만 시력이 아주 微弱하다.

어렴풋하고　약함 ▶ 미미하고 약하다.

알아보기

■ 한자어와 한자어를 이루는 개별 한자의 뜻을 알아보자.
■ 아래 한자어의 음을 적고 그 뜻을 생각하며 글을 읽어 보자.
■ 공부할 한자의 뜻을 알아보고 필순에 따라 바르게 써 보자.

聽衆 [ ] ▶ 강연 설교 등을 듣는 사람들.

「 여러 사람 앞에서 말을 잘 하려면, 첫째, 무엇을 어떤 順序로
말할 것인지에 대하여 미리 준비하고 정리해 두어야 한다.
둘째, 비록 말할 내용을 미리 준비하였다고 하더라도,
막상 여러 사람 앞에 서면 긴장을 하기가
쉽다. 이럴 때에는 심호흡을 하거나
聽衆 을 한번 둘러보고 마음을
가라앉힌 다음에 말을 한다.
셋째, 適當한 정도로 몸짓과
動作을 取하면서 自然스러운
자세로 말을 한다. 」

• 順序(순서) • 適當(적당) • 動作(동작) • 取(취) • 自然(자연)
* 막상: 어떤 일에 실지로 이르러. * 심호흡: 의식적으로 허파 속에 공기가 많이 드나들도록 숨 쉬는 방법.

🐚은 입(ㅂ)과 크게 강조된 귀(🐚)의 모습이다. 소리
나 말을 〈귀 기울여 들음〉을 의미한다.

🐚은 임금을 가리키는 해(ㅁ)와 그 아래에 많은 사람이
모여 있는(巛) 모습이다. 나중에 ㅁ가 血로 바뀌었다.
임금이 거느리는 〈무리〉를 의미한다.

[새김] ▪ 들다 ▪ 들이주다 ▪ 살피다

[새김] ▪ 무리 ▪ 많은 사람 ▪ 백성

一 丆 耳 耵 耵 耵 聠 聄 聼 聽 聽

聽	聽	聽	聽
聽	聽	聽	聽

丿 亻 亇 血 血 血 來 帠 帠 衆 衆

衆	衆	衆	衆
衆	衆	衆	衆

■ 한자의 뜻을 새기고 그 한자로 이루어진 한자어를 익히자.
■ 한자의 뜻을 연결하여 한자어의 뜻을 생각해 보자.
■ 한자어의 뜻을 알고 예문을 통해 그 쓰임을 익히자.

聽 들을 청	衆 무리 중
▪ 듣다 ▪ 들어주다 ▪ 살피다	▪ 무리 ▪ 많은 사람 ▪ 백성

– 흐리게 나타난 한자어 위에 겹쳐서 쓰고 음을 적어라 –

力 힘 력	▪ 힘 ▪ 힘쓰다 ▪ 일꾼

聽力 [　　]
듣는　힘 ▶ 귀로 소리를 듣는 힘.

▷ 聽力 검사 결과 정상으로 확인되었다.

取 가질 취	▪ 가지다 ▪ 취하다 ▪ 받아들이다

聽取 [　　]
들음　취하여 ▶ 의견, 보고, 방송 따위를 들음.

▷ 그는 라디오 방송을 聽取하면서 일을 한다.

大 큰 대	▪ 크다 ▪ 많다 ▪ 훌륭하다

大衆 [　　]
많은　사람의 무리 ▶ 수많은 사람의 무리.

▷ 그 가수는 뛰어난 가창력으로 大衆의 인기를 얻고 있다.

公 공평할 공	▪ 공평하다 ▪ 공공의 ▪ 드러내 놓다

公衆 [　　]
공공의　많은 사람들 ▶ 사회의 대부분의 사람들. 일반 사람들.

▷ 명랑한 사회 생활을 위해서 누구나 公衆 도덕을 지켜야 한다.

한 글자 더

笑 웃음 소	▪ 웃다 ▪ 웃음 ▪ 우습다

☆ 사람이 기쁘고 즐거워서 웃음.

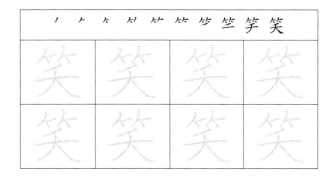

談 말씀 담	▪ 말씀 ▪ 이야기 ▪ 농담하다

談笑 [　　]
이야기 함　웃으면서 ▶ 웃고 즐기면서 이야기 함. 또는 그런 이야기.

▷ 모처럼 친구들과 談笑를 나누며 즐거운 시간을 보냈다.

失 잃을 실	▪ 잃다 ▪ 놓치다 ▪ 잘못하다

失笑 [　　]
빠져나옴(놓침)　웃음이 ▶ 어처구니가 없어 저도 모르게 웃음이 툭 터져 나옴.

▷ 선생님의 질문에 대한 영철이의 엉뚱한 대답에 우리들은 失笑를 금치 못했다.

한자성어

■ 한자 성어에 담긴 함축된 의미를 파악하고 그 쓰임을 익히자.

■ 한자 성어의 음을 적고 그에 담긴 의미와 적절한 쓰임을 익혀라.

用 意 周 到

▶ 꼼꼼이 마음을 써서 일에 빈틈이 없다.

▷ 그는 用意周到하여, 조그만 것이라도 소홀히 넘기는 일이 없이 하나 하나 살핀다.

感 之 德 之

▶ 분에 넘치는 듯싶어 매우 고맙게 여기는 모양.

▷ 할아버지에게서 생각지도 않은 많은 용돈을 받아든 형은 感之德之하며 좋아서 어쩔줄을 몰랐다.

甘 言 利 說

▶ 귀가 솔깃하도록 남의 비위를 맞추거나 이로운 조건을 내세워 꾀는 말.

▷ 그는 떼돈을 벌 수 있다는 甘言利說에 넘어가 결국 많은 재산을 날 리고 말았다.

不 問 可 知

▶ 묻지 아니하여도 알 수 있음.

▷ 네가 맨몸으로 사자 우리에 뛰어든다면, 어떤 일이 벌어지리라는 것 은 不問可知이다.

苦 盡 甘 來

▶ 쓴 것이 다하면 단 것이 온다는 뜻으로, 고생 끝에 즐거움이 옴을 이 르는 말.

▷ 苦盡甘來란다. 힘들더라도 지금의 어려움을 이겨내면 좋은 일이 찾 아올거야.

深 思 熟 考

▶ 깊이 잘 생각함.

▷ 나는 나중에 후회하지 않을 선택을 하려고 深思熟考하였다.

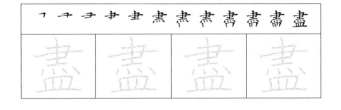

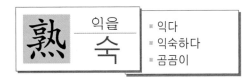

· 용의주도 · 감지덕지 · 감언이설 · 불문가지 · 고진감래 · 심사숙고

더 살펴 익히기

■ 한자가 지닌 여러가지 뜻과 한자어를 한 번 더 살펴 익히자.

■ 아래 한자가 지닌 뜻과 그 뜻을 지니는 한자어를 줄로 이어라.

味
- 맛
- 뜻, 의의
- 기분, 취향

· 意味( ) ▶ 말이나 글의 뜻, 행위나 현상이 지닌 뜻,
· 趣味( ) ▶ 마음에 끌려 일정한 방향으로 쏠리는 흥미,
· 別味( ) ▶ 특별히 좋은 맛, 늘 먹는 것과 다르게 만든 좋은 음식,

着
- 붙다
- 입다, 쓰다
- 시작하다
- 다다르다

· 着用( ) ▶ 의복, 모자, 신발 따위를 입거나 쓰거나 신거나 함,
· 密着( ) ▶ 빈틈없이 단단히 붙음,
· 到着( ) ▶ 목적한 곳에 다다름,
· 着工( ) ▶ 공사를 시작함,

注
- 붓다, 물대다
- 모으다, 뜻두다

· 注目( ) ▶ 관심을 가지고 주의 깊게 살핌, 또는 그 시선,
· 注油( ) ▶ 자동차 따위에 기름을 넣음,

■ [童]과 비슷한 뜻을 지닌 한자에 ○표 하여라.   ⇨ [孫 · 子 · 兒 · 少]

■ [甘]과 상대되는 뜻을 지닌 한자에 ○표 하여라.   ⇨ [味 · 苦 · 食 · 藥]

■ 아래의 뜻을 지닌 한자성어가 되도록 ( ) 안에 한자를 써 넣고 완성된 성어의 독을 적어라.

▶ 천정을 알지 못한다는 뜻으로, 물가 따위가 한없이 오르기만 함을 이르는 말.   ⇨ 天井不( )

▶ 눈앞의 이익을 보면 의리를 먼저 생각함.   ⇨ 見利思( )

▶ 자기 논에 물 대기라는 뜻으로, 자기에게만 이롭게 되도록 생각하거나 행동함을 이르는 말.   ⇨ ( )田引水

▶ 나라 안팎의 여러가지 어려움.   ⇨ ( )憂外患

▶ 처지를 바꾸어서 생각하여 봄.   ⇨ 易地( )之

▶ 정이 많고 감정이 풍부함.   ⇨ 多( )多感

· 의미. 취미. 별미 · 착용. 밀착. 도착. 착공 · 주목. 주유 / 知 · 義 · 我 · 内 · 思 · 情

89

어휘력 다지기

■ 停電 [　　] 으로 집안이 암흑 세계였어. • • 외국에 머물면서 공부함.

■ 신호가 바뀌어 잠시 停車 [　　] 하였다. • • 오던 전기가 끊어짐.

■ 그는 대학을 마치고 留學 [　　] 을 떠났다. • • 차가 멈춤.

■ 항상 건강에 留意 [　　] 하도록 하여라. • • 어떤 일을 당장 처리하지 않고 나중으로 미루어 둠.

■ 지리산 종주 계획을 留保 [　　] 하였다. • • 마음에 새겨 두어 조심하며 관심을 가짐.

■ 그들은 白旗 [　　] 를 들고 투항하였다. • • 관심을 가지고 주의 깊게 살핌. 또는 그 시선.

■ 우리는 그의 뜻에 反旗 [　　] 를 들었단다. • • 어떤 일에 온 힘을 기울임.

■ 여러분, 여기를 注目 [　　] 해 주세요. • • 흰 빛깔의 기. 항복의 표시로 쓰는 흰 기.

■ 그들은 신제품 개발에 注力 [　　] 하였어. • • 반대의 뜻을 나타내는 행동이나 표시.

■ 고객들의 항의 전화가 暴注 [　　] 하였다. • • 비행기, 배, 자동차 따위에 연료를 보급함.

■ 중동 지역에는 많은 油田 [　　] 이 있다. • • 어떤 일이 처리하기 힘들 정도로 한꺼번에 몰림.

■ 給油 [　　] 를 하려고 주유소에 들렀다. • • 석유가 나는 곳.

■ 수성펜이 아닌 油性 [　　] 펜으로 써야 해. • • 자기 자신에 대한 의식이나 관념.

■ 그는 한동안 自我 [　　] 도취에 빠졌지. • • 기름의 성질.

■ 이번 작전은 我軍 [　　] 의 완벽한 승리야. • • 우리 편 군대. 우리편을 비유적으로 이르는 말.

■ 가뭄 극복을 위해 管井 [　　] 을 뚫었다. • • 특별히 좋은 맛. 또는 그 맛을 지닌 음식.

■ 한겨울에 먹는 냉면은 別味 [　　] 였단다. • • 둥글게 판 우물. 또는 둘레가 대롱 모양으로 된 우물.

■ 그는 性味 [　　] 가 급해서 참치 못했지. • • 소리를 느끼는 감각.

■ 그의 聽覺 [　　] 은 매우 예민하였어요. • • '적은 힘'(남을 돕는 자신의 힘을 겸손하게 이르는 말).

■ 衆智 [　　] 를 모아 문제를 해결하였다. • • 성질, 마음씨, 비위, 버릇 따위를 통틀어 이르는 말.

■ 微力 [　　] 이나마 저도 적극 돕겠어요. • • 여러 사람의 지혜.

· 정전 · 정차 · 유학 · 유의 · 유보 · 백기 · 반기 · 주목 · 주력 · 폭주 · 유전 · 급유 · 유성 · 자아 · 아군 · 관정 · 별미 · 성미 · 청각 · 중지 · 미력

■ 한자어가 되도록 □ 안에 공통으로 넣을 한자를 보기에서 찾아 □ 안에 쓰고, 그 한자어의 뜻을 생각하며 음을 적어라.

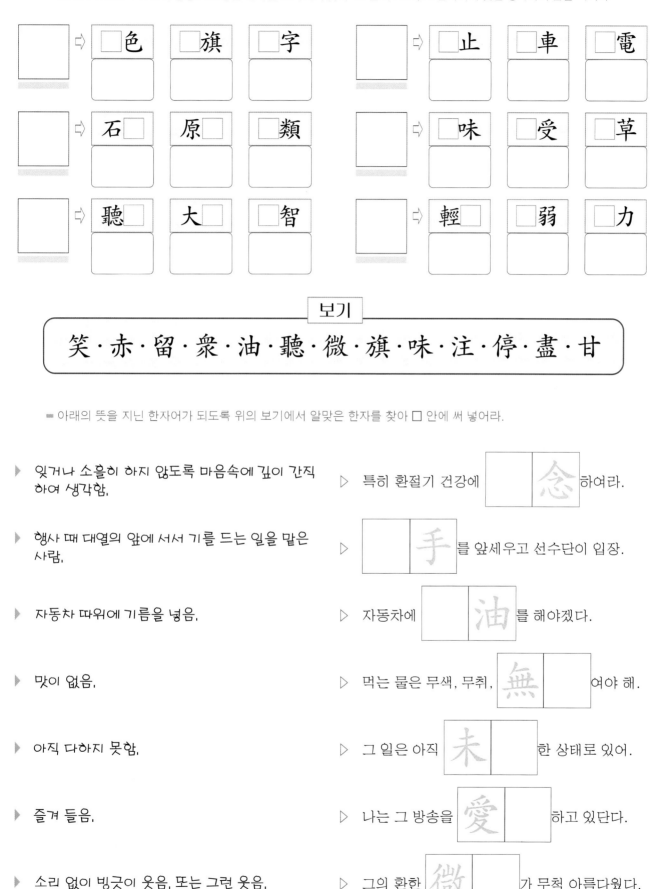

□	⇨	□色	□旗	□字		□	⇨	□止	□車	□電
□	⇨	石□	原□	□類		□	⇨	□味	□受	□草
□	⇨	聽□	大□	□智		□	⇨	輕□	□弱	□力

보기

笑·赤·留·衆·油·聽·微·旗·味·注·停·盡·甘

■ 아래의 뜻을 지닌 한자어가 되도록 위의 보기에서 알맞은 한자를 찾아 □ 안에 써 넣어라.

▶ 잊거나 소홀히 하지 않도록 마음속에 깊이 간직하여 생각함.

▷ 특히 환절기 건강에 □念 하여라.

▶ 행사 때 대열의 앞에 서서 기를 드는 일을 맡은 사람.

▷ □手 를 앞세우고 선수단이 입장.

▶ 자동차 따위에 기름을 넣음.

▷ 자동차에 □油 를 해야겠다.

▶ 맛이 없음.

▷ 먹는 물은 무색, 무취, 無□ 여야 해.

▶ 아직 다하지 못함.

▷ 그 일은 아직 未□ 한 상태로 있어.

▶ 즐겨 들음.

▷ 나는 그 방송을 愛□ 하고 있단다.

▶ 소리 없이 빙긋이 웃음. 또는 그런 웃음.

▷ 그의 환한 微□ 가 무척 아름다웠다.

· 적색. 적기, 적자 · 정지. 정차. 정전 · 석유. 원유. 유류 · 감미. 감수. 감초 · 청중. 대중. 중지 · 경미. 미양. 미력 / · 유념 · 기수 · 급유 · 무미 · 미진 · 애청 · 미소

■ 한자의 음과 훈을 되새기며 필순에 따라 바르게 써 보자.

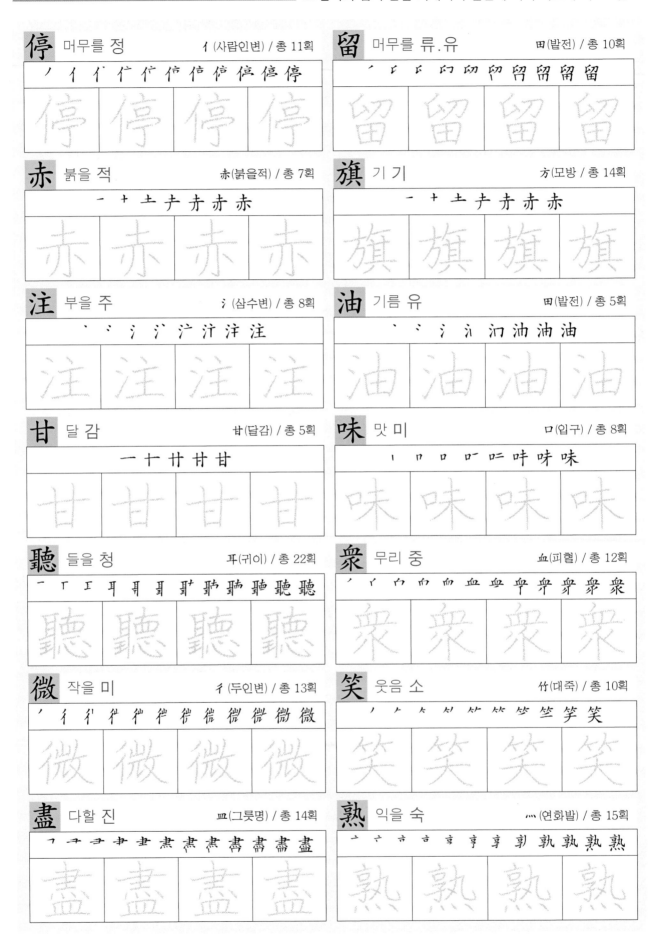

停	머무를 정	亻(사람인변) / 총 11획

丿 亻 亻 亻 亻 停 停 停 停 停 停

停 停 停 停

留	머무를 류.유	田(밭전) / 총 10획

丿 匸 匸 匸 匍 匌 留 留 留 留

留 留 留 留

赤	붉을 적	赤(붉을적) / 총 7획

一 十 土 亍 赤 赤 赤

赤 赤 赤 赤

旗	기 기	方(모방) / 총 14획

一 十 土 亍 赤 赤 赤

旗 旗 旗 旗

注	부을 주	氵(삼수변) / 총 8획

丶 丶 丶 氵 氵 汁 注 注

注 注 注 注

油	기름 유	田(밭전) / 총 5획

丶 丶 氵 氵 汩 油 油 油

油 油 油 油

甘	달 감	甘(달감) / 총 5획

一 十 卄 甘 甘

甘 甘 甘 甘

味	맛 미	口(입구) / 총 8획

丨 口 口 叮 叱 咔 味 味

味 味 味 味

聽	들을 청	耳(귀이) / 총 22획

一 丁 丌 耳 耳 耵 耹 聰 聰 聽 聽 聽

聽 聽 聽 聽

衆	무리 중	血(피혈) / 총 12획

丿 亻 宀 血 血 血 血 罘 象 衆 衆

衆 衆 衆 衆

微	작을 미	彳(두인변) / 총 13획

丿 彳 彳 彳 仲 仲 徉 徵 微 微 微 微

微 微 微 微

笑	웃음 소	竹(대죽) / 총 10획

丿 ㇒ ㇏ 訫 竹 竺 竺 竺 笑 笑

笑 笑 笑 笑

盡	다할 진	皿(그릇명) / 총 14획

㇇ ㇇ 尹 尹 聿 聿 肃 肃 盡 盡 盡 盡

盡 盡 盡 盡

熟	익을 숙	灬(연화발) / 총 15획

亠 ㇇ 亡 古 亨 享 享 訮 孰 孰 熟

熟 熟 熟 熟

■ 공부할 한자의 모양을 살펴보며 음과 훈을 알아보자,

묶음 4-7

음 ■ 한자를 읽는 소리
아래 한자의 음을 찾아 적고 소리내어 읽어 보자.

– 바탕색과 글자색이 같은 것을 찾아 보자 –

훈 ■ 한자의 뜻 새김
한자의 음을 적고 훈과 함께 외어 보자.

雪 눈	景 별	寫 베낄	眞 참
故 연고	鄕 시골	寒 찰	帶 띠
暖 따뜻할	房 방	施 베풀	設 베풀

알아보기

■ 한자어와 한자어를 이루는 개별 한자의 뜻을 알아보자.
■ 아래 한자어의 음을 적고 그 뜻을 생각하며 글을 읽어 보자.
■ 공부할 한자의 뜻을 알아보고 필순에 따라 바르게 써 보자.

雪景 [　　　] ▶ 눈에 덮인 경치, 눈이 내리는 경치.

「 설악산은 금강산 남쪽에 있고, 東海에 가깝다. 이 산에는 거의
반 년 동안 눈이 쌓여 있다. '설악'은 눈이 쌓인 산이란 뜻이다.
봄에는 진달래와 철쭉이 잔설과 어울려 아름다운 경치를 보여
준다. 그리고 가을에는 단풍이 곱게
들며, 겨울에는 눈이 아름다운
雪景을 이룬다. 골짜기의 폭포가
떨어지면서 맑은 용소와 시내를
이루는 곳도 많다. 옛날에
선녀들이 하늘에서 내려와
목욕을 하였다는 곳도 있다. 」

• 東海(동해).   *잔설: 녹다 남은 눈.   *용소: 폭포수가 떨어지는 바로 밑에 있는 깊은 웅덩이.

霝 雪 雪

霝는 '비'나 '눈' 같은 기상 현상을 뜻하는 ☰···雨
(우)와 '빗자루'를 뜻하는 彗···彗(혜)를 줄인 彐를
결합한 것이다.   기상 현상으로 하늘에서 내리는, 비
로 쓸어 내는 〈눈〉을 의미한다.

[새김] ▪눈 ▪씻다 ▪희다

| ⺗ | ⺕ | ⻀ | 乕 | 雨 | 雫 | 雫 | 雪 | 雪 | 雪 | 雪 |

雪	雪	雪	雪
雪	雪	雪	雪

景 景

景은 '크다', '높은 언덕'을 뜻하는 京(경)과 '해'를
뜻하는 日(일)을 결합한 것이다.   높은 언덕에 비치는
환한 〈햇살〉을 의미한다.

[새김] ▪볕, 햇볕 ▪경치 ▪상서롭다

| 丶 | 冂 | 日 | 日 | 旦 | 且 | 昻 | 暠 | 景 | 景 | 景 | 景 |

景	景	景	景
景	景	景	景

94

새기고 익히기

■ 한자의 뜻을 새기고 그 한자로 이루어진 한자어를 익히자.
　■ 한자의 뜻을 연결하여 한자어의 뜻을 생각해 보자.
　■ 한자어의 뜻을 알고 예문을 통해 그 쓰임을 익히자.

雪 눈 설
■ 눈
■ 씻다
■ 희다

景 볕 경
■ 볕, 햇볕
■ 경치
■ 상서롭다

- 흐리게 나타난 한자어 위에 겹쳐서 쓰고 음을 적어라 -

暴 사나울 폭
■ 사납다
■ 찌다
■ 드러나다

 暴雪 [　]
사납게　내리는 눈 ▶ 갑자기 많이 내리는 눈.

▷ 지난밤의 暴雪로 아침 출근길이 혼잡을 이루었다.

害 해할 해
■ 해하다
■ 해롭다
■ 손해 ■ 해

 雪害 [　]
눈에 의한　해 ▶ 눈이 많이 내려서 입는 피해.

▷ 때아닌 폭설로 농작물이 雪害를 입었다.

夜 밤 야
■ 밤

 夜景 [　]
밤의　경치 ▶ 밤의 경치.

▷ 저 멀리 서울의 夜景이 화려하게 빛나고 있었다.

造 지을 조
■ 짓다
■ 만들다
■ 이루다

 造景 [　]
만들어 꾸밈　경치를 ▶ 경치를 아름답게 꾸밈.

▷ 요즘에 짓는 아파트 단지는 주민을 위한 쉼터와 造景에 힘을 들인다.

한 글자 더

故 연고 고
■ 연고, 까닭
■ 처음부터
■ 일부러 ■ 사고

☆ 이미 그리 되어진. 본디부터 그러한.

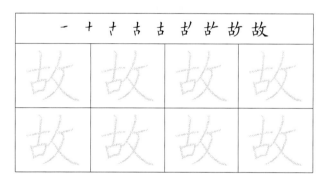
一 十 古 古 古 古 故 故

事 일 사
■ 일
■ 사건 ■ 사고
■ 관직

 事故 [　]
사건　까닭있는 ▶ 뜻밖에 일어난 불행한 일.

▷ 자동차 추돌 事故로 고속도로가 막히고 있다.

意 뜻 의
■ 뜻, 뜻하다
■ 생각
■ 마음

 故意 [　]
일부러 하는　생각 ▶ 일부러 하는 생각이나 태도.

▷ 그의 행동은 故意라기보다는 착각으로 인한 실수였다.

95

■ 한자어와 한자어를 이루는 개별 한자의 뜻을 알아보자.
■ 아래 한자어의 음을 적고 그 뜻을 생각하며 글을 읽어 보자.
■ 공부할 한자의 뜻을 알아보고 필순에 따라 바르게 써 보자.

寫眞 [   ]

▶ 물체의 형상을 감광막 위에 나타나도록 찍어 오랫동안 보존할 수 있게 만든 영상.

찰칵 소리에
개구진 친구들의
동작이 얼어붙고

찰칵 소리에
귀여운 내 동생의
웃음도 얼어붙네.

찰칵, 찰칵
찰칵 소리에
모두들 얼음이 되어
꼼짝도 못하는
寫眞이 되었네.

* 개구지다: 장난스럽게 남을 괴롭히고 귀찮게 하는 데가 있다(=짓궂다). * 동작: 몸이나 손발 따위의 움직임. 또는 그런 모양.

寫는 덮은 모습인 ⌒…⌒(면)과 일의 바탕을 비유적으로 이르는 말인 '주추'를 뜻하는 舄…舄(석)을 결합한 것이다. 원본을 바탕에 깔고 그 위에 덮어 놓고서 〈베낌〉을 의미한다.

[새김] ■ 베끼다 ■ 본뜨다 ■ 그리다

眞은 도교에서는 도를 닦아 신선이 되어(匕…化의 옛글자) 눈에 띄지 않게(目) 하늘로 올라간(八) 도인을 '진인(眞人:참된 도를 체득한 사람)'이라 하는 데서, 〈참됨〉을 의미한다.

[새김] ■ 참 ■ 진실 ■ 참되다

`	⼧	⼧	⼧	⼧	⼧	⼧	宯	寫	寫	寫

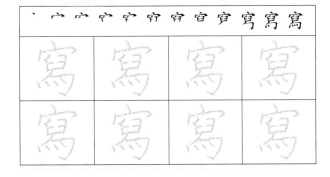

`	⼔	⼔	眞	眞	眞	眞	直	眞	眞	眞

■ 한자의 뜻을 새기고 그 한자로 이루어진 한자어를 익히자.

■ 한자의 뜻을 연결하여 한자어의 뜻을 생각해 보자.
■ 한자어의 뜻을 알고 예문을 통해 그 쓰임을 익히자.

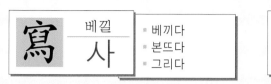

| 寫 | 베낄
사 | ■ 베끼다
■ 본뜨다
■ 그리다 |

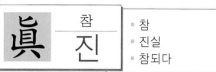

| 眞 | 참
진 | ■ 참
■ 진실
■ 참되다 |

─ 흐리게 나타난 한자어 위에 겹쳐서 쓰고 음을 적어라 ─

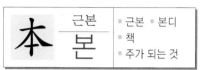

| 本 | 근본
본 | ■ 근본 ■ 본디
■ 책
■ 주가 되는 것 |

寫本 [ ]
베낀 것   본디의 것을 ▶ 원본을 사진으로 찍거나 복사하여 만든 책이나 서류.

▷ 원본을 복사한 寫本을 제출하였다.

| 筆 | 붓
필 | ■ 붓
■ 글씨
■ 글을 쓰다 |

筆寫 [ ]
씀   베끼어 ▶ 베끼어 씀.

▷ 지금처럼 복사 기술이 없을 때에는 책을 일일이 筆寫하여 복사본을 만들었다.

| 實 | 열매
실 | ■ 열매 ■ 씨
■ 실제, 사실
■ 속이 차다 |

眞實 [ ]
참된   사실 ▶ 거짓이 없이 참되고 바름.

▷ 그 사건의 眞實이 언젠가는 밝혀지겠지.

| 純 | 순수할
순 | ■ 순수하다
■ 꾸밈없다
■ 오로지 |

純眞 [ ]
순수하고   참되다 ▶ 마음이 꾸밈이 없고 순박하다.

▷ 그는 아직도 어린아이처럼 純眞한 마음을 간직하고 있다.

한 글자 더

| 鄕 | 마을
향 | ■ 시골, 마을
■ 고향
■ 향음주례 |

| 歸 | 돌아갈
귀 | ■ 돌아가다
■ 돌려보내다
■ 따르다 |

歸鄕 [ ]
돌아감   고향으로 ▶ 고향으로 돌아가거나 돌아옴.

▷ 그분은 퇴임 후에 歸鄕을 생각하고 있다.

| 同 | 한가지
동 | ■ 한가지
■ 무리 ■ 함께
■ 서로 같다 |

同鄕 [ ]
같음   고향이 ▶ 고향이 같음. 또는 같은 고향.

▷ 알고 보니 그와 나는 同鄕이었다.

■ 한자어와 한자어를 이루는 개별 한자의 뜻을 알아보자.
■ 아래 한자어의 음을 적고 그 뜻을 생각하며 글을 읽어 보자.
■ 공부할 한자의 뜻을 알아보고 필순에 따라 바르게 써 보자.

寒帶 ☐

▶ 기온에 의하여 분류한 기후대의 하나.

「 온대 기후 地域은 건조 기후 지역과 함께 열대의 南쪽과 北쪽에 있으며 生活하기에 알맞다. 온대 기후 地域은 다른 곳에 비해 사람이 많이 모여 살고 文化가 發達된 곳이다. 온대와 북반구의 寒帶 사이에는 냉대 기후 地域이 있는데, 여름은 짧고 서늘하며 비가 적고, 겨울은 길고 몹시 추운 곳이다. 寒帶는 일 년 내내 눈으로 덮여 있어서 겨울이 길고 여름은 짧다. 」

• 地域(지역) • 南(남) • 北(북) • 生活(생활) • 文化(문화) • 發達(발달)
* 기후: 기온, 비, 눈, 바람 따위의 대기 상태. * 북반구: 적도를 경계로 지구를 둘로 나누었을 때의 북쪽 부분.

은 바닥이 얼어( ) 집 안에 짚을 깔아 놓은 ( ) 모습이다. 바닥이 차고 집안이 〈추움〉을 의미한다.

는 옷 위 허리에 두르는 띠와 장식물의 모습이다. 허리에 두르는 〈띠〉를 의미한다.

새김 ▪차다 ▪춥다 ▪쓸쓸하다

새김 ▪띠 ▪띠다 ▪근처 ▪데리고 다니다

ˋ ˊ 宀 宀 宀 宂 宯 宲 実 実 寒 寒			
寒	寒	寒	寒
寒	寒	寒	寒

一 十 卅 卅 卅 卅 卅 帯 帯 帯 帯			
帶	帶	帶	帶
帶	帶	帶	帶

새기고 익히기

■ 한자의 뜻을 새기고 그 한자로 이루어진 한자어를 익히자.
■ 한자의 뜻을 연결하여 한자어의 뜻을 생각해 보자.
■ 한자어의 뜻을 알고 예문을 통해 그 쓰임을 익히자.

| 寒 | 찰 한 | ■ 차다 ■ 춥다 ■ 쓸쓸하다 |
| 帶 | 띠 대 | ■ 띠 ■ 띠다 ■ 근처 ■ 데리고 다니다 |

- 흐리게 나타난 한자어 위에 겹쳐서 쓰고 음을 적어라 -

| 波 | 물결 파 | ■ 물결 ■ 파동 ■ 흐름 |

寒波 [　] ▷ 엇그제부터 몰려온 寒波로 강물이 꽁꽁 얼었다.
차가운 (공기의)흐름 ▶ 겨울철에 기온이 갑자기 내려가는 현상.

| 防 | 막을 방 | ■ 막다 ■ 방어하다 ■ 둑 |

防寒 [　] ▷ 날씨가 추워서 防寒 모자를 쓰고 외출을 했다.
막음 추위를 ▶ 추위를 막음.

| 同 | 한가지 동 | ■ 한가지 ■ 무리 ■ 함께 ■ 서로 같다 |

帶同 [　] ▷ 아버지는 어머니를 帶同하고 친구분들의 모임에 가셨다.
데리고 감 함께 ▶ 함께 데리고 감.

| 革 | 가죽 혁 | ■ 가죽 ■ 고치다 ■ 바꾸다 |

革帶 [　] ▷ 잔뜩 먹었더니 배가 너무 불러서 革帶를 풀었다.
가죽 띠 ▶ 가죽으로 만든 띠.

한 글자 더

| 施 | 베풀 시 | ■ 베풀다 ■ 시행하다 ■ 주다 |

☆ 어떤 일을 차려서 벌이다.
  널리 전하여지다.

```
丶 亠 亍 方 方 方 斿 施 施
施  施  施  施
施  施  施  施
```

| 賞 | 상줄 상 | ■ 상주다 ■ 칭찬하다 ■ 즐기다 |

施賞 [　] ▷ 우승자에게 상패와 상금을 施賞하였다.
줌 상을 ▶ 상장이나 상품, 상금 따위를 줌.

| 實 | 열매 실 | ■ 열매 ■ 씨 ■ 실제, 사실 ■ 속이 차다 |

實施 [　] ▷ 계속되는 가뭄으로 제한 급수를 實施하려는 지역이 있다.
실제로 시행함 ▶ 실제로 시행함.

99

■ 한자어와 한자어를 이루는 개별 한자의 뜻을 알아보자.
■ 아래 한자어의 음을 적고 그 뜻을 생각하며 글을 읽어 보자.
■ 공부할 한자의 뜻을 알아보고 필순에 따라 바르게 써 보자.

暖房 [　　]

▶ 건물 전체 또는 방안을 따뜻하게 하는 일.

「 祖上들은 陽地바른 곳에 집터를 잡고 주로
南向집을 지었다. 그리고 온돌을 만들어
겨울을 따뜻하게 날 수 있도록 하였다.
온돌이란 방바닥과 땅 사이에
흙과 돌로 아궁이를 만들어
부엌에서 땐 불이 그곳으로
지나면서 방바닥을 따뜻하게
하는 暖房법이다. 」

• 祖上(조상) • 陽地(양지) • 南向(남향). ＊아궁이 : 방이나 솥 따위에 불을 때기 위하여 만든 구멍.

煖은 '불'을 뜻하는 灬⋯火(화)와 '이에', '미치다'는
뜻인 爰⋯爰(원)을 결합한 것이다. 나중에 灬 가 해를
뜻하는 日(일)로 바뀌었다. 불기운이나 햇볕이 미쳐
〈따뜻함〉을 의미한다.

[새김] ▪따뜻하다 ▪따뜻이 하다 ▪따뜻한 기운

丨	冂	円	日	日⁻	旷	旷	町	昕	晒	暖	暖

暖	暖	暖	暖
暖	暖	暖	暖

房은 '집', '방'을 뜻하는 戶(호)와 '네모', '곳(장소)'
을 뜻하는 方(방)을 결합한 것이다. 사람이 거처하는
네모난 〈방〉을 의미한다.

[새김] ▪방 ▪곁방 ▪집

`	丶	亠	户	户	庐	房	房

房	房	房	房
房	房	房	房

■ 한자의 뜻을 새기고 그 한자로 이루어진 한자어를 익히자.
■ 한자의 뜻을 연결하여 한자어의 뜻을 생각해 보자.
■ 한자어의 뜻을 알고 예문을 통해 그 쓰임을 익히자.

暖 따뜻할 난	■ 따뜻하다 ■ 따뜻이 하다 ■ 따뜻한 기운	房 방 방	■ 방 ■ 곁방 ■ 집

― 흐리게 나타난 한자어 위에 겹쳐서 쓰고 음을 적어라 ―

溫 따뜻할 온	■ 따뜻하다 ■ 온화하다 ■ 온도	溫暖 [ ] 온화하고 따뜻함 ▶ 날씨가 따뜻함.	▷ 금년 겨울은 날씨가 비교적 溫暖하구나.
流 흐를 류	■ 흐르다 ■ 번져 퍼지다 ■ 갈래	暖流 [ ] 따뜻한 흐름(해류) ▶ 따뜻한 해류.	▷ 한반도 동해는 暖流와 한류가 교차하여 좋은 어장이 형성된다.
獨 홀로 독	■ 홀로 ■ 혼자 ■ 홀몸	獨房 [ ] 혼자 쓰는 방 ▶ 혼자서 쓰는 방.	▷ 이번에 넓은 집으로 이사하면 언니와 나는 각각 獨房을 쓰게 될 것이다.
新 새 신	■ 새, 새로운 ■ 새롭게 다시 ■ 처음으로	新房 [ ] 새로 꾸민 방 ▶ 신랑 신부가 거처하도록 새로 꾸민 방.	▷ 고모는 신축 아파트에 新房을 차렸다.

한 글자 더

設 베풀 설	■ 베풀다 ■ 설치하다 ■ 설비 ■ 세우다

☆ 하고자하는 것을 차리어 놓음.

丶 亠 言 言 言 言 訁 訁 設 設 設
設 設 設 設
設 設 設 設

施 베풀 시	■ 베풀다 ■ 시행하다 ■ 주다	施設 [ ] 배풀어 둔 설비 ▶ 도구, 기계, 장치 따위를 베풀어 설비함. 또는 그런 설비.	▷ 그 병원은 국내 최고의 施設을 갖추었다.
置 둘 치	■ 두다 ■ 놓아두다 ■ 베풀다	設置 [ ] 베풀어서 둠 ▶ 베풀어서 둠.	▷ 각 방마다 에어컨을 設置하였다.

어휘력 다지기

■ 전국에 **大雪** [ ] 주의보가 발령되었다. · · 눈이 덮인 벌판.

■ 순백색의 **雪原** [ ] 을 마냥 걷고 싶다. · · 아주 많이 오는 눈.

■ 붉게 물든 가을 **風景** [ ] 이 아름답구나. · · 기관이나 조직체 따위를 만들어 일으킴.

■ 승용차를 **景品** [ ] 으로 내걸었다네. · · 경치, 어떤 정경이나 상황.

■ 인공 지능 연구소를 **設立** [ ] 하였다. · · 어떤 모임에서 제비를 뽑아 선물로 주는 물품.

■ 아파트 단지에 중학교 **新設** [ ] 계획이. · · 진짜인 물품.

■ 그의 **眞意** [ ] 가 무엇인지 잘 모르겠다. · · 진심에서 우러나온, 거짓이 없는 참된 말.

■ **眞品** [ ] 과 모조품을 구별할 수 있어? · · 새로 설치하거나 설비함.

■ 그는 농담을 **眞談** [ ] 으로 들었단다. · · 속에 품고 있는 참뜻, 또는 진짜 의도.

■ 그동안 다들 **無故** [ ] 하셨습니까? · · 갑작스런 재앙이나 사고.

■ **故人** [ ] 이 되신 선생님이 그립습니다. · · 아무런 까닭이 없음, 사고 없이 편안함.

■ 그에게 무슨 **變故** [ ] 가 생겼나보다. · · 죽은 사람, 오래전부터 사귀어 온 사람.

■ 전쟁으로 많은 **失鄕** [ ] 민이 생겼다. · · 자기가 태어나서 자란 땅, 시골이나 고장.

■ 지역 특산물로 만든 **鄕土** [ ] 음식이야. · · 추운 기운.

■ 계속되는 한파로 **寒害** [ ] 가 심하다. · · 고향을 잃거나 빼앗김.

■ 비에 젖어 으스스 **寒氣** [ ] 가 느껴진다. · · 추위로 입는 피해, 주로 농작물이 입는 피해를 이른다.

■ 남부 지방 **一帶** [ ] 에 대풍주의보 발령. · · 예년보다 따뜻하여 포근한 겨울.

■ 올해는 이상 **暖冬** [ ] 으로 눈이 없어요. · · 일정한 범위의 어느 지역 전부.

■ **藥房** [ ] 에 들러서 두통약을 사야겠다. · · 실지로 행함.

■ 그는 **畵房** [ ] 에서 붓과 물감을 샀어. · · 약국(약사가 약을 조제하거나 파는 곳).

■ 주 4일 근무제는 언제 **施行** [ ] 되려나. · · 그림을 그리는 데에 필요한 물품을 파는 가게.

·대설 ·설원 ·풍경 ·경품 ·설립 ·신설 ·진의 ·진품 ·진담 ·무효 ·고인 ·변고 ·실향 ·향토 ·한해 ·한기 ·일대 ·난동 ·약방 ·화방 ·시행

■ 한자어가 되도록 □ 안에 공통으로 넣을 한자를 보기에서 찾아 □ 안에 쓰고 , 그 한자어의 뜻을 생각하며 음을 적어라.

□ ⇨ 暴□ 白□ □景

□ ⇨ 故□ 他□ □土

□ ⇨ □房 溫□ □流

□ ⇨ □眞 □本 筆□

□ ⇨ □波 防□ □帶

□ ⇨ □置 □立 施□

보기

房·眞·寒·鄉·施·寫·故·帶·景·熟·設·雪·暖

■ 아래의 뜻을 지닌 한자어가 되도록 위의 보기에서 알맞은 한자를 찾아 □ 안에 써 넣어라.

▷ 경치를 아름답게 꾸밈.

▷ 어떤 범죄를 저지른 바로 그 사람.

▷ 주로 남의 나라에 있는 사람이 자신의 조상 때부터 살던 나라를 이르는 말.

▷ 함께 데리고 감.

▷ 능하고 익숙하다.

▷ 공예가의 작업실.

▷ 의술이나 최면술 따위의 술법을 베풂. 또는 그런 일.

▷ 이 공원은 造□ 에 꽤 힘을 들였어.

▷ 그 사건의 □犯 은 따로 있었다.

▷ □國 을 찾아온 해외 동포들을 환영.

▷ 그는 가족을 □同 하고 길을 나섰다.

▷ 그는 컴퓨터를 能□ 하게 잘 다룬다.

▷ 전통 부채 工□ 을 견학하기로 했다.

▷ 척추 교정 □術 을 받으려 한다네.

· 폭설. 백설. 설경 · 사진. 사본. 필사 · 고향. 타향. 향토 · 한파. 방한. 한대 · 난방. 온난. 난류 · 설치. 설립. 시설 / · 조경 · 진범 · 고국 · 대동 · 능숙 · 공방 · 시술

되새기기

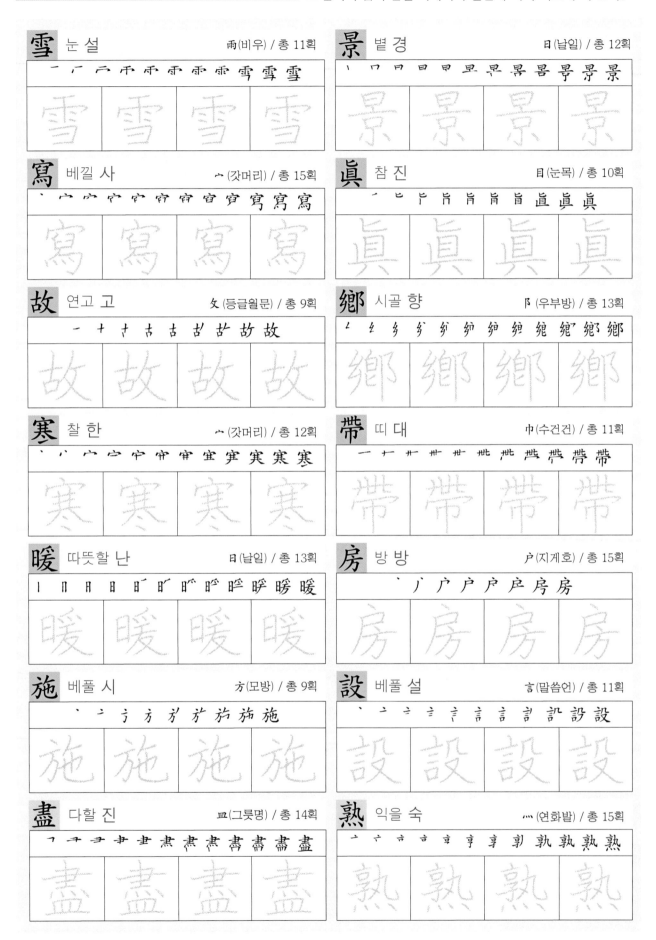

■ 한자의 음과 훈을 되새기며 필순에 따라 바르게 써 보자.

雪 눈 설　　雨(비우) / 총 11획
一 ァ ァ 두 千 垂 垂 雫 雪 雪 雪

景 볕 경　　日(날일) / 총 12획
丶 冂 口 曰 旦 昮 景 昮 景 景 景 景

寫 베낄 사　　宀(갓머리) / 총 15획
丶 宀 宀 宀 宀 宐 宐 寍 寫 寫 寫

眞 참 진　　目(눈목) / 총 10획
一 匕 卢 片 卢 肖 眉 直 眞 眞

故 연고 고　　攵(등글월문) / 총 9획
一 十 古 古 古 古 故 故 故

鄕 시골 향　　阝(우부방) / 총 13획
ㄑ 乡 乡 纟 纩 纩 纩 鄉 鄕 鄕 鄕

寒 찰 한　　宀(갓머리) / 총 12획
丶 宀 宀 宀 宀 宋 寒 寒 寒 寒 寒

帶 띠 대　　巾(수건건) / 총 11획
一 十 卅 卅 卅 卅 卅 帯 帯 帶 帶

暖 따뜻할 난　　日(날일) / 총 13획
ㅣ 冂 日 日 日 日 旷 旷 畔 畔 暖 暖

房 방 방　　戶(지게호) / 총 15획
丶 丶 ヲ 戶 戶 戶 房 房

施 베풀 시　　方(모방) / 총 9획
丶 二 方 方 方 扩 扩 施 施

設 베풀 설　　言(말씀언) / 총 11획
丶 亠 亖 言 言 言 言 記 設 設

盡 다할 진　　皿(그릇명) / 총 14획
ㄱ ㄱ ㅋ 聿 聿 肃 肃 肃 肃 壽 壽 盡

熟 익을 숙　　灬(연화발) / 총 15획
丶 亠 亠 亩 亯 享 享 剥 孰 孰 熟 熟

104

묶음 4-8

음 ■ 한자를 읽는 소리
아래 한자의 음을 찾아 적고 소리내어 읽어 보자.

– 바탕색과 글자색이 같은 것을 찾아 보자 –

招	永	容	別
許	固	堅	壁
請	城	個	遠

별 견 벽 초 영 용
원 개 고 허 청 성

훈 ■ 한자의 뜻 새김
한자의 음을 적고 훈과 함께 외어 보자.

城 성	壁 벽	堅 굳을	固 굳을
永 길	遠 멀	個 낱	別 다를
招 부를	請 청할	許 허락할	容 얼굴

알아보기

城壁 ☐ ▶ 성의 담벼락. 성곽의 벽.

「 강감찬 장군이 지금의 평양인 서경을 맡아 다스리게
되었다. 서경은 國境에서 가까운 곳이었으므로, 外國의
침략을 막는 데 重要한 도시였다. 그는 새로
군사를 모집하여 부대를 늘리고
훈련을 強化하였다. 그리고,
틈틈이 國境 地方을 살피며,
적군이 쳐들어올 때에 이를
물리칠 방법을 연구 하였다.
그리고 곳곳에 튼튼한
城壁을 쌓게 하였다. 」

• 國境(국경) • 外國(외국) • 重要(중요) • 強化(강화) • 地方(지방).
* 침략: 정당한 이유 없이 남의 나라에 쳐들어감. * 모집: 사람이나 작품, 물품 따위를 일정한 조건 아래 널리 알려 뽑아 모음.

𩫏은 성벽과 망루의 모습인 𩫖 과 '갖추어지다'는 뜻인
戉…成(성)을 결합한 것이다. 나중에 𩫖 가 土(토)로
바뀌었다. 도읍을 방비하기 위해 토석을 쌓아올린,
벽과 망루를 갖춘 〈성〉을 의미한다.

[새김] ▪성 ▪도읍, 도시 ▪성을 쌓다

一 十 土 圹 圻 城 城 城

壁은 '물리치다'는 뜻인 辟(벽)과 '흙'을 뜻하는 土
(토)를 결합한 것이다. 외부의 침입을 물리치기 위해
흙과 돌로 쌓아올린 〈담〉을 의미한다.

[새김] ▪벽, 담 ▪울타리 ▪벼랑

⁊ ㄱ 尸 尸 召 居 启 启 辟 辟 壁 壁

새기고 익히기

■ 한자의 뜻을 새기고 그 한자로 이루어진 한자어를 익히자.
■ 한자의 뜻을 연결하여 한자어의 뜻을 생각해 보자.
■ 한자어의 뜻을 알고 예문을 통해 그 쓰임을 익히자.

城 성	▪ 성 ▪ 도읍, 도시 ▪ 성을 쌓다	壁 벽	▪ 벽, 담 ▪ 울타리 ▪ 벼랑

– 흐리게 나타난 한자어 위에 겹쳐서 쓰고 음을 적어라 –

古 옛 고	▪ 옛, 예 ▪ 엣날 ▪ 오래되다	古城 [ ] 오래된 성 ▶ 옛날에 지은 오래된 성.	▷ 유럽에는 중세 시대의 古城들이 많이 남아 있다.
土 흙 토	▪ 흙 ▪ 땅 ▪ 향토	土城 [ ] 흙으로 쌓은 성 ▶ 흙으로 쌓아 올린 성루.	▷ 산기슭에는 옛 土城의 일부가 허물어진 채로 남아 있었다.
面 낯 면	▪ 낯, 얼굴 ▪ 면, 표면 ▪ 쪽	壁面 [ ] 벽의 표면 ▶ 벽의 거죽.	▷ 거실 壁面에 그림을 거니 집안 분위기가 한층 나아졌다.
體 몸 체	▪ 몸, 몸체 ▪ 물체 ▪ 형체	壁體 [ ] 벽을 이루는 몸체 ▶ 벽을 이루는 구조 부분.	▷ 오래된 건물이라 壁體에 균열이 생겼다.

한 글자 더

永 길 영	▪ 길다 ▪ 오래다 ▪ 오래도록

☆ 멀리 길게 이어짐.

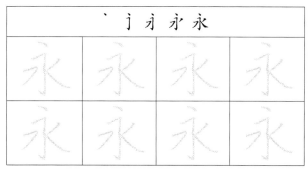
`丶 氵 永 永 永`

住 살 주	▪ 살다 ▪ 머무르다 ▪ 살고 있다	永住 [ ] 오래 삶 ▶ 한곳에 오래 삶.	▷ 한국에 귀화해서 永住하는 외국인들이 늘어나고 있다.
世 대 세	▪ 대, 세대 ▪ 인간(세상) ▪ 시대	永世 [ ] 오랜 세대 ▶ 세월이 오램, 또는 그런 세월이나 세대.	▷ 스위스는 국제법상 永世 중립이 보장된 나라이다.

■ 한자어와 한자어를 이루는 개별 한자의 뜻을 알아보자.
■ 아래 한자어의 음을 적고 그 뜻을 생각하며 글을 읽어 보자.
■ 공부할 한자의 뜻을 알아보고 필순에 따라 바르게 써 보자.

堅固 [   ] ▶ 굳고 단단함.

「 옛날 초나라에 창과 방패를 팔려는 사람이 있었다. 그는 먼저 방패를 하나 들고서 "이 방패는 堅固하여 어떤 창으로도 뚫을 수 없다"라고 했다. 그러고 나서, 창을 들어 "이 창은 예리하여 무엇이든 뚫을 수 있다"라고 자랑하였다. 이때에 지나가던 사람이, "당신의 창으로 그 방패를 찔러 보시오"라고 말하자 그는 그렇게 할 수 없었다고 한다. 」

* 방패: 전쟁 때에 적의 칼, 창, 화살 따위를 막는 데에 쓰던 무기.
* 예리하다: 끝이 뾰족하거나 날이 선 상태에 있다. 관찰이나 판단이 정확하고 날카롭다.

堅은 '굳다'는 뜻인 臤(견)과 '흙(땅)'을 뜻하는 土(토)를 결합한 것이다. 흙(땅)이 단단하게 〈굳음〉을 의미한다.

[새김] ▪곧다 ▪굳세다 ▪단단하게 하다

一 丁 丂 丞 臣 臤 臤 臤 堅 堅 堅
堅	堅	堅	堅
堅	堅	堅	堅

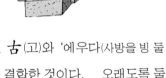

固는 '오래되다'는 뜻인 古(고)와 '에우다(사방을 빙 둘러싸다)'는 뜻인 囗(위)를 결합한 것이다. 오래도록 둘러싸인 그대로 〈굳어짐〉을 의미한다.

[새김] ▪굳다 ▪굳어지다 ▪우기다

丨 冂 冃 冃 冃 囷 固 固
固	固	固	固
固	固	固	固

새기고 익히기

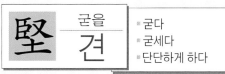

堅 굳을 견
- 굳다
- 굳세다
- 단단하게 하다

固 굳을 고
- 굳다
- 굳어지다
- 우기다

– 흐리게 나타난 한자어 위에 겹쳐서 쓰고 음을 적어라 –

果 실과 과
- 실과, 열매
- 일의 결과
- 과단성 있다

堅果 · 단단한 · 열매
▷ 도토리, 밤, 은행, 호두 같은 堅果는 좋은 먹거리가 된다.
▶ 단단한 껍데기와 깍정이에 쌓여 있는 나무 열매를 이르는 말.

實 열매 실
- 열매 · 씨
- 실제, 사실
- 속이 차다

堅實 · 굳고 · 속이 차다
▷ 그 청년은 매사에 堅實하여 사람들에게 신임을 얻었다.
▶ 하는 일이나 생각, 태도 따위가 믿음직스럽게 굳고 착실하다.

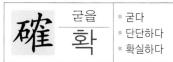

確 굳을 확
- 굳다
- 단단하다
- 확실하다

確固 · 단단하고 · 굳다
▷ 체중을 줄이겠다는 그의 의지는 매우 確固하였다.
▶ 태도나 상황 따위가 튼튼하고 굳다.

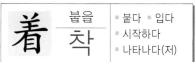

着 붙을 착
- 붙다 · 입다
- 시작하다
- 나타나다(저)

固着 · 굳게 · 붙어 있음
▷ 좋지 않은 습관은 固着되기 전에 고치도록 해야 한다.
▶ 물건 같은 것이 굳게 들러붙어 있음, 굳어져 변하지 않음.

한 글자 더

遠 멀 원
- 멀다
- 멀리하다
- 깊다

☆ 격차가 많다. 길이 멀다. 세월이 오래다. 가깝지 아니하다.

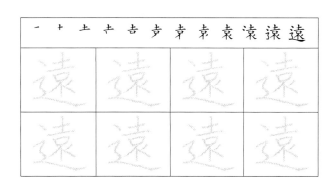

一 十 土 圡 吉 吉 吉 袁 袁 遠 遠

永 길 영
- 길다
- 오래다
- 오래도록

永遠 · 오래도록 · 멀리
▷ 이 세상에 그 무엇도 永遠한 것은 없다.
▶ 어떤 상태가 끝없이 이어짐, 시간을 초월하여 변하지 않음.

景 볕 경
- 볕, 햇볕
- 경치
- 상서롭다

遠景 · 멀리 보이는 · 경치
▷ 망원 렌즈를 사용하면 遠景을 끌어당겨 가까이 찍을 수 있다.
▶ 멀리 보이는 경치, 또는 먼 데서 보는 경치.

알아보기

■ 한자어와 한자어를 이루는 개별 한자의 뜻을 알아보자.
- 아래 한자어의 음을 적고 그 뜻을 생각하며 글을 읽어 보자.
- 공부할 한자의 뜻을 알아보고 필순에 따라 바르게 써 보자.

個別 [   ] ▸ 낱낱이 따로따로 나눔.

「 "오늘 등산은 뜻깊은 행사가 될 것이다. 友情과 和合. 협동이 얼마나 아름답고 중요한 것인가를 알게 되는 機會가 될 것이다. 등산은 조별로 이루어진다. **個別** 행동을 해서는 안된다. 한 사람의 낙오자도 없이 모두 함께 到着해야 한다."

隊長 선생님의 말씀을 듣고 우리는 곧 출발하였다. 제일 앞에는 기수인 동철이가 섰고 제일 뒤에는 조장인 내가 섰다. 그리고 중간에는 1,2학년 동생들이 섰다. 」

• 友情(우정) • 和合(화합) • 機會(기회) • 到着(도착) • 隊長(대장). ＊낙오자: 대오(편성된 대열)에서 쳐져 뒤떨어진 사람.
편성: 엮어서 만드는 일. 예산 · 조직 · 대오 따위를 짜서 이룸. # 대열: 줄을 지어 늘어선 행렬. 어떤 활동을 목적으로 모인 무리.

個

箇는 '대나무'를 뜻하는 ⺮과 '굳다'는 뜻인 固를 결합한 것이다. 나중에 ⺮이 亻으로 바뀌었다. 한 뿌리에서 따로따로 순이 돋아 굳어진 여러 대나무 하나하나, 즉 〈여럿 가운데 하나하나〉를 의미한다.

새김 ▪ 낱, 낱낱 ▪ 개 ▪ 단독의

丿 亻 亻 们 们 們 們 倜 個 個			
個	個	個	個
個	個	個	個

別

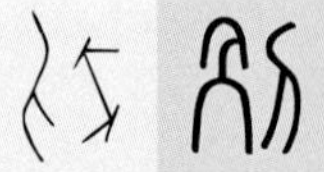

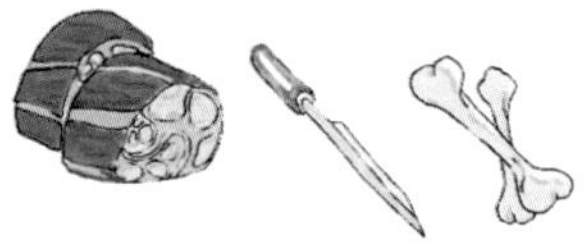

은 '살 바르다'는 뜻인 冎 ⋯ 另(과)와 '칼'을 뜻하는 ⋯ 刂(도)를 결합한 것이다. 살과 다른 뼈를 구별하여 〈따로 나눔〉을 의미한다.

새김 ▪ 다르다 ▪ 나누다 ▪ 따로 ▪ 구별하다

丨 ㄇ 口 号 另 別 別			
別	別	別	別
別	別	別	別

새기고 익히기

■ 한자의 뜻을 새기고 그 한자로 이루어진 한자어를 익히자.
  ▬ 한자의 뜻을 연결하여 한자어의 뜻을 생각해 보자.
  ▬ 한자어의 뜻을 알고 예문을 통해 그 쓰임을 익히자.

個 날 개	▪ 낱, 낱낱 ▪ 개 ▪ 단독의	別 나눌 별	▪ 나누다 ▪ 다르다 ▪ 따로 ▪ 구별하다

– 흐리게 나타난 한자어 위에 겹쳐서 쓰고 음을 적어라 –

人 사람 인	▪ 사람 ▪ 백성	個人	▷ 학교 폭력은 어느 個人의 문제가 아니라 우리들 전체의 문제이다.

낱낱의   사람 ▶ 국가나 사회, 단체 등을 구성하는 낱낱의 사람.

性 성품 성	▪ 성품 ▪ 성질 ▪ 남녀의 구별	個性	▷ 크고 작은 차이는 있지만 사람들은 누구나 個性을 지니고 있다.

단독의   성품 ▶ 다른 사람이나 개체와 구별되는 고유의 특성.

判 판단할 판	▪ 판단하다 ▪ 판결하다 ▪ 구별하다	判別	▷ 이 둘이 너무나 비슷해서 짝퉁과 진품을 判別하기가 매우 어렵다.

판단하여   구별함 ▶ 옳고 그름이나 좋고 나쁨을 판단하여 구별함. 또는 그런 구별.

室 집 실	▪ 집 ▪ 방 ▪ 거처 ▪ 아내	別室	▷ 손님들을 別室로 모셔라.

따로 구별된   방 ▶ 특별히 따로 마련된 방.

한 글자 더

許 허락할 허	▪ 허락하다 ▪ 들어주다 ▪ 바라다

☆ 받아들이다. 승인하다. 인정하다.

可 옳을 가	▪ 옳다 ▪ 허락하다 ▪ 가히(마땅히)	許可	▷ 許可 없이 산에서 나무를 함부로 베거나 캐면 안된다.

들어주어   허락함 ▶ 행동이나 일을 하도록 허용함.

特 특별할 특	▪ 특별하다 ▪ 뛰어나다 ▪ 수소(황소)	特許	▷ 그 회사에서 신소재를 개발하여 特許를 획득하였다.

특별히   허락함 ▶ 특별히 허락함.

알아보기

■ 한자어와 한자어를 이루는 개별 한자의 뜻을 알아보자.
▪ 아래 한자어의 음을 적고 그 뜻을 생각하며 글을 읽어 보자.
▪ 공부할 한자의 뜻을 알아보고 필순에 따라 바르게 써 보자.

招請 [   ] ▶ 청하여 부름.

「 세계 여러 나라에 흩어져 살고 있는 *海外* 동포들이 한데 모이는 세계 한민족 축전이 2*年*마다 한 번씩 우리나라에서 열린다. 여러 가지 민속 놀이와 문화 및 *學術* 행사 등에 수많은 *海外* 동포가 招請되어 *祝祭*를 벌인다. 민속 *競技* 종목은 지금도 *海外* 동포들이 누구나 즐겨하는 연날리기와 씨름, 줄다리기, 널뛰기, 활쏘기 그네뛰기, 제기차기, *協同* 줄넘기, 윷놀이 등이다. 」

• 海外(해외) • 學術(학술) • 祝祭(축제) • 競技(경기) • 協同(협동)
*동포: 같은 나라 또는 같은 민족의 사람을 다정하게 이르는 말. *축전: 축하하는 뜻으로 행하는 의식이나 행사.

招는 '손'을 뜻하는 手(수)=扌와 '오라고 부르다'는 뜻인 召(소)를 결합한 것이다.   손짓하여 오라고 〈부름〉을 의미한다.

[새김] ▪부르다 ▪불러오다 ▪밝히다

一 十 才 扌 扨 招 招 招			
招	招	招	招
招	招	招	招

請은 '아뢰다'는 뜻인 言(언)과 도가(만물의 근원으로서의 자연을 숭배하는 학파)에서 제사에 청하여 올리는 글을 적은 '청등지'를 뜻하는 靑(청)을 결합한 것이다.
바라는 바를 〈고하여 청함〉을 뜻한다.

[새김] ▪청하다 ▪바라건데 ▪고하다

丶 亠 言 言 言 計 計 詰 請 請 請 請			
請	請	請	請
請	請	請	請

새기고 익히기

■ 한자의 뜻을 새기고 그 한자로 이루어진 한자어를 익히자.

■ 한자의 뜻을 연결하여 한자어의 뜻을 생각해 보자.

■ 한자어의 뜻을 알고 예문을 통해 그 쓰임을 익히자.

招 부를 초	■ 부르다 ■ 불러오다 ■ 밝히다	請 청할 청	■ 청하다 ■ 바라건대 ■ 고하다

– 흐리게 나타난 한자어 위에 겹쳐서 쓰고 음을 적어라 –

來 올 래	■ 오다 ■ 돌아오다 ■ 부르다

招 來 □
불러서 오게 함

▷ 조그만 실수라도 돌이킬 수 없는 결과를 招來할 수도 있다.

▶ 어떤 결과를 가져오게 함, 불러서 오게 함,

自 스스로 자	■ 스스로 ■ 자기, 자신 ■ ~부터

自 招 □
스스로 불러옴

▷ 헛된 욕심으로 불행을 自招하는 어리석음을 저지르지 말아라.

▶ 어떤 결과를 자기가 생기게 함, 또는 제 스스로 끌어들임,

要 요긴할 요	■ 요긴하다 ■ 요구하다 ■ 중요하다

要 請 □
요구하여 청함

▷ 그 언론사에게 공정한 보도를 해 달라고 要請하였다.

▶ 필요한 일이 이루어지도록 요긴하게 부탁함, 또는 그런 부탁,

託 부탁할 탁	■ 부탁하다 ■ 맡기다 ■ 의지하다

請 託 □
청하여 부탁함

▷ 그는 담당 공무원에게 부정한 請託을 한 일로 고발되었다.

▶ 청하여 남에게 부탁함,

한 글자 더

容 얼굴 용	■ 얼굴, 모습 ■ 담다 ■ 받아들이다

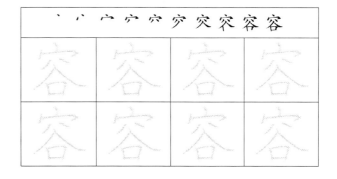

丶 丷 宀 宀 宀 宀 㝉 突 容 容

許 허락할 허	■ 허락하다 ■ 들어주다 ■ 바라다

許 容 □
허락하여 받아들임

▷ 공공장소에서는 흡연이 許容되지 않는다.

▶ 허락하여 너그럽게 받아들임,

包 쌀 포	■ 싸다 ■ 감싸다 ■ 함께 들어 있다 ■ 꾸러미

包 容 □
감싸거나 받아들임

▷ 우리, 다른 사람의 가벼운 실수를 너그럽게 包容할 수 있는 사람이 되자.

▶ 너그럽게 감싸 주거나 받아들임,

한자성어

■ 한자 성어에 담긴 함축된 의미를 파악하고 그 쓰임을 익히자.

■ 한자 성어의 음을 적고 그에 담긴 의미와 적절한 쓰임을 익혀라.

不 遠 千 里

▶ 천 리 길도 멀다고 여기지 않음.

▷ 이산가족들은 헤어진 부모 형제를 만날 수 있다면 不遠千里 어디라 달려갈 것이다.

適 者 生 存

▶ 환경에 적응하는 생물만이 살아남고, 그렇지 못한 것은 도태되어 멸망하는 현상.

▷ 세상은 適者生存의 법칙이 존재한다. 따라서 우리는 빠르게 변화하는 사회 환경에 적응할 수 있는 힘을 길러야 한다.

氣 盡 脈 盡

▶ 기운이 다하고 맥이 다 빠져 스스로 가누지 못할 지경이 됨.

▷ 그들은 밤낮으로 계속된 행군에 氣盡脈盡하여 아무데나 주저앉고 싶었다.

生 面 不 知

▶ 서로 한 번도 만난 적이 없어서 전혀 알지 못하는 사람, 또는 그런 관계.

▷ 그 남자는 나와 아무 관계가 없는 生面不知의 사람이다.

雪 上 加 霜

▶ 눈 위에 서리가 덮인다는 뜻으로, 난처한 일이나 불행한 일이 잇따라 일어남을 이르는 말.

▷ 산을 내려오다 날이 어두워져 길을 헤매는데 雪上加霜으로 장대비가 퍼붓기 시작했다.

金 科 玉 條

▶ 금이나 옥처럼 귀중히 여겨 꼭 지켜야 할 법칙이나 규정.

▷ 그분은 조그만 것이라도 아끼고 절약하여야 한다는 것을 金科玉條로 삼아 평생 실천하신 분이다.

霜 서리 **상**
- 서리
- 희다
- 세월

條 가지 **조**
- 가지
- 조리
- 조목

· 불원천리 · 적자생존 · 기진맥진 · 생면부지 · 설상가상 · 금과옥조

더 살펴 익히기

■ 한자가 지닌 여러가지 뜻과 한자어를 한 번 더 살펴 익히자.

■ 아래 한자가 지닌 뜻과 그 뜻을 지니는 한자어를 줄로 이어라.

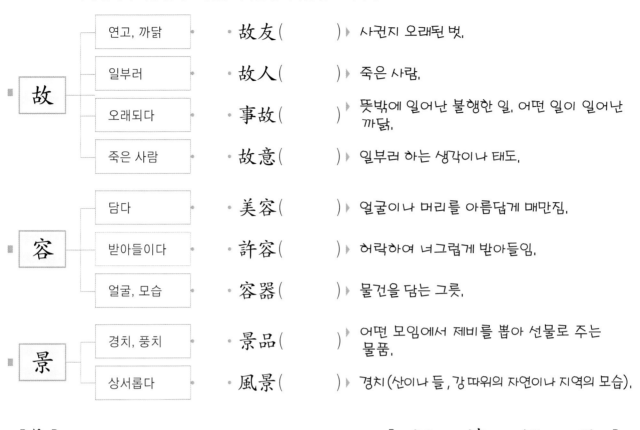

故	
연고, 까닭	·故友( ) ▶ 사귄지 오래된 벗.
일부러	·故人( ) ▶ 죽은 사람.
오래되다	·事故( ) ▶ 뜻밖에 일어난 불행한 일, 어떤 일이 일어난 까닭.
죽은 사람	·故意( ) ▶ 일부러 하는 생각이나 태도.

容	
담다	·美容( ) ▶ 얼굴이나 머리를 아름답게 매만짐.
받아들이다	·許容( ) ▶ 허락하여 너그럽게 받아들임.
얼굴, 모습	·容器( ) ▶ 물건을 담는 그릇.

景	
경치, 풍치	·景品( ) ▶ 어떤 모임에서 제비를 뽑아 선물로 주는 물품.
상서롭다	·風景( ) ▶ 경치(산이나 들, 강 따위의 자연이나 지역의 모습).

■ [眞]과 상대되는 뜻을 지닌 한자에 ○표 하여라. ⇨ [疑 · 違 · 假 · 暇]

■ [固]과 비슷한 뜻을 지닌 한자에 모두 ○표 하여라. ⇨ [確 · 石 · 堅 · 重]

■ 아래의 뜻을 지닌 한자성어가 되도록 ( ) 안에 한자를 써 넣고 완성된 성어의 독음을 적어라.

▶ 꼼꼼이 마음을 써서 일에 빈틈이 없다.　⇨ ( )意周到 | |

▶ 묻지 아니하여도 알 수 있음.　⇨ 不問( )知 | |

▶ 쓴 것이 다하면 단 것이 온다는 뜻으로, 고생 끝에 즐거움이 옴을 이르는 말.　⇨ 苦( )甘來 | |

▶ 깊이 잘 생각함.　⇨ 深思熟( ) | |

▶ 분에 넘치는 듯싶어 매우 고맙게 여기는 모양.　⇨ ( )之德之 | |

▶ 귀가 솔깃하도록 남의 비위를 맞추거나 이로운 조건을 내세워 꾀는 말.　⇨ 甘言( )說 | |

· 고우. 고인. 사고. 고의 · 미용. 허용. 용기 · 경품. 풍경 / 用 · 可 · 盡 · 考 · 感 · 利

어휘력 다지기

■ 공부한 한자로 이루어진 한자어를 익혀 어휘력을 다지자.
■ 글 속 한자어의 음을 적고, 그 뜻과 줄로 있고, 쓰임을 익히자.

■ 마을 뒷산에 山城 [   ] 이 남아있어요. • • 바깥벽(건물 바깥쪽을 둘러싸고 있는 벽),

■ 시멘트 벽면을 壁畵 [   ] 로 장식하였다. • • 어떤 단체나 사회에서 중심이 되는 사람,

■ 건물 外壁 [   ] 에 페인트 칠을 하여라. • • 산 위에 쌓은 성,

■ 그는 이제 회사의 中堅 [   ] 사원이다. • • 건물이나 동굴, 무덤 따위의 벽에 그린 그림,

■ 우리나라 固有 [   ] 의 옷인 한복의 멋. • • 한 곳에 꼭 붙어 있거나 붙어 있게 함,

■ 못을 박아서 固定 [   ] 시켜 놓아라. • • 본래부터 가지고 있는 특유한 것,

■ 永生 [   ] 을 바라다고? 불가능하지. • • 뭍에서 멀리 떨어진 큰 바다,

■ 꿈을 遠大 [   ] 하게 가지도록 하여라. • • 관련성이 없이 서로 다름,

■ 遠洋 [   ] 어업으로 잡아온 참치란다. • • 영원한 생명, 또는 영원히 삶,

■ 그것과 이것은 別個 [   ] 의 문제야. • • 계획이나 희망 따위의 장래성과 규모가 큼,

■ 오늘은 特別 [   ] 한 날, 내 생일이야. • • 죄나 잘못을 따져 묻거나 심문함,

■ 作別 [   ] 을 아쉬워 하면서 헤어졌다네. • • 보통과 구별되게 다름,

■ 경찰서에 끌려가 問招 [   ] 를 받았다. • • 남에게 돈이나 물건 따위를 달라고 요구함,

■ 보험 회사에 보험금을 請求 [   ] 하였다. • • 인사를 나누고 헤어짐, 또는 그 인사,

■ 그가 노래를 하겠다고 自請 [   ] 하였어. • • 허락하지 아니함, 또는 허용하지 아니함,

■ 운동장 사용 신청을 不許 [   ] 하였다. • • 어떤 일에 나서기를 스스로 청함,

■ 남은 재료는 이 容器 [   ] 에 담아두어라. • • 얼굴이나 머리를 아름답게 매만짐,

■ 여중생 또래는 美容 [   ] 에 관심이 많다. • • 점점 줄어들어 다 없어짐, 또는 다 써서 없앰,

■ 그 일은 아직 未盡 [   ] 한 상태로 있어. • • 물건을 담는 그릇,

■ 멀리 달려가느라 힘이 消盡 [   ] 되었어. • • 아직 다하지 못함,

■ 동생은 컴퓨터 사용이 未熟 [   ] 하단다. • • 일 따위에 익숙하지 못하여 서투름,

· 산성 · 벽화 · 외벽 · 중견 · 고유 · 고정 · 영생 · 원대 · 원양 · 별개 · 특별 · 작별 · 문초 · 청구 · 자청 · 불허 · 용기 · 미용 · 미진 · 소진 · 미숙

■ 한자어가 되도록 □ 안에 공통으로 넣을 한자를 보기에서 찾아 □ 안에 쓰고, 그 한자어의 뜻을 생각하며 음을 적어라.

□ ⇨	城□	□畫	□面		□ ⇨	確□	堅□	□定
□ ⇨	□人	□別	□性		□ ⇨	□大	□景	□洋
□ ⇨	□來	□請	自□		□ ⇨	□容	□可	特□

보기

招 · 許 · 請 · 城 · 固 · 永 · 容 · 堅 · 個 · 遠 · 壁 · 別 · 條

■ 아래의 뜻을 지닌 한자어가 되도록 위의 보기에서 알맞은 한자를 찾아 □ 안에 써 넣어라.

▶ 성곽의 문.

▷ 커다란 □門 안으로 급히 들어섰다.

▶ 생각이나 태도 따위가 믿음직스럽게 굳고 착실하다.

▷ 그의 □實 함이 성공의 밑거름이다.

▶ 어떤 상태가 끝없이 이어짐, 또는 시간을 초월하여 변하지 아니함.

▷ 그것은 □遠 한 비밀이 되어버렸다.

▶ 특별히 좋은 맛, 또는 그 맛을 지닌 음식.

▷ 살얼음이 뜬 동치미는 겨울의 □味.

▶ 일정한 일을 결정하기에 앞서 내놓는 요구나 견해.

▷ 그는 아무런 □件 없이 나를 도왔다.

▶ 결혼하기를 청함.

▷ 그녀는 그의 □婚 을 받아들였다.

▶ 어떠한 것을 받아들임.

▷ 무리한 요구는 受□ 하지 않겠다.

· 성벽 · 벽화 · 벽면 · 확고 · 견고 · 고정 · 개인 · 개별 · 개성 · 원대 · 원경 · 원양 · 초래 · 초청 · 자초 · 허용 · 허가 · 특허 / · 성문 · 견실 · 영원 · 별미 · 조건 · 청혼 · 수용

되새기기

한자의 음과 훈을 되새기며 필순에 따라 바르게 써 보자.

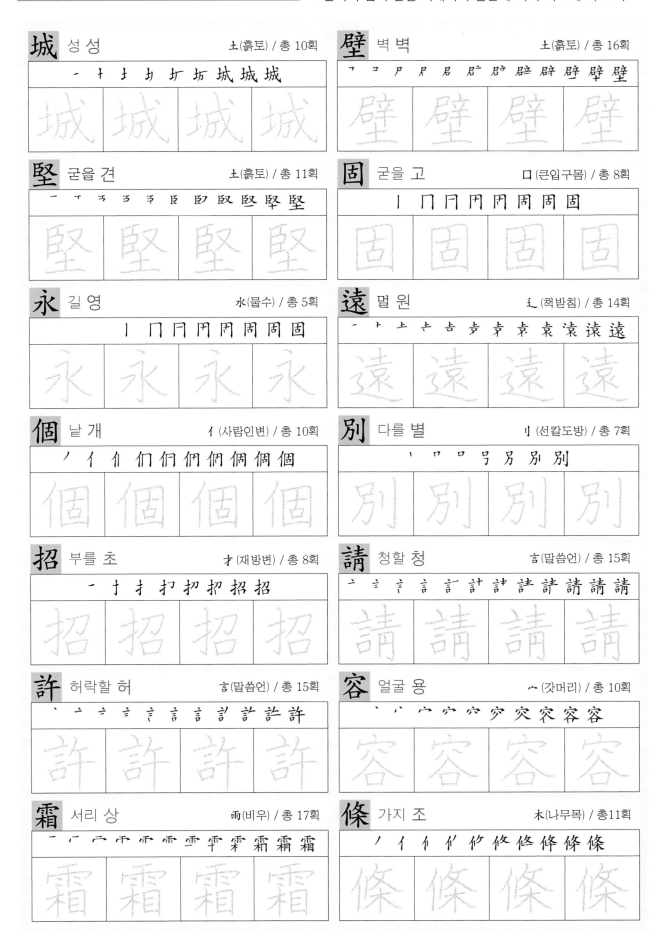

城 성 성   土(흙토) / 총 10획

一 十 土 圹 圹 圻 城 城 城

壁 벽 벽   土(흙토) / 총 16획

一 コ コ 尸 尸 辟 辟 辟 辟 辟 辟 壁 壁

堅 굳을 견   土(흙토) / 총 11획

一 一 一 区 区 区 臣 臤 臤 堅 堅

固 굳을 고   口(큰입구몸) / 총 8획

丨 冂 冃 円 円 固 固 固

永 길 영   水(물수) / 총 5획

丨 冂 冃 円 円 固 固 固

遠 멀 원   辶(책받침) / 총 14획

一 十 土 土 告 声 克 幸 袁 袁 遠 遠

個 낱 개   亻(사람인변) / 총 10획

丿 亻 亻 们 们 們 們 個 個 個

別 다를 별   刂(선칼도방) / 총 7획

丶 丶 口 口 号 另 別 別

招 부를 초   扌(재방변) / 총 8획

一 十 扌 打 扣 扣 招 招

請 청할 청   言(말씀언) / 총 15획

亠 亠 言 言 言 計 計 請 請 請 請 請

許 허락할 허   言(말씀언) / 총 15획

丶 二 三 言 言 言 言 計 許 許 許

容 얼굴 용   宀(갓머리) / 총 10획

丶 宀 宀 宀 灾 灾 突 突 容 容

霜 서리 상   雨(비우) / 총 17획

一 一 戸 戸 雨 雨 雪 雪 霜 霜 霜 霜

條 가지 조   木(나무목) / 총11획

丿 亻 亻 亻 伙 攸 攸 攸 條 條

■ 공부할 한자의 모양을 살펴보며 음과 훈을 알아보자,

묶음 4-9

음 ■ 한자를 읽는 소리
아래 한자의 음을 찾아 적고 소리내어 읽어 보자.

- 바탕색과 글자색이 같은 것을 찾아 보자 -

液 □ 溶 □ 河 □ 久 □

持 □ 凍 □ 忍 □ 冷 □

氷 □ 耐 □ 殘 □ 酷 □

구 인 냉 액 용 하
혹 잔 동 지 빙 내

훈 ■ 한자의 뜻 새김
한자의 음을 적고 훈과 함께 외어 보자.

氷 얼음	河 물	冷 찰	凍 얼
溶 녹을	液 진	殘 잔인할	酷 심할
忍 참을	耐 견딜	持 가질	久 오랠

알아보기

■ 한자어와 한자어를 이루는 개별 한자의 뜻을 알아보자.
■ 아래 한자어의 음을 적고 그 뜻을 생각하며 글을 읽어 보자.
■ 공부할 한자의 뜻을 알아보고 필순에 따라 바르게 써 보자.

氷河 [　　　] ▶ 육상에 퇴적한 거대한 얼음 덩어리가 중력에 의하여 강처럼 흐르는 것.

「 남극을 덮고 있는 氷河의 얼음은 단순한 얼음이 아니라, 地球의 환경에 관한 秘密을 간직한 좋은 연구 材料이다. 그 얼음 속에 들어 있는 空氣는 지금 우리가 숨쉬고 있는 空氣가 아니라, 그 얼음이 만들어질 때의 空氣이며 그때의 기후와 화산 활동을 보여 주고 있다. 그래서 세계 여러 나라의 과학자들은 남극에서도 가장 기온이 낮은 보스토크 基地에서 약 16만 년 전까지의 얼음을 캐내어 당시의 환경을 밝혀 내고 있다. 」

• 地球(지구) • 秘密(비밀) • 材料(재료) • 空氣(공기) • 基地(기지)
* 간직하다: 물건 따위를 어떤 장소에 잘 간수하여 두다. * 당시: 일이 있었던 바로 그때. 또는 이야기하고 있는 그 시기.

冫은 물위에 떠 있는 두 개의 얼음덩이를 나타낸다. 나중에 '물'을 뜻하는 巛⋯水(수)를 결합하였다. 다른 글자의 부분이 될 때에는 冫로 쓴다. 물이 얼어서 된 〈얼음〉을 의미한다.

[새김] ■ 얼음 ■ 얼다 ■ 차다

丨 刁 氺 氷 氷			
氷	氷	氷	氷
氷	氷	氷	氷

𣲥는 '흐르는 물'을 뜻하는 𣲏⋯氵(수)와 '가히', '과연'을 뜻하는 丁⋯可(가)로 이루어졌다. 중국 제 2의 큰 물인 '황하'를 가리키는 것인데, 나중에 넓고 길게 흐르는 〈큰 물줄기〉를 의미하게 되었다.

[새김] ■ 물 ■ 황하 ■ 내, 강

丶 丶 氵 氵 沪 沪 河 河			
河	河	河	河
河	河	河	河

■ 한자의 뜻을 새기고 그 한자로 이루어진 한자어를 익히자.

■ 한자의 뜻을 연결하여 한자어의 뜻을 생각해 보자.
■ 한자어의 뜻을 알고 예문을 통해 그 쓰임을 익히자.

| 氷 | 얼음
빙 | ▪ 얼음
▪ 얼다
▪ 차다 | 河 | 물
하 | ▪ 물
▪ 황하
▪ 내, 강 |

― 흐리게 나타난 한자어 위에 겹쳐서 쓰고 음을 적어라 ―

| 板 | 널빤지
판 | ▪ 널빤지
▪ 판목
▪ 판 |

얼음   판   ▶ 얼음이 깔린 길바닥,

▷ 사람들이 밟고 지나간 눈길이 氷板이 되어 매우 미끄럽다.

| 結 | 맺을
결 | ▪ 맺다 ▪ 묶다
▪ 매듭짓다
▪ 엉기다 |

맺음   얼음을   ▶ 물이 얾,

▷ 추운 날씨에 어제 내린 눈으로 도로에는 結氷 구간이 많다.

| 口 | 입
구 | ▪ 입 ▪ 구멍
▪ 어귀
▪ 말하다 |

강물의   어귀   ▶ 강물이 바다로 들어가는 어귀,

▷ 금강 河口에는 매년 수많은 철새들이 날아온다

| 川 | 내
천 | ▪ 내
▪ 강
▪ 느릿한 모양 |

강과   내   ▶ 강과 시내를 아울러 이르는 말,

▷ 이 지역의 河川은 지금도 맑은 물이 흐르고 여러 종류의 물고기들이 살고 있다.

한 글자 더

| 液 | 진
액 | ▪ 진, 진액
▪ 유동체의 총칭
▪ 겨드랑이 |

☆ 유동체의 총칭.

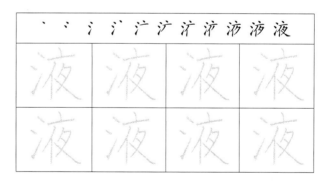

`丶 丶 氵 氵 汒 汒 汴 浐 液 液 液`

| 體 | 몸
체 | ▪ 몸, 몸체
▪ 물체
▪ 형체 |

유동체인   물질   ▶ 일정한 부피는 가졌으나 형태를 가지지 못한 물질,

▷ 순수한 물은 무색 투명한 液體이다.

| 血 | 피
혈 | ▪ 피
▪ 근친
▪ 빨간색 |

피   몸의 진액인 ▶ 피,

▷ 血液 검사를 하기 위해 팔뚝 혈관에서 피를 뽑았다.

■ 한자어와 한자어를 이루는 개별 한자의 뜻을 알아보자.
■ 아래 한자어의 음을 적고 그 뜻을 생각하며 글을 읽어 보자.
■ 공부할 한자의 뜻을 알아보고 필순에 따라 바르게 써 보자.

冷凍 [　　] ▶ 냉각시켜서 얼림.

「 어머니께서 얼린 生鮮 한 마리를 사 오셨습니다.

"엄마, 이거 생태지요?"

"아니야, 생태는 말리거나 얼리지 않은 고기지.

이렇게 冷凍한 건 동태라고 한단다."

"동태라고요?"

"그래. 명태는 여러 가지 이름으로

불린단다. 말린 명태는 북어라고 부르지."

나는 명태가 여러 가지 이름으로

불린다는 事實이 신기하였습니다. 그래서

명태에 對하여 자세히 알아보았습니다. 」

• 生鮮(생선) • 事實(사실) • 對(대)

冷은 '얼음'을 뜻하는 冫(빙)＝氷과 '하여금', '부리다'는 뜻인 令(령)을 결합한 것이다.　얼음으로 하여금 〈차가워지게 함〉을 의미한다.

[새김] ▪차다 ▪식히다 ▪쓸쓸하다

`	⅞	⅞	八	氵	冷	冷
冷	冷	冷	冷			
冷	冷	冷	冷			

凍은 '얼다'는 뜻인 冫(빙)＝氷과 꾸려서 묶어 놓은 짐 보따리의 모습인 東(동)을 결합한 것이다.　꾸려 놓은 짐 뭉치 처럼 한 덩어리로 〈얼어붙음〉을 의미한다.

[새김] ▪얼다 ▪춥다 ▪얼음

`	氵	沪	沪	沔	沔	沔	沖	凍	凍
凍	凍	凍	凍						
凍	凍	凍	凍						

새기고 익히기

■ 한자의 뜻을 새기고 그 한자로 이루어진 한자어를 익히자.

■ 한자의 뜻을 연결하여 한자어의 뜻을 생각해 보자.
■ 한자어의 뜻을 알고 예문을 통해 그 쓰임을 익히자.

冷 찰 냉
■ 차다
■ 식히다
■ 쓸쓸하다

凍 얼 동
■ 얼다
■ 춥다
■ 얼음

― 흐리게 나타난 한자어 위에 겹쳐서 쓰고 음을 적어라 ―

房 방 방
■ 방
■ 곁방
■ 집

冷房
차가운　방 ▶ 실내 온도를 낮게 유지하는 일. 불을 피우지 않아 차게 된 방.

▷ 내 방은 冷房 시설이 없어서 더웠다.
▷ 겨울에도 난방을 못 해 冷房에서 지냈다.

情 뜻 정
■ 뜻 정
■ 마음의 작용
■ 정취

冷情
차갑다　마음이 ▶ 태도가 정다운 맛이 없고 차갑다.

▷ 그는 도와 달라는 친구의 부탁을 冷情히 거절하였다.

結 맺을 결
■ 맺다　■ 묶다
■ 매듭짓다
■ 엉기다

凍結
얼어서　엉겨붙음 ▶ 추위나 냉각으로 얼어붙음. 사업, 계획 활동 따위가 중단됨.

▷ 강추위로 냇물이 凍結되었다.
▷ 대학 입학 정원을 凍結하기로 하였다.

死 죽을 사
■ 죽다
■ 목숨 걸다
■ 활동력 없다

凍死
얼어　죽음 ▶ 얼어 죽음.

▷ 축사의 난방 시설이 고장나서 가축들이 凍死하였다.

한 글자 더

溶 녹을 용
■ 녹다
■ 질펀히 흐르다
■ 성한 모양

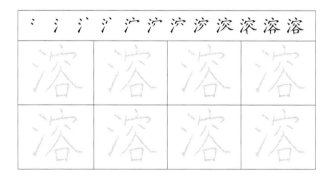
丶 氵 氵 氵 沪 沪 沪 沙 浓 浓 溶 溶

液 진 액
■ 진, 진액
■ 유동체의 총칭
■ 겨드랑이

溶液
녹아든　액체 ▶ 어떤 물질이 다른 물질에 녹아서 혼합된 액체.

▷ 과학 시간에 황산구리 溶液으로 실험을 하였다.

解 풀 해
■ 풀다
■ 가르다
■ 이해하다

溶解
녹음　풀어져 ▶ 녹거나 녹이는 일.

▷ 소금과 설탕은 물에 쉽게 溶解된다.

123

알아보기

殘酷 [ ] ▶ 잔인하고 혹독함.

「 사람의 잘 다듬어진 감정의 세계는 偉大한 藝術 작품을

탄생시키지만, 本能에 가까운 거친 감정의 세계는

사람을 동물과 다를 바 없게 만들기도 한다.

本能에만 지배될 때 사람은 동물과

다를 바 없이 貪慾스럽고

무분별하여 殘酷한 모습을

드러낸다. 폭넓은 감정을

가지고 있는 사람이 그 감정을

적절히 調節할 때, 그 사람은

더욱 사람다운 사람이 된다. 」

• 偉大(위대) • 藝術(예술) • 本能(본능) • 貪慾(탐욕): 지나치게 탐하는 욕심. • 調節(조절) * 적절히: 꼭 알맞게.
* 감정: 어떤 현상이나 일에 대하여 일어나는 마음이나 느끼는 기분. * 무분별: 분별(세상 물정에 대한 바른 생각이나 판단)이 없음.

戔은 창(﹅⋯戈) 두 개가 서로를 겨냥하고 있는 모습
이다. 나중에 '살 발린 뼈'를 뜻하는 歺(알)⋯歹을 결
합하였다. 서로 무기를 들고 상대방을(뼈만 남을 정도
로) 〈모질게 해침〉을 의미한다.

[새김] ▪잔인하다 ▪해치다 ▪남다

酷은 '술'을 뜻하는 酒(주)의 옛글자인 昌⋯酉(유)와
'하소연하다'는 뜻인 ﹅⋯告(고)를 결합한 것이다.
괴로움을 하소연 할 정도로 술이 〈독함〉을 의미한다.

[새김] ▪심하다 ▪독하다 ▪괴롭다

一	﹅	歹	歹	歺	殀	殘	殘	殘	殘	殘

殘	殘	殘	殘
殘	殘	殘	殘

一	厂	币	酉	酉	酉	酉'	酉⁻	酉⁺	酉⁺	酷

酷	酷	酷	酷
酷	酷	酷	酷

■ 한자의 뜻을 새기고 그 한자로 이루어진 한자어를 익히자.
　　■ 한자의 뜻을 연결하여 한자어의 뜻을 생각해 보자.
　　■ 한자어의 뜻을 알고 예문을 통해 그 쓰임을 익히자.

| 殘 | 잔인할 잔 | ▪ 잔인하다 ▪ 해치다 ▪ 남다 |
| 酷 | 심할 혹 | ▪ 심하다 ▪ 독하다 ▪ 괴롭다 |

― 흐리게 나타난 한자어 위에 겹쳐서 쓰고 음을 적어라 ―

| 惡 | 악할 악 | ▪ 악하다 ▪ 나쁘다 ▪ 미워하다(오) |

殘惡　□　▷ 살인범의 殘惡한 행위가 드러나자 많은 사람들이 분개했다.

잔인하고　악함　▶ 잔인하고 악함.

| 留 | 머무를 류 | ▪ 머무르다 ▪ 지체하다 ▪ 붙잡다 |

殘留　□　▷ 잎사귀 채소는 殘留 농약이 없어야 한다.

남아 있음　머물러　▶ 뒤에 처져 남아 있음.

| 毒 | 독 독 | ▪ 독 ▪ 독하다 ▪ 해치다 |

酷毒　□　▷ 올 겨울은 예년과 달리 酷毒한 강추위가 연일 계속되고 있다.

심하고　독하다　▶ 몹시 심하다. 성질이나 하는 짓이 몹시 모질고 독하다.

| 冷 | 찰 냉 | ▪ 차다 ▪ 식히다 ▪ 쓸쓸하다 |

冷酷　□　▷ 그의 계획은 출발점부터 冷酷한 현실에 부딪혀 좌초되는 듯했다.

차갑고　독하다　▶ 차갑고 혹독하다.

한 글자 더

| 持 | 가질 지 | ▪ 가지다 ▪ 지니다 ▪ 버티다 |

☆ 손에 쥐다. 몸에 지니다. 보존하다. 의지하다.

一 十 扌 扌 扩 扩 扙 持 持

持 持 持 持
持 持 持 持

| 堅 | 굳을 견 | ▪ 굳다 ▪ 굳세다 ▪ 단단하게 하다 |

堅持　□　▷ 나는 그 안건에 신중한 자세를 堅持하고 있다.

굳게　지님　▶ 어떤 견해나 입장 따위를 굳게 지니거나 지킴.

| 參 | 참여할 참 | ▪ 참여하다 ▪ 살피다 ▪ 뵙다 ▪ 셋(석 삼) |

持參　□　▷ 내일은 도시락을 持參하도록 하여라.

가지고서　참여함　▶ 무엇을 가지고서 모임 따위에 참여함.

알아보기

■ 한자어와 한자어를 이루는 개별 한자의 뜻을 알아보자.
━ 아래 한자어의 음을 적고 그 뜻을 생각하며 글을 읽어 보자.
━ 공부할 한자의 뜻을 알아보고 필순에 따라 바르게 써 보자.

忍耐 [　　　] ▶ 참고 견딤.

「 "이것을 먹어라. 마늘은 每日 한 쪽씩 먹어야 한다. 또, 神秘의 藥草인 쑥을 조금씩 먹으면서 굴 속에서 지내야 한다. 백일 동안 햇빛을 보지 않으면 소원대로 사람의 몸으로 바뀔 것이다."

곰과 호랑이는 쑥과 마늘을 받아들고, 굴 속으로 들어갔다. 性質이 急한 호랑이는 며칠 만에 굴 밖으로 나가고 말았다. 그러나 곰은 환웅이 한 말을 잘 지키고 忍耐하여 마침내 아름다운 여자의 몸으로 탈바꿈하였다. 」

• 每日(매일) • 神秘(신비) • 藥草(약초) • 性質(성질) • 急(급).
＊소원: 어떤 일이 이루어지기를 바람. 또는 그런 일. ＊마침내: 드디어 마지막에는.

忍은 '칼날', '베다'는 뜻인 刃(인)과 '마음', '의지'를 뜻하는 心(심)을 결합한 것이다. 칼날에 베는 것과 같은 아픔을 의지로서 〈참고 견딤〉을 의미한다.

[새김] ▪ 참다 ▪ 인정이 없다 ▪ 잔인하다

ㄱ 刀 刃 忍 忍 忍 忍
忍	忍	忍	忍
忍	忍	忍	忍

耐는 '턱수염'을 뜻하는 而…而(이)와 그것을 깎는 '손'인 寸…寸(촌)을 결합한 것으로, '턱수염을 깎이는 형벌'을 나타낸다. 이는 치욕스런 일이지만 참고 견디어야 하는 데서, 〈견딤〉을 의미한다.

[새김] ▪ 견디다 ▪ 참다 ▪ 감당하다

一 丆 丆 丙 而 而 而 耐 耐
耐	耐	耐	耐
耐	耐	耐	耐

새기고 익히기

■ 한자의 뜻을 새기고 그 한자로 이루어진 한자어를 익히자.
■ 한자의 뜻을 연결하여 한자어의 뜻을 생각해 보자.
■ 한자어의 뜻을 알고 예문을 통해 그 쓰임을 익히자.

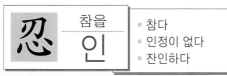
忍 참을 인
■ 참다
■ 인정이 없다
■ 잔인하다

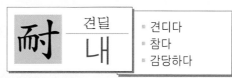
耐 견딜 내
■ 견디다
■ 참다
■ 감당하다

– 흐리게 나타난 한자어 위에 겹쳐서 쓰고 음을 적어라 –

苦 쓸 고
■ 쓰다
■ 괴롭다
■ 애쓰다

忍苦 [　]
참음　괴로움을 ▶ 괴로움을 참음.

▷ 그는 몹시 가난하여 忍苦의 세월을 보내야 했던 어린 시절을 가끔 이야기 한다.

殘 잔인할 잔
■ 잔인하다
■ 모질다
■ 남다

殘忍 [　]
모짐　인정이 없고 ▶ 인정이 없고 아주 모짐.

▷ 먹을 것과 땔 것이 부족한 사람들에게 그 해 겨울은 殘忍한 계절이 되었다.

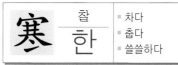
寒 찰 한
■ 차다
■ 춥다
■ 쓸쓸하다

耐寒 [　]
견딤　추위를 ▶ 추위를 견딤.

▷ 이 제품의 耐寒 온도는 얼마나 되느냐?

火 불 화
■ 불
■ 타다
■ 급하다

耐火 [　]
견딤　불에 ▶ 불에 타지 아니하고 잘 견딤.

▷ 귀중한 물품과 서류를 모두 耐火 금고에 보관하고 있다.

한 글자 더

久 오랠 구
■ 오래다
■ 기다리다
■ 막다

☆ 어느 한때에서 다른 한때까지 시간이 길다.

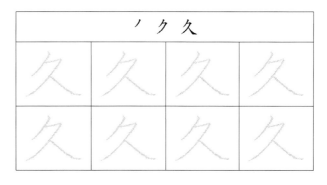

持 가질 지
■ 가지다
■ 지니다
■ 버티다

持久 [　]
버팀　오래 ▶ 오랫동안 버티어 견딤.

▷ 인내와 持久 만이 지금의 이 어려움을 이겨내는 길이다.

永 길 영
■ 길다
■ 오래다
■ 오래도록

永久 [　]
오래　오래 ▶ 어떤 상태가 시간상으로 무한히 이어짐.

▷ 그 사건의 기록을 永久히 보존하기로 결정했다.

127

어휘력 다지기

■ 겨울철 氷壁 [   ] 등반을 하는 산악인들. • • 빙산의 벽, 얼음벽, 얼음이나 눈에 덮인 낭떠러지,

■ 시원한 팥 氷水 [   ] 가 먹고싶네. • • 강물이 바다로 흘러 들어가는 어귀,

■ 금강 河口 [   ] 로 철새 탐방을 거려고. • • 찬물(차가운 물),

■ 폭우로 河床 [   ] 도로가 물에 잠겼어. • • 얼음냉수,

■ 갈증이 나서 冷水 [   ] 를 흠뻑 마셨다. • • 하천의 바닥,

■ 冷笑 [   ] 섞인 비난을 견디기 어려웠다. • • 농작물 따위가 추위로 입는 피해,

■ 냉동실에서 고기를 꺼내 解凍 [   ] 해라. • • 쌀쌀한 태도로 비웃음, 또는 그런 웃음,

■ 갑작스런 한파로 凍害 [   ] 를 입었다. • • 얼었던 것이 녹아서 풀림,

■ 우유에 포도 原液 [   ] 을 타서 마셨다. • • 인정이 없고 아주 모짐,

■ 고로쇠 나무의 樹液 [   ] 을 받아 마신다. • • 가공하거나 묽게 하지 아니한 본디의 액체,

■ 그 범인의 수법은 매우 殘忍 [   ] 하였다. • • 땅속에서 나무의 줄기를 통하여 잎으로 올라가는 액,

■ 은행 대출금의 殘金 [   ] 을 모두 상환. • • 몹시 심한 추위,

■ 유래 없는 酷寒 [   ] 과 폭설이었어요. • • 혹독하게 일을 시킴,

■ 그는 노예처럼 酷使 [   ] 당하고 있었지. • • 쓰고 남은 돈, 못다 갚고 남은 돈,

■ 耐性 [   ] 이 생겨서 약이 잘 듣지 않네. • • 가지고 있는 일, 또는 그런 물건,

■ 타 제품보다 耐久 [   ] 성이 좋은 제품. • • 오랫동안 잘 낫지 아니하는 병,

■ 나는 현금 만원을 所持 [   ] 하고 있었어. • • 약물의 반복 복용에 의해 약효가 저하하는 현상,

■ 그는 持病 [   ] 으로 고생하고 있단다. • • 오래 견딤,

■ 長久 [   ] 한 역사를 지닌 우리 민족. • • 바람과 서리를 아울러 이르는 말,

■ 모진 風霜 [   ] 에도 꿋꿋한 푸른 소나무. • • 매우 길고 오램,

■ 유리한 條件 [   ] 으로 계약을 했어요. • • 일정한 일을 결정하기에 앞서 내놓는 요구나 견해,

·빙벽 ·빙수 ·하구 ·하상 ·냉수 ·냉소 ·해동 ·동해 ·원액 ·수액 ·잔인 ·진금 ·혹한 ·혹사 ·내성 ·내구 ·소지 ·지병 ·장구 ·풍상 ·조건

■ 한자어가 되도록 □ 안에 공통으로 넣을 한자를 보기에서 찾아 □ 안에 쓰고, 그 한자어의 뜻을 생각하며 음을 적어라.

	⇨	運□	□川	□口
	⇨	原□	□體	血□
	⇨	□耐	□苦	殘□

	⇨	冷□	□結	解□
	⇨	□餘	□留	□惡
	⇨	永□	長□	耐□

보기

液 · 持 · 氷 · 霜 · 溶 · 凍 · 耐 · 殘 · 忍 · 河 · 久 · 冷 · 酷

■ 아래의 뜻을 지닌 한자어가 되도록 위의 보기에서 알맞은 한자를 찾아 □ 안에 써 넣어라.

▶ 얼어붙은 바다, 또는 얼음으로 뒤덮인 바다.

▷ □海에 뱃길을 내는 쇄빙선이야.

▶ 실내의 온도를 낮춰 차게 하는 일.

▷ 날이 더워서 □房을 해야겠구나.

▶ 녹거나 녹이는 일.

▷ 설탕은 찬물에도 잘 □解된다.

▶ 바람과 서리를 아울러 이르는 말. 많이 겪은 세상의 어려움과 고생을 비유적으로 이르는 말.

▷ 온갖 風□을 다 겪고 살아왔단다.

▶ 잔인하고 혹독함.

▷ 그들은 殘□하게 고문을 하였다.

▶ 약물의 반복 복용에 의해 약효가 저하하는 현상.

▷ 이 약은 오래 쓰면 □性이 생긴다.

▶ 어떤 사람이나 단체 따위의 주의, 정책, 견해 따위에 찬동하여 이를 위하여 힘을 씀. 또는 그 원조.

▷ 나는 그의 뜻을 적극 支□하였다.

· 운하. 하천. 하구 · 냉동. 동결. 해동 · 원액. 액체. 혈액 · 잔여. 잔유. 잔악 · 인내. 인고. 잔인 · 영구. 장구. 내구 / · 빙해 · 냉방 · 용해 · 풍상 · 잔혹 · 내성 · 지지

129

■ 한자의 음과 훈을 되새기며 필순에 따라 바르게 써 보자.

氷 얼음 빙	水(물수)/총 5획

丿 刁 刁 氷 氷

氷 氷 氷 氷

河 물 하	氵(삼수변)/총 8획

丶 丶 氵 汀 沪 河 河

河 河 河 河

冷 찰 랭. 냉	冫(이수변)/총 7획

丶 丶 冫 㳠 冷 冷 冷

冷 冷 冷 冷

凍 얼 동	冫(이수변)/총 10획

丶 丶 冫 冫 冷 冻 冻 冻 凍 凍

凍 凍 凍 凍

溶 녹을 용	氵(삼수변)/총 13획

丶 氵 氵 氵 沪 沪 沪 浐 浐 浓 溶 溶

溶 溶 溶 溶

液 진 액	氵(삼수변)/총 11획

丶 丶 氵 氵 汸 汸 浐 浐 液 液 液

液 液 液 液

殘 잔인할 잔	歹(죽을사변)/총 12획

一 丆 歹 歹 歹 残 残 残 残 殘 殘 殘

殘 殘 殘 殘

酷 심할 혹	酉(닭유)/총 14획

一 丆 币 西 西 酉 酉 酷 酷 酷 酷 酷

酷 酷 酷 酷

忍 참을 인	心(마음심)/총 7획

丁 刀 刃 刃 忍 忍 忍

忍 忍 忍 忍

耐 견딜 내	而(말이을이)/총 9획

一 丆 丆 币 而 而 耐 耐

耐 耐 耐 耐

持 가질 지	扌(재방변)/총 9획

一 十 扌 扌 扩 挂 挂 持 持

持 持 持 持

久 오랠 구	丿(삐침별)/총 3획

丿 勺 久

久 久 久 久

霜 서리 상	雨(비우)/총 17획

一 一 戸 币 雨 雷 雷 霏 霜 霜 霜

霜 霜 霜 霜

條 가지 조	木(나무목)/총 11획

丿 亻 亻 亻 伩 攸 攸 條 條 條

條 條 條 條

■ 공부할 한자의 모양을 살펴보며 음과 훈을 알아보자,

묶음 4-10

음 ■ 한자를 읽는 소리
아래 한자의 음을 찾아 적고 소리내어 읽어 보자.

– 바탕색과 글자색이 같은 것을 찾아 보자 –

훈 ■ 한자의 뜻 새김
한자의 음을 적고 훈과 함께 외어 보자.

緊	긴할	張	베풀	納	들일	稅	세금
執	잡을	務	힘쓸	守	지킬	護	보호할
妙	묘할	策	꾀	奇	기이할	怪	괴이할

알아보기

■ 한자어와 한자어를 이루는 개별 한자의 뜻을 알아보자.
■ 아래 한자어의 음을 적고 그 뜻을 생각하며 글을 읽어 보자.
■ 공부할 한자의 뜻을 알아보고 필순에 따라 바르게 써 보자.

緊張 [   ]

▶ 팽팽하게 캥기어 느슨하지 않음.

「 生活을 하다 보면, 다른 사람들 앞에서 말을 해야 하는 경우가 있다. 이런 경우를 만나게 되면 누구나 緊張 을 하게 된다. 이런 때에는 그 모임의 성격을 잘 생각하고, 이야기를 듣는 사람들이 누구인가를 考慮하여, 말하기의 順序와 말하고자 하는 내용을 메모하여 말하면, 즉흥적으로 말할 때보다는 훨씬 더 條理 있게 말할 수 있다. 」

• 生活(생활) • 考慮(고려) • 順序(순서). • 條理(조리): 말이나 글 또는 일이나 행동에서 앞뒤가 들어맞고 체계가 서는 갈피.
* 즉흥적: 그 자리에서 일어나는 감흥이나 기분에 따라 하는 것. # 감흥: 마음속 깊이 감동받아 일어나는 흥취.

緊은 '굳게 잡다'는 뜻인 臤(견)과 '실', '줄'을 뜻하는 糸(사)를 결합한 것이다. 굳게 얽어맨 줄이 〈팽팽함〉을 의미한다.

[새김] ▪긴하다 ▪팽팽하다 ▪굳게 얽다

一	丨	三	三	三	臣	臤	臤	臤	堅	緊	緊
緊		緊		緊		緊					
緊		緊		緊		緊					

張은 '활'을 뜻하는 ꓕ…弓(궁)과 '길다'는 뜻인 ꓕ…長(장)을 결합한 것이다. 활의 탄력을 보존시키기 위해 부려 두었던 시위를 넓게 편 활대에 〈베풂(얹음)〉을 의미한다.

[새김] ▪베풀다 ▪넓히다 ▪드러내다

ꓹ	ꓸ	弓	引	引	引	张	张	張	張	張
張		張		張		張				
張		張		張		張				

132

새기고 익히기

■ 한자의 뜻을 새기고 그 한자로 이루어진 한자어를 익히자.
■ 한자의 뜻을 연결하여 한자어의 뜻을 생각해 보자.
■ 한자어의 뜻을 알고 예문을 통해 그 쓰임을 익히자.

緊	긴할 긴	▪ 긴하다 ▪ 팽팽하다 ▪ 굵게 얽다

張	베풀 장	▪ 베풀다 ▪ 넓히다 ▪ 드러내다

- 흐리게 나타난 한자어 위에 겹쳐서 쓰고 음을 적어라 -

急	급할 급	▪ 급하다 ▪ 긴요하다 ▪ 빠르다

緊急 [   ]
긴하고 / 급함 ▶ 긴요하고 급함.

▷ 대형 산불로 인근 주민들은 緊急히 대피하였다.

密	빽빽할 밀	▪ 빽빽하다 ▪ 가깝다 ▪ 빈틈없다 ▪ 몰래

緊密 [   ]
긴하고 / 가깝다 ▶ 서로의 관계가 매우 가까워 빈틈이 없다.

▷ 그 두 나라는 경제적으로 緊密한 관계를 유지하고 있다.

主	주인 주	▪ 주인 ▪ 자신 ▪ 우두머리 ▪ 주되다

主張 [   ]
자신의 의견을 / 드러냄 ▶ 자기의 의견이나 주의를 굳게 내세움. 또는 그 의견이나 주장.

▷ 그는 자기의 主張을 끝까지 고수하였다.

擴	넓힐 확	▪ 넓히다 ▪ 확대하다 ▪ 늘리다

擴張 [   ]
늘려서 / 넓힘 ▶ 범위, 규모, 세력 따위를 늘려서 넓힘.

▷ 우리 동네로 들어가는 길을 2차선에서 4차선으로 擴張 공사 중이다.

한 글자 더

執	잡을 집	▪ 잡다 ▪ 가지다 ▪ 처리하다

☆ 손으로 잡아 쥐다. 잡아 두다.
권리, 세력 등을 차지하여 가지다.

一 十 土 ナ 坴 坴 坴 幸 刲 執 執

執 執 執 執
執 執 執 執

權	권세 권	▪ 권세, 권력 ▪ 권한 ▪ 권리

執權 [   ]
잡음 / 권력을 ▶ 권세나 권력을 잡음.

▷ 야당은 차기 執權을 노리고 집권 여당에 대한 공세를 멈추지 않았다.

着	붙을 착	▪ 붙다 ▪ 입다 ▪ 시작하다 ▪ 나타나다(저)

執着 [   ]
잡고서 / 붙어 있음 ▶ 어떤 것에 늘 마음이 쏠려 잊지 못하고 매달림.

▷ 그는 재물에 대한 執着이 유난히 강하다.

133

알아보기

■ 한자어와 한자어를 이루는 개별 한자의 뜻을 알아보자.
■ 아래 한자어의 음을 적고 그 뜻을 생각하며 글을 읽어 보자.
■ 공부할 한자의 뜻을 알아보고 필순에 따라 바르게 써 보자.

納稅 [　　　] ▶ 국가에 조세를 납부함.

「 국가에 대한 국민의 의무에 納稅의 의무가 있다.

개인이나 가정이 돈이 必要한 것처럼 나라도 돈이 必要하다.

가난한 사람을 도와 주고, 學校를 세우고, 道路를 만들고

하려면 많은 돈이 있어야 한다. 그런데

이러한 돈은 국민의 稅金으로

充當되는 것이기 때문에,

국민이 稅金을 내지 않으면

나라는 유지될 수가 없다. 」

• 必要(필요) • 學校(학교) • 道路(도로) • 稅金(세금) • 充當(충당): 모자라는 것을 채워 메움.
* 의무: 일정한 사람에게 부과되어 반드시 실행해야 하는 일. 사람으로서 마땅히 하여야 할 일. 곧 맡은 직분.

納 納

納은 '실', '피륙'을 뜻하는 糸(사)와 '안으로 들이다'는 뜻인 內(내)를 결합한 것이다. 옛날에는 병역이나 부역을 면제하여 주는 대신으로 실로 짠 피륙을 받아들였다. 〈받아들임〉을 의미한다.

[새김] ▪ 들이다 ▪ 바치다 ▪ 넣어 두다

´	´	ㄠ	乡	牟	糸	糸	糺	納	納
納	納	納	納						
納	納	納	納						

稅 稅

稅는 '곡식'을 뜻하는 禾(화)와 '바꾸다'는 뜻인 兌(태)를 결합한 것이다.   옛날에 백성이 부담하는 조세를 곡식으로 바꾸어 내도록 하였는데, 이처럼 곡식으로 바꾸어서 징수하는 〈조세(세금)〉를 의미한다.

[새김] ▪ 세금, 조세 ▪ 징수하다 ▪ 세내다

´	二	千	禾	禾	禾	秒	秒	稅	稅	秒	稅
稅	稅	稅	稅								
稅	稅	稅	稅								

■ 한자의 뜻을 새기고 그 한자로 이루어진 한자어를 익히자.
■ 한자의 뜻을 연결하여 한자어의 뜻을 생각해 보자.
■ 한자어의 뜻을 알고 예문을 통해 그 쓰임을 익히자.

| 納 들일 납 | ■ 들이다
■ 바치다
■ 넣어 두다 | 稅 세금 세 | ■ 세금, 조세
■ 징수하다
■ 세내다 |

- 흐리게 나타난 한자어 위에 겹쳐서 쓰고 음을 적어라 -

| 付 줄 부 | ■ 주다
■ 맡기다
■ 붙이다 |

納付 　　
바치어　주다 ▶ 세금이나 공과금 따위를 관계 기관에 냄.

▷ 각종 세금은 기한 내에 納付하지 않으면 연체료가 붙는다.

| 未 아닐 미 | ■ 아니다
■ 아직 ~하지 못하다 |

未納 　　
못함　바치지 ▶ 내야 할 것을 아직 내지 않았거나 내지 못함.

▷ 전기 사용료가 여러 달 未納되면 전기 공급이 중단된다.

| 金 쇠 금 | ■ 쇠, 쇠붙이
■ 금 ■ 돈
■ 귀하다 |

稅金 　　
조세로 내는　돈 ▶ 조세로 바치는 돈.

▷ 공산품 값에는 稅金이 포함되어 있다.

| 關 관계할 관 | ■ 관계하다
■ 관문
■ 빗장 ■ 매듭 |

關稅 　　
관문을 통과하는　세 ▶ 세관을 통과하는 화물에 대하여 부과되는 조세.

▷ 자국의 산업을 보호하기 위해 수입품에 關稅를 부과한다.

한 글자 더

| 務 힘쓸 무 | ■ 힘쓰다
■ 일
■ 직무, 업무 |

☆ 본분을 지켜 마땅히 힘써서 해야 할 일.

| ⼂ | ⺝ | ⽊ | 予 | 矛 | 矛 | 矛 | 矜 | 務 | 務 |

務　務　務　務
務　務　務　務

| 執 잡을 집 | ■ 잡다
■ 가지다
■ 처리하다 |

執務 　　
처리함　직무를 ▶ 사무를 행함.

▷ 새로 당선된 도지사는 취임식을 마치고 공식적인 執務를 시작했다.

| 事 일 사 | ■ 일
■ 사건 ■ 사고
■ 관직 |

事務 　　
일　업무에 관한 ▶ 자신이 맡은 직책에 관련된 여러 가지 일을 처리하는 일.

▷ 매사에 빈틈이 없는 어머니는 직장에서도 事務 처리 능력을 인정받고 있다.

알아보기

■ 한자어와 한자어를 이루는 개별 한자의 뜻을 알아보자.
■ 아래 한자어의 음을 적고 그 뜻을 생각하며 글을 읽어 보자.
■ 공부할 한자의 뜻을 알아보고 필순에 따라 바르게 써 보자.

守護 [　　] ▶ 지키고 보오함.

「 돌하르방은 제주도의 멋을 나타내주는 代表的인
민속 造形 美術品입니다. 국내외 관광객들의 눈길을
가장 많이 끄는 이 돌하르방은 부리부리한 큰 눈이
인상적입니다. 돌하르방은 조선 시대에는 주로
마을의 입구에 세워졌습니다. 사람들은
돌하르방이 마을을 守護하는 신처럼
마을 사람들의 어렵고 不幸한 일을
막아 준다고 믿었기 때문이었습니다.」

• 代表的(대표적) • 造形(조형): 여러 가지 재료를 이용하여 구체적인 형태나 형상을 만듦. • 美術品(미술품) • 不幸(불행)
* 부리부리하다: 눈망울이 억실억실하게 크고 열기가 있다. # 억실억실: 얼굴 모양이나 생김새가 선이 굵고 시원시원한 모양.

守는 '집' 또는 '관청'을 뜻하는 宀(면)과 '헤아리다'
는 뜻인 寸(촌)을 결합한 것이다.　규정, 예법 따위를
헤아려 맡은 직무를 〈지킴〉을 의미한다.

[새김] ■ 지키다 ■ 직무, 임무 ■ 기다리다

` ⸝ ⸜ 宀 宀 守 守			
守	守	守	守
守	守	守	守

護는 '말', '의견'을 뜻하는 言(언)과 '자', '재다'는
뜻인 蒦(확)을 결합한 것이다.　여러 모로 따져 보고
헤아려서 의견을 말하여 도와주고 〈보호함〉을 의미한
다.

[새김] ■ 보호하다 ■ 지키다 ■ 돕다

⸝ 亠 言 言 訂 評 評 評 謹 謹 護 護			
護	護	護	護
護	護	護	護

■ 한자의 뜻을 새기고 그 한자로 이루어진 한자어를 익히자.
- 한자의 뜻을 연결하여 한자어의 뜻을 생각해 보자.
- 한자어의 뜻을 알고 예문을 통해 그 쓰임을 익히자.

守 지킬 수	▪ 지키다 ▪ 직무, 임무 ▪ 기다리다	護 보호할 호	▪ 보호하다 ▪ 지키다 ▪ 돕다

– 흐리게 나타난 한자어 위에 겹쳐서 쓰고 음을 적어라 –

固 굳을 고	▪ 굳다 ▪ 굳어지다 ▪ 우기다	固守		▷ 그는 옛날 전통 방식을 固守하며 옹기를 만들고 있다.
		굳게 지킴	▶ 차지한 물건이나 형세 따위를 굳게 지킴.	

死 죽을 사	▪ 죽다 ▪ 목숨 걸다 ▪ 활동력 없다	死守		▷ 적의 공격으로 부터 기지를 死守하라는 명령이 떨어졌다.
		목숨 걸고 지킴	▶ 죽음을 무릅쓰고 지킴.	

保 지킬 보	▪ 지키다 ▪ 보전하다 ▪ 지니다	保護		▷ 점점 사라져 가는 동식물을 천연기념물로 지정하여 保護하고 있다.
		보전함 지키어	▶ 위험이나 곤란 따위가 미치지 아니하도록 잘 보살펴 돌봄.	

救 구원할 구	▪ 구원하다 ▪ 구제하다 ▪ 돕다	救護		▷ 수해를 입은 이재민에게 전국 각지에서 救護 물품을 보내오고 있다.
		도와 보호함	▶ 재해나 재난 따위로 어려움에 처한 사람을 도와 보호함.	

한 글자 더

怪 괴이할 괴	▪ 괴이하다 ▪ 의심하다 ▪ 도깨비

☆ 이상 야릇하다. 불가사의하다. 의심스럽다.

ノ 十 忄 忄 怪 怪 怪 怪
怪 怪 怪 怪
怪 怪 怪 怪

漢 한수 한	▪ 한수(물이름) ▪ 한나라(중국) ▪ 사나이	怪漢		▷ 그는 어젯밤 귀갓길에 怪漢의 습격으로 몸을 다쳤다.
		의심스런 사나이	▶ 거동이나 차림새가 수상한 사내.	

談 말씀 담	▪ 말씀 ▪ 이야기 ▪ 농담하다	怪談		▷ 아이들은 학교에 떠도는 怪談을 지어낸 이야기라고 생각하면서도 무서워했다.
		괴이한 이야기	▶ 괴상한 이야기.	

■ 한자어와 한자어를 이루는 개별 한자의 뜻을 알아보자.

■ 아래 한자어의 음을 적고 그 뜻을 생각하며 글을 읽어 보자.

■ 공부할 한자의 뜻을 알아보고 필순에 따라 바르게 써 보자.

妙策 [　　] ▸ 매우 교묘한 꾀.

「 우리의 현대 생활은 문명의 發達로 말미암아 엄청나게
많은 에너지를 필요로 하게 되었는데, 이 에너지는 대부분
석탄, 석유, 천연 가스, 우라늄 등에서 얻고 있다.
이 광물 에너지는, 개발 限界에 다다랐을 뿐만 아니라,
그 이용 과정에서 많은 公害 要因을 만들어 낸다는
문제점이 있다. 그래서 이러한 문제점을 解決할
수 있는 妙策을 찾아내기 위해 여러 곳에서
많은 연구가 이루어지고 있다. 」

• 發達(발달) • 限界(한계) • 公害(공해) • 要因(요인): 사물이나 사건이 성립되는 까닭. 또는 조건이 되는 요소 • 解決(해결)
* 말미암다: 어떤 현상이나 사물 따위가 원인이나 이유가 되다. * 엄청나다: 짐작이나 생각보다 정도가 아주 심하다.

妙는 '여인'을 뜻하는 女(여)와 '나이가 적다', '젊다'
는 뜻인 少(소)를 결합한 것이다. 젊은 여인에게서 느
껴지는 〈별스러운 호감〉을 의미한다.

[새김] ▪묘하다 ▪젊다 ▪예쁘다

㇈ 女 女 妙 妙 妙 妙

妙	妙	妙	妙
妙	妙	妙	妙

策은 '대나무'를 뜻하는 竹(죽)과 '가시'를 뜻하는 束
(자)를 결합한 것이다. 점치는 데에 쓰는 가늘게 쪼갠
댓가지인 '점대'를 뜻하며, 점대를 뽑아 그에 따라 생각
해 내는 〈꾀와 계책〉을 의미한다.

[새김] ▪꾀, 계책 ▪채찍 ▪대쪽, 점대

㇒ ㇒ ㅊ ㅊ 竹 竹 笁 笁 筜 筜 筜 第 策

策	策	策	策
策	策	策	策

새기고 익히기

■ 한자의 뜻을 새기고 그 한자로 이루어진 한자어를 익히자.
■ 한자의 뜻을 연결하여 한자어의 뜻을 생각해 보자.
■ 한자어의 뜻을 알고 예문을 통해 그 쓰임을 익히자.

妙	묘할 묘	■ 묘하다 ■ 젊다 ■ 예쁘다

策	꾀 책	■ 꾀, 계책 ■ 채찍 ■ 대쪽, 점대

― 흐리게 나타난 한자어 위에 겹쳐서 쓰고 음을 적어라 ―

味	맛 미	■ 맛 ■ 기분 · 취향 ■ 뜻, 의의

妙味 [　]
묘한　　맛　▶ 미묘한 재미나 흥취.

▷ 아버지께서는 요즘 바다 낚시에 妙味를 느끼시는 것 같다.

技	재주 기	■ 재주 ■ 기술 ■ 기능

妙技 [　]
묘한　　재주　▶ 교묘한 기술과 재주.

▷ 세계 서커스 대회에서 펼쳐진 각종 妙技에 저절로 입이 벌어졌다.

對	대할 대	■ 대하다 ■ 서로 마주 대함 ■ 대답하다

對策 [　]
대처할　　계책　▶ 어떤 일에 대처할 계획이나 수단.

▷ 점점 증가하는 다문화 가정을 지원하기 위한 對策을 마련해야 한다.

施	베풀 시	■ 베풀다 ■ 시행하다 ■ 주다

施策 [　]
시행함　　계책을　▶ 어떤 정책을 시행함, 또는 그 정책.

▷ 재생에너지 개발을 장려하는 지속적인 국가 施策이 필요한 때이다.

한 글자 더

奇	기이할 기	■ 기이하다 ■ 뛰어나다 ■ 기특하다

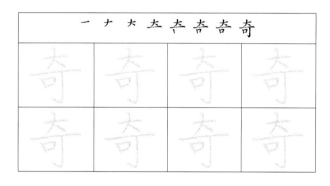

一 ナ 大 杏 杏 杏 杏 奇

怪	괴이할 괴	■ 괴이하다 ■ 의심하다 ■ 도깨비

奇怪 [　]
기이함　　괴이하고　▶ 외관이나 분위기가 괴상하고 기이함.

▷ 자칭 도사라고 하는 그의 모습과 행동은 참으로 奇怪하였다.

妙	묘할 묘	■ 묘하다 ■ 젊다 ■ 예쁘다

奇妙 [　]
기이하고　　묘하다　▶ 생김새 따위가 이상하고 묘하다.

▷ 해안가 절벽에는 奇妙한 형태의 바위들이 있었다.

139

한자성어

■ 한자 성어에 담긴 함축된 의미를 파악하고 그 쓰임을 익히자.

■ 한자 성어의 음을 적고 그에 담긴 의미와 적절한 쓰임을 익혀라.

束手無策

▶ 손을 묶은 것처럼 어찌할 도리가 없어 꼼짝 못함.

▷ 마을 사람들은 생각지도 못한 폭우로 물에 잠긴 논밭을 멍하게 바라보기만 할 뿐 束手無策이었다.

骨肉相殘

▶ 가까운 혈족끼리 서로 해치고 죽임.

▷ 우리에게 또다시 6.25 와 같은 骨肉相殘의 비극이 있어서는 안 된다.

目不忍見

▶ 눈앞에 벌어진 상황 따위를 눈 뜨고 차마 볼 수 없음.

▷ 지진으로 무너진 수많은 건물 잔해와 그에 매몰된 가족을 찾는 사람들의 울부짖는 모습은 참으로 目不忍見이었다.

奇想天外

▶ 착상이나 생각 따위가 쉽게 짐작할 수 없을 정도로 기발하고 엉뚱함.

▷ 그들이 이번에 만든 공상과학 영화는 奇想天外한 장면들로 채워져 있어서 놀랍고도 흥미로웠다.

骨肉之策

▶ 자기 몸을 상해 가면서까지 꾸며 내는 계책이라는 뜻으로 어려운 상태를 벗어나기 위해 어쩔 수 없이 꾸며내는 계책을 이르는 말.

▷ 그는 아들의 병원비를 마련하기 위한 苦肉之策으로 얼마되지 않는 논마저 팔아야 했다.

座右銘

▶ 늘 자리 옆에 갖추어 두고 가르침으로 삼는 말이나 문구.

▷ 나는 어렵고 힘들때마다 마음에 새겨둔 座右銘을 떠올리며 용기와 희망을 얻는다.

座 자리 **좌**
- 자리
- 지위
- 깔개

、 亠 广 广 广 庐 庐 座 座

銘 새길 **명**
- 새기다
- 기록하다
- 명심하다

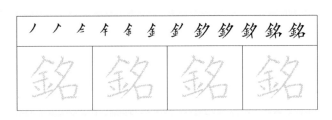

丿 𠂉 𠂤 牟 牟 金 釒 釚 釚 釛 釛 釛 銘 銘

· 속수무책 · 골육상잔 · 목불인견 · 기상천외 · 고육지책 · 좌우명

더 살펴 익히기

▬ 아래 한자가 지닌 뜻과 그 뜻을 지니는 한자어를 줄로 이어라.

| 殘 | 잔인하다 | · | ·殘金( ) | ▶ 쓰고 남은 돈, 못다 갚고 남은 돈. |
| | 남다 | | ·殘惡( ) | ▶ 잔인하고 악함. |

| 張 | 넓히다 | · | ·擴張( ) | ▶ 범위, 규모, 세력 따위를 늘려서 넓힘. |
| | 드러내다 | | ·主張( ) | ▶ 자기의 의견을 굳게 내세움. |

| 持 | 가지다 | · | ·持久( ) | ▶ 오랫동안 버티어 견딤. |
| | 버티다 | | ·所持( ) | ▶ 가지고 있는 일, 또는 그런 물건. |

| 奇 | 기이하다 | · | ·奇人( ) | ▶ 성격이나 말, 행동 따위가 보통사람과 다른 별난 사람. |
| | 뛰어나다 | | ·奇智( ) | ▶ 기발한 지혜, 천재적인 지혜. |

■ [冷]과 상대되는 뜻을 지닌 한자에 모두 ○표 하여라. ⇨ [溫 · 寒 · 暖 · 熱]

■ [河]와 비슷한 뜻을 지닌 한자에 모두 ○표 하여라. ⇨ [川 · 泉 · 江 · 流]

■ [久]와 비슷한 뜻을 지닌 한자에 모두 ○표 하여라. ⇨ [遠 · 長 · 永 · 盡]

▬ 아래의 뜻을 지닌 한자성어가 되도록 ( ) 안에 한자를 써 넣고 완성된 성어의 독음을 적어라.

뜻	성어	독음
▶ 천 리 길도 멀다고 여기지 않음.	不( )千里	
▶ 기운이 다하고 맥이 다 빠져 스스로 가누지 못할 지경이 됨.	氣盡( )盡	
▶ 금이나 옥처럼 귀중히 여겨 꼭 지켜야 할 법칙이나 규정.	( )科玉條	
▶ 환경에 적응하는 생물만이 살아남고, 그렇지 못한 것은 도태되어 멸망하는 현상.	適者生( )	
▶ 서로 한 번도 만난 적이 없어서 전혀 알지 못하는 사람, 또는 그런 관계.	生面( )知	
▶ 눈 위에 서리가 덮인다는 뜻으로, 난처한 일이나 불행한 일이 잇따라 일어남을 이르는 말.	( )上加霜	

· 잔금. 잔악 · 확장. 주장 · 지구. 소지 · 기인. 기지 / 遠 · 脈 · 金 · 存 · 不 · 雪

어휘력 다지기

■ 화재 경보가 울려 **緊急** [　　] 히 대피했다. ·　· 용무를 위하여 임시로 다른 곳으로 나감.

■ 모든 상황이 **緊迫** [　　] 하게 돌아갔다. ·　· 긴요하고 급함.

■ 아버지는 며칠 동안 **出張** [　　] 을 가셨어. ·　· 매우 다급하고 절박함.

■ 무례한 행동을 **容納** [　　] 할 수 없단다. ·　· 남김없이 완전히 납부함.

■ 물품 대금을 즉시 **完納** [　　] 해 주세요. ·　· 너그러운 마음으로 남의 말이나 행동을 받아들임.

■ **節稅** [　　] 는 생활에 필요한 지혜란다. ·　· 세금의 부과 및 징수에 관한 법.

■ 부동산 **稅法** [　　] 이 일부 개정되었다. ·　· 세금을 덜 냄.

■ 성공하고자 하는 **執念** [　　] 이 퍽 강했다. ·　· 맡은 일, 또는 맡겨진 일.

■ 정부의 법 **執行** [　　] 을 감시하는 단체들. ·　· 한 가지 일에 매달려 마음을 쏟음, 또는 그 마음이나 생각.

■ 주어진 **任務** [　　] 를 성실하게 끝마쳤다. ·　· 실제로 시행함.

■ 급한 **用務** [　　] 가 있어서 찾아왔습니다. ·　· 행동이나 절차에 관하여 지켜야 할 사항을 정한 규칙.

■ 우리는 매주 월요일은 **休務** [　　] 입니다. ·　· 적의 공격을 막아 지키는 형세나 그 세력.

■ 반드시 안전 **守則** [　　] 을 지켜주세요. ·　· 볼일.

■ 서서히 **守勢** [　　] 에서 공세로 바뀌었다. ·　· 직무를 보지 아니하고 하루 또는 한동안 쉼.

■ 딸은 어머니를 극진히 **看護** [　　] 하였지. ·　· 괴상하게 생긴 물체.

■ **怪物** [　　] 이 등장하는 공포 영화였어. ·　· 다쳤거나 앓고 있는 환자나 노약자를 보살피고 돌봄.

■ 정체를 알 수 없는 **怪漢** [　　] 들이었다. ·　· 생김새 따위가 이상하고 묘함.

■ 깊은 바다 생물들의 **奇妙** [　　] 한 모습. ·　· 믿을 수 없을 정도로 색다르고 놀라움.

■ 그의 마술은 아무리 봐도 **神奇** [　　] 해. ·　· 거동이나 차림새가 수상한 사내.

■ 그가 기막힌 **妙手** [　　] 를 생각해 내었어. ·　· 방법과 꾀를 아울러 이르는 말.

■ 문제를 해결할 **方策** [　　] 을 찾아보자. ·　· 묘한 기술이나 수, 생각해 내기 힘든 좋은 수.

· 긴급 · 긴박 · 출장 · 용납 · 완납 · 절세 · 세법 · 집념 · 집행 · 임무 · 용무 · 휴무 · 수칙 · 수세 · 간호 · 괴물 · 괴한 · 기묘 · 신기 · 묘수 · 방책

□ ⇨	事□	任□	用□

□ ⇨	□金	□收	關□

□ ⇨	□策	□技	□味

□ ⇨	□張	□急	□密

□ ⇨	守□	保□	□身

□ ⇨	□異	□妙	神□

보기

守 · 緊 · 執 · 妙 · 稅 · 策 · 納 · 護 · 奇 · 座 · 怪 · 務 · 張

■ 아래의 뜻을 지닌 한자어가 되도록 위의 보기에서 알맞은 한자를 찾아 □ 안에 써 넣어라.

▶ 범위, 규모, 세력 따위를 늘려서 넓힘.

▷ 사업의 규모를 擴□ 하려고 한다.

▶ 계약한 곳에 주문 받은 물품을 가져다 줌. 또는 그 물품.

▷ 주문 받은 물건을 바로 □品 하였다.

▶ 붓을 잡는다는 뜻으로, 직접 글을 쓰는 것을 이르는 말.

▷ 그는 회고록을 □筆 하고 있단다.

▶ 차지한 물건이나 형세 따위를 굳게 지킴.

▷ 나는 전통 방식을 固□ 하려 한다네.

▶ 어떤 일을 이루기 위하여 꾀나 방법을 생각해 냄. 또는 그 꾀나 방법.

▷ 무슨 좋은 計□ 이라도 있느냐?

▶ 여러 사람이 모인 자리. 또는 모여 앉은 여러 사람.

▷ □中 의 시선들이 그에게로 쏠렸다.

▶ 괴상할 정도로 뛰어나게 센 힘.

▷ 작은 체구에서 그런 □力 이 나와?

· 사무. 임무. 용무 · 긴장. 긴급. 긴밀 · 세금. 세수. 관세 · 수호. 보호. 호신 · 묘책. 묘기. 묘미 · 기이. 기묘. 신기 / · 확장 · 납품 · 집필 · 고수 · 계책 · 좌중 · 괴력

■ 한자의 음과 훈을 되새기며 필순에 따라 바르게 써 보자.

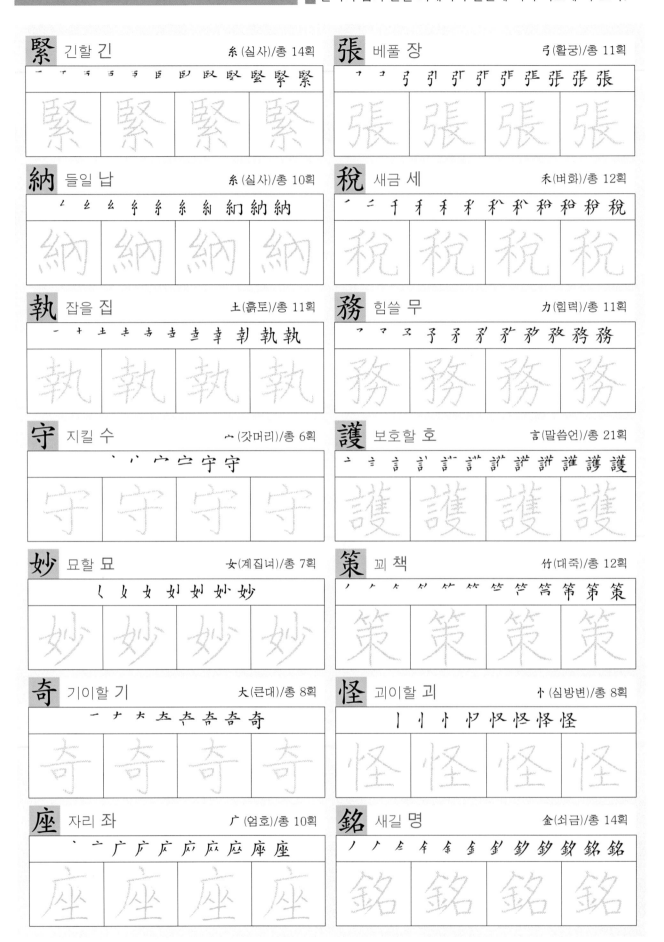

緊	긴할 긴	糸(실사)/총 14획

一 丁 丐 丐 臣 臤 臤 臤 緊 緊 緊

納	들일 납	糸(실사)/총 10획

ㄴ ㄴ ㄠ ㄠ 幺 糸 糸 紉 納 納

執	잡을 집	土(흙토)/총 11획

一 十 土 坴 坴 坴 坴 幸 軐 執 執

守	지킬 수	宀(갓머리)/총 6획

丶 丶 宀 宀 守 守

妙	묘할 묘	女(계집녀)/총 7획

ㄑ 女 女 如 如 妙 妙

奇	기이할 기	大(큰대)/총 8획

一 ナ 大 초 추 杏 奇 奇

座	자리 좌	广(엄호)/총 10획

丶 一 广 广 广 庀 应 应 座 座

張	베풀 장	弓(활궁)/총 11획

ㄱ ㄱ 弓 引 引 弨 弨 張 張 張 張

稅	새금 세	禾(벼화)/총 12획

一 二 千 千 禾 禾 利 税 税 税 税 税

務	힘쓸 무	力(힘력)/총 11획

ㄱ ㄱ ㄱ 子 矛 矛 矛 矛 敄 務 務

護	보호할 호	言(말씀언)/총 21획

丶 ㅗ 言 言 訏 訐 訐 誰 誰 護 護 護

策	꾀 책	竹(대죽)/총 12획

ノ ㅏ ㅏ 섯 笁 笁 笁 竺 竺 竿 筞 策

怪	괴이할 괴	忄(심방변)/총 8획

丨 丨 忄 忄 忉 怿 怪 怪

銘	새길 명	金(쇠금)/총 14획

ノ ㅅ ㅼ 午 牟 金 金 釒 釛 釫 鉉 銘 銘

■ 공부할 한자의 모양을 살펴보며 음과 훈을 알아보자.

묶음 4-11

음 ■ 한자를 읽는 소리
아래 한자의 음을 찾아 적고 소리내어 읽어 보자.

- 바탕색과 글자색이 같은 것을 찾아 보자 -

積	底	模	曲
監	屈	視	露
樣	線	折	徹

절 철 곡 감 저 양

시 모 굴 적 로 선

훈 ■ 한자의 뜻 새김
한자의 음을 적고 훈과 함께 외어 보자.

曲 굽을	線 줄	屈 굽을	折 꺾을
模 본뜰	樣 모양	露 이슬	積 쌓을
監 볼	視 볼	徹 통할	底 밑

알아보기

曲線 [ ] ▸ 부드럽게 구부러진 선.

「 벌은 꽃을 向해서 곧바로 날아간다. 可能한 한
최단 거리를 택해서 一直線을 그리며 날아간다.
그러나 나비는 그렇지가 않다. 나비는
곧장 꽃을 向해서 나는 법이 없다.
위로 아래로, 혹은 左右로 變化 무쌍한
曲線을 그린다. 벌이 꽃을 향해서
行進을 한다고 한다면, 나비는 꽃을 보고
춤을 춘다고 하는 편이 어울릴 것이다. 」

• 向(향) • 可能(가능) • 一直線(일직선) • 左右(좌우) • 變化(변화) • 行進(행진)
* 무쌍하다: 서로 견줄 만한 것이 없을 정도로 뛰어나거나 심하다.

은 목수들이 사용하는 곱자(ㄱ자 모양의 자)의 모습이
다.   곧지 아니하고 곱자처럼 휘거나 〈굽음〉을 의미한
다.

[새김] ▪ 굽다 ▪ 곧지 않다 ▪ 악곡, 가락

丨 门 冂 曲 曲 曲
曲	曲	曲	曲
曲	曲	曲	曲

은 '실'을 뜻하는 ⺰ ⋯ 糸 (사)와 '얕고 좁음'을 뜻
하는 ⺰ ⋯ 戔 (전)을 결합한 것이다. 나중에 戔이 '샘'
을 뜻하는 泉 (천)으로 바뀌었다.   가는 물줄기처럼 가
늘고 길게 이어지는 〈줄〉을 의미한다.

[새김] ▪ 줄, 실, 선 ▪ 노선 ▪ 범위, 한계

⺰ ⺰ ⺰ 幺 糸 糸 約 綛 綛 線 線 線
線	線	線	線
線	線	線	線

새기고 익히기

■ 한자의 뜻을 새기고 그 한자로 이루어진 한자어를 익히자.
■ 한자의 뜻을 연결하여 한자어의 뜻을 생각해 보자.
■ 한자어의 뜻을 알고 예문을 통해 그 쓰임을 익히자.

曲 굽을 곡
■ 굽다
■ 곧지 않다
■ 악곡, 가락

線 줄 선
■ 줄, 실, 선
■ 노선
■ 범위, 한계

– 흐리게 나타난 한자어 위에 겹쳐서 쓰고 음을 적어라 –

面 낮 면
■ 낮, 얼굴
■ 면, 표면
■ 쪽

 曲面 □
굽은　면　▶ 평탄하지 아니하고 휘어진 면.

▷ 볼록거울이나 오목거울의 면은 曲面을 이루고 있다.

調 고를 조
■ 고르다 ■ 가락
■ 조절하다
■ 조사하다

曲調 □
악곡의　가락　▶ 음악적 통일을 이루는 음의 연속.

▷ 흥겨운 曲調의 노래가 나오자 한 어린 아이가 몸을 흔들어 댔다.

路 길 로
■ 길
■ 거쳐가는 길
■ 드러나다

路線 □
거쳐가는 길로　정해 놓은 선　▶ 일정한 두 지점을 정기적으로 오가는 교통선.

▷ 시내버스 운행 路線이 일부 변경되었다.

直 곧을 직
■ 곧다
■ 바르다
■ 바로, 곧

直線 □
곧은　선　▶ 꺾이거나 굽은 데가 없는 곧은 선.

▷ 우리가 탄 버스는 훤히 트인 直線 도로에 들어서자 속력을 내기 시작했다.

한 글자 더

模 본뜰 모
■ 본뜨다
■ 본, 본보기
■ 모양, 형상

☆ 모범이 될만한 일.

一 十 オ オ 杧 栌 栌 栌 栌 椙 模 模
模 模 模 模
模 模 模 模

規 법 규
■ 법 ■ 규칙
■ 모범, 본보기
■ 한정하다

規模 □
한정한　모양　▶ 사물이나 현상의 크기나 범위.

▷ 새롭게 조성한 공원의 規模와 시설은 예상했던 것보다 훨씬 크고 좋았다.

造 지을 조
■ 짓다
■ 만들다
■ 이루다

模造 □
본떠서　만듦　▶ 이미 있는 것을 그대로 따라하거나 본떠서 만듦.

▷ 유명 상표의 제품을 模造한 가짜가 많이 돌아다닌다.

■ 한자어와 한자어를 이루는 개별 한자의 뜻을 알아보자.
▬ 아래 한자어의 음을 적고 그 뜻을 생각하며 글을 읽어 보자.
▬ 공부할 한자의 뜻을 알아보고 필순에 따라 바르게 써 보자.

屈折 ☐ ▶ 휘어서 꺾임, 꺾이어서 휨.

「 빛은 한 物質에서 다른 物質로 드나들 때에는 그 두 物質의 境界面에서 나아가는 방향이 꺾이게 되는데, 이와 같은 現狀을 빛의 屈節이라 한다. 오목 렌즈나 볼록 렌즈는 빛의 屈節 現狀을 利用하여 만든 것이다. 또 햇빛은 여러 가지 빛으로 되어 있는데, 빛의 색에 따라 屈節하는 정도가 다르기 때문에, 햇빛이 프리즘을 通過하면 여러 색의 빛으로 갈라지는 것이다. 」

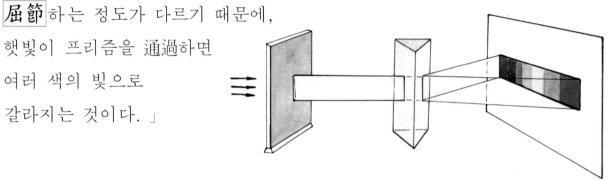

• 物質(물질) • 境界面(경계면) • 現狀(현상) • 利用(이용) • 通過(통과)

屈은 '꼬리'를 뜻하는 尾(미)의 줄인 모양인 尸와 '떠나다'는 뜻인 出(출)을 결합한 것이다. 기가 꺾여 내쫓기듯 떠나며 꼬리를 〈굽힘〉을 의미한다.

[새김] ▪ 굽다 ▪ 굽히다 ▪ 오그라들다

ㄱ ㄱ 尸 尸 屈 屈 屈 屈
屈 屈 屈 屈
屈 屈 屈 屈

扚은 도끼(ㄱ…斤)로 찍어 나무를 부러뜨리는(↓) 모습이다. 나중에 ↓이 扌로 바뀌었다. 도끼로 나무를 찍어서 〈꺾어 부러뜨림〉을 의미한다.

[새김] ▪ 꺾다 ▪ 부러지다 ▪ 자르다, 쪼개다

一 十 才 扌 扩 折 折
折 折 折 折
折 折 折 折

새기고 익히기

■ 한자의 뜻을 새기고 그 한자로 이루어진 한자어를 익히자.

■ 한자의 뜻을 연결하여 한자어의 뜻을 생각해 보자.
■ 한자어의 뜻을 알고 예문을 통해 그 쓰임을 익히자.

屈 굽을 곡
- 굽다
- 굽히다
- 오그라들다

折 꺾을 절
- 꺾다, 꺾이다
- 부러지다
- 자르다, 쪼개다

– 흐리게 나타난 한자어 위에 겹쳐서 쓰고 음을 적어라 –

曲 굽을 곡
- 굽다
- 곧지 않다
- 악곡

屈曲 〔　〕
굽고　굽음 ▶ 이리저리 굽어 꺾여 있음, 또는 그런 굽이.

▷ 해안의 屈曲을 따라 도로는 잘 닦여져 있었다.

指 가리킬 지
- 가리키다
- 손가락
- 지시하다

屈指 〔　〕
굽힘(꼽음)　손가락을 ▶ 무엇을 셀 때, 손가락을 꼽음.

▷ 이곳은 우리나라 屈指의 조선소이다.

骨 뼈 골
- 뼈
- 골격
- 기골

骨折 〔　〕
뼈가　부러짐 ▶ 뼈가 부러짐.

▷ 정수는 빙판에서 넘어져 팔뼈가 骨折되었다.

半 반 반
- 반, 절반
- 가운데
- 반쪽을 내다

折半 〔　〕
자름　반으로 ▶ 반으로 자름, 또는 그렇게 자른 반.

▷ 호떡 折半을 뚝 떼어 친구에게 주었다.

한 글자 더

樣 모양 양
- 모양
- 꼴, 형상
- 무늬

一 十 木 栉 栉 样 样 样 様 様 様

模 본뜰 모
- 본뜨다
- 본, 본보기
- 모양

模樣 〔　〕
모양　꼴 ▶ 겉으로 드러나는 생김새나 모습.

▷ 너의 머리 模樣이 전과 달라졌구나.

式 법 식
- 법
- 방법, 방식
- 식(의식)

樣式 〔　〕
모양과　방식 ▶ 일정한 모양이나 형식.

▷ 제출 서류를 樣式에 맞게 작성하여라.

149

알아보기

■ 한자어와 한자어를 이루는 개별 한자의 뜻을 알아보자.
■ 아래 한자어의 음을 적고 그 뜻을 생각하며 글을 읽어 보자.
■ 공부할 한자의 뜻을 알아보고 필순에 따라 바르게 써 보자.

露積 [　　　] ▶ 한데(바깥)에 쌓아 둠.

「 自動車 공장의 정문에 들어서자, 한쪽의 넓은 마당에 乘用車, 버스, 트럭이 질서 정연하게 줄지어 있는 것이 눈에 들어왔다.

完成된 自動車는 검사를 받는다. 여러 기계가

제대로 움직이는지 시험을 하고,

여러 장치들을 세밀히 실핀다.

精密 검사를 마친 自動車는,

잘못된 것이 없는지를 實際로

운전을 통해서 확인한 다음,

넓은 마당에 露積 을 하게 된다. 」

• 自動車(자동차) • 乘用車(승용차) • 完成(완성) • 精密(정밀): 아주 정교하고 치밀하여 빈틈이 없고 자세함.
• 實際(실제).   ＊정연하다: 가지런하고 질서가 있다. ＊세밀히: 자세하고 꼼꼼하게.

露는 '비, 눈 같은 기상 현상'을 뜻하는 雨(우)와 '드러나다'는 뜻인 路(로)를 결합한 것이다.   기상 현상으로 공기중의 수증기가 물체의 표면에 맺혀서 드러나는 〈작은 물방울(이슬)〉을 의미한다.

[새김] ▪이슬 ▪적시다 ▪드러나다

| 一 广 乒 乒 乒 乒 乒 乒 露 露 露 |
| 露 | 露 | 露 | 露 |
| 露 | 露 | 露 | 露 |

積은 '벼', '곡식'을 뜻하는 禾(화)와 '취하다'는 뜻인 責(책)을 결합한 것이다.   곡식을 거두어들여 〈쌓아 놓은 더미〉를 의미한다.

[새김] ▪쌓다 ▪쌓이다 ▪더미 ▪부피 ▪넓이

| 二 千 禾 禾 积 积 秸 積 積 積 積 積 |
| 積 | 積 | 積 | 積 |
| 積 | 積 | 積 | 積 |

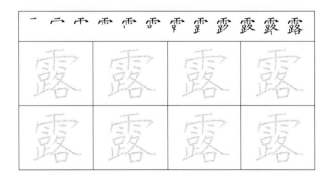

150

■ 한자의 뜻을 새기고 그 한자로 이루어진 한자어를 익히자.
■ 한자의 뜻을 연결하여 한자어의 뜻을 생각해 보자.
■ 한자어의 뜻을 알고 예문을 통해 그 쓰임을 익히자.

露 이슬 로	■ 이슬 ■ 드러나다 ■ 적시다	積 쌓을 적	■ 쌓다, 쌓이다 ■ 더미 ■ 부피 ■ 넓이

– 흐리게 나타난 한자어 위에 겹쳐서 쓰고 음을 적어라 –

店 가게 점	■ 가게 ■ 점방 ■ 여관

露店 [　]
드러난 데에다 벌인 가게 ▶ 길가의 한데에 물건을 벌여 놓고 장사하는 곳.

▷ 그는 장터에 露店을 차리고 호떡을 구워 팔았다.

宿 잘 숙	■ 자다 ■ 묵다 ■ 지키다 ■ 본디

露宿 [　]
드러난 데에서 잠을 잠 ▶ 한뎃잠, 한데에서 잠을 잠.

▷ 해변의 모래밭 여기저기에 露宿하는 사람들이 있었다.

雪 눈 설	■ 눈 ■ 희다 ■ 씻다

積雪 [　]
쌓인 눈 ▶ 쌓여 있는 눈.

▷ 산골짜기는 무릎까지 올라오는 積雪로 발걸음을 옮기기조차 힘들었다.

立 설 립	■ 서다 ■ 세우다 ■ 이루어지다

積立 [　]
쌓아서 이루어짐 ▶ 모아서 쌓아 둠.

▷ 지금까지 장학금 수억 원이 積立되었다.

 한 글자 더

徹 통할 철	■ 통하다 ■ 꿰뚫다 ■ 거두다 ■ 떠나가다

夜 밤 야	■ 밤

徹夜 [　]
꿰뚫듯 밤을 ▶ 밤샘(자지 않고 밤을 보냄).

▷ 徹夜 작업을 해서라도 내일까지 그 일을 끝마쳐야 한다.

冷 찰 냉	■ 차다 ■ 식히다 ■ 쓸쓸하다

冷徹 [　]
차갑게 꿰뚫음 ▶  생각이나 판단 따위가 감정에 치우치지 않고 침착하며 사리에 밝다.

▷ 지금 이 사태에 대한 너의 冷徹한 판단을 기대하겠다.

■ 한자어와 한자어를 이루는 개별 한자의 뜻을 알아보자.
■ 아래 한자어의 음을 적고 그 뜻을 생각하며 글을 읽어 보자.
■ 공부할 한자의 뜻을 알아보고 필순에 따라 바르게 써 보자.

監視 [　　] ▶ 경계하기 위하여 미리 감독하고 살펴봄.

「 스페인의 마을 祝祭 중 모의 투우를 벌이려다 여의치 않자 대신 술 취한 소는 어떻게 행동하는지 보자며 송아지에 술을 强制로 먹여 죽게 한 사건이 발생, 國際 사회의 비난 여론이 일고 있다. 그동안 투우의 殘忍性을 지적해 온 동물 보호 團體들은 염소를 교회 종탑에서 내던지는 스페인 망세네스 마을 祝祭 등 방어 수단이 전혀 없는 동물을 학대하는 전통 祝祭들을 집중 監視하고 나섰다. 」

• 祝祭(축제) • 强制(강제) • 國際(국제) • 殘忍性(잔인성) • 團體(단체). * 여의하다: 일이 마음먹은 대로 되다.
* 여론: 사회 대중의 공통된 의견. * 학대: 몹시 괴롭히거나 가혹하게 대우함. 또는 그런 대우.

은 사람이 눈을 크게 뜨고( ) 커다란 그릇( ) 안을 들여다 보는 모습이다.   그릇에 담긴 물을 거울삼아 얼굴을 〈살펴봄〉을 의미한다.

[새김] ▪ 보다 ▪ 살피다 ▪ 거울삼다 ▪ 감옥

一 丨 彡 彡 彡 彡 彫 彫 彫 彫 監 監

監	監	監	監
監	監	監	監

는 '보이다'는 뜻인 ⺬ … 示(시)와 '눈으로 봄'을 뜻하는 을 결합한 것이다. 나중에 이 見(견)으로 바뀌었다.   보여지는 것을 살펴 가며 〈바라봄〉을 의미한다.

[새김] ▪ 보다 ▪ 살펴보다 ▪ 여기다

一 二 亍 亍 示 示 視 視 視 視 視 視

視	視	視	視
視	視	視	視

새기고 익히기

■ 한자의 뜻을 새기고 그 한자로 이루어진 한자어를 익히자.
■ 한자의 뜻을 연결하여 한자어의 뜻을 생각해 보자.
■ 한자어의 뜻을 알고 예문을 통해 그 쓰임을 익히자.

監 볼 감
- 보다 · 살피다
- 거울삼다
- 감옥

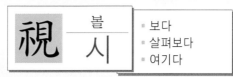
視 볼 시
- 보다
- 살펴보다
- 여기다

- 흐리게 나타난 한자어 위에 겹쳐서 쓰고 음을 적어라 -

房 방 방
- 방
- 곁방
- 집

監房 [　]

▷ 그 죄수는 중죄를 지어 평생을 監房에서 보내게 될 것이다.

감옥에서　가두는 방 ▶ 교도소에서 죄수를 가두어 두는 방.

禁 금할 금
- 금하다
- 삼가다
- 꺼리다

監禁 [　]

▷ 그 죄인은 좁고 어두운 방에 監禁되었다.

감옥에 가둠　금하도록 ▶ 드나들지 못하도록 일정한 곳에 가둠.

聽 들을 청
- 듣다
- 들어주다
- 살피다

視聽 [　]

▷ 어머니는 드라마 視聽에 정신이 팔려서 내가 부르는 소리도 못들으신다.

보고　들음 ▶ 눈으로 보고 귀로 들음.

輕 가벼울 경
- 가볍다
- 가벼이하다
- 함부로

輕視 [　]

▷ 한때는 서양 문화를 떠받들고 우리 고유 문화를 輕視하는 사람들이 있었다.

가볍게　여김 ▶ 대수롭지 않게 보거나 업신여김, 얕봄, 깔봄.

한 글자 더

底 밑 저
- 밑, 바닥
- 속, 내부
- 기초

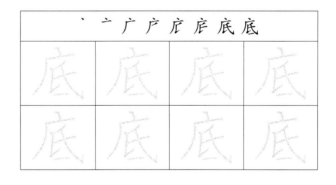

丶 二 广 户 庀 庀 底 底			
底	底	底	底
底	底	底	底

徹 통할 철
- 통하다 · 꿰뚫다
- 거두다
- 떠나가다

徹底 [　]

▷ 그는 자기가 맡은 일에는 아주 徹底하다.

꿰뚫음　바닥까지 ▶ 속속들이 꿰뚫어 미치어 빈틈이 없이 밑바닥까지 투철함.

意 뜻 의
- 뜻, 뜻하다
- 생각
- 마음

底意 [　]

▷ 그가 왜 갑자기 그런 말을 하는지 底意를 모르겠다.

속에　품은 생각 ▶ 겉으로 드러나지 아니한, 속에 품은 생각.

어휘력 다지기

■ 공부한 한자로 이루어진 한자어를 익혀 어휘력을 다지자.
■ 글 속 한자어의 음을 적고, 그 뜻과 줄로 잇고, 쓰임을 익히자.

■ 아마 무슨 曲折 [　　] 이 있을 것 같아. • • 새로 지은 곡.

■ 그 가수가 발표한 新曲 [　　] 을 들어봐. • • 빛의 줄기.

■ 그때 나는 그와 視線 [　　] 이 마주쳤다. • • 순조롭지 아니하게 얽힌 이런저런 복잡한 사정이나 까닭.

■ 한여름의 강한 직사 光線 [　　] 을 피해라. • • 눈이 가는 길, 또는 눈의 방향.

■ 不屈 [　　] 의 의지로 고난을 이겨냈어. • • 남의 작품을 그대로 본떠서 만듦. 또는 그 작품.

■ 다리 折骨 [　　] 로 한동안 깁스를 하였다. • • 온갖 어려움에도 굽히지 아니함.

■ 진품과 구별이 어려운 模作 [　　] 이란다. • • 뼈가 부러짐.

■ 多樣 [　　] 한 상품이 진열되어 있었어. • • 알려지지 않았거나 감춰져 있던 사실을 드러냄.

■ 전과 달라진 청소년들의 생활 樣相 [　　] . • • 겉으로 드러내거나 드러남.

■ 사건의 진실을 暴露 [　　] 하기로 하였다. • • 여러 가지 모양이나 양식.

■ 그들의 작전은 바로 露出 [　　] 되었다. • • 사물이나 현상의 모양이나 상태.

■ 해야 할 일들이 山積 [　　] 해 있다네. • • 사람을 구치소나 교도소에 가두어 넣음.

■ 이번 달 판매 實績 [　　] 이 매우 좋다. • • 물건이나 일이 산더미같이 쌓임.

■ 그는 절도죄로 교도소에 收監 [　　] 됐어. • • 실제로 이룬 업적이나 공적.

■ 형기를 마치고 교도소에서 出監 [　　] . • • 사물을 관찰하고 파악하는 기본적인 자세.

■ 부정적인 視角 [　　] 으로만 볼 수 없어. • • 구치소나 교도소 따위에서 석방되어 나옴.

■ 視覺 [　　] 장애인을 위한 신호등 설치. • • 가볍게 여길 수 없을 만큼 매우 크고 중요하게 여김.

■ 학력 보다는 능력이 重視 [　　] 되는 사회. • • 눈을 통해 빛의 자극을 받아들이는 감각 작용.

■ 視力 [　　] 을 측정하고 안경을 맞추었다. • • 속에 간직하고 있는 든든한 힘.

■ 그에게는 끈기와 底力 [　　] 이 있었어. • • 앉을 수 있게 마련된 자리.

■ 우리는 지정된 座席 [　　] 에 앉았다. • • 물체의 존재나 형상을 인식하는 눈의 능력.

· 곡절 · 신곡 · 시선 · 광선 · 불굴 · 골절 · 모작 · 다양 · 양상 · 폭로 · 노출 · 산적 · 실적 · 수감 · 출감 · 시각 · 시각 · 중시 · 시력 · 저력 · 좌석

■ 한자어가 되도록 □안에 공통으로 넣을 한자를 보기에서 찾아 □안에 쓰고 , 그 한자어의 뜻을 생각하며 음을 적어라.

□ ⇨	屈□	骨□	半□

□ ⇨	□面	□線	樂□

□ ⇨	規□	□造	□作

□ ⇨	□雪	山□	□立

□ ⇨	□視	□禁	校□

□ ⇨	□力	□意	海□

보기

銘 · 積 · 監 · 樣 · 底 · 屈 · 線 · 折 · 視 · 模 · 曲 · 露 · 徹

■ 아래의 뜻을 지닌 한자어가 되도록 위의 보기에서 알맞은 한자를 찾아 □안에 써 넣어라.

▶ 꺾이거나 굽은 데가 없는 곧은 선.

▷ 곧게 뻗은 直□ 도로를 달렸다.

▶ 이리저리 굽어 꺾여 있음. 또는 그런 굽이.

▷ □曲 이 심한 산길을 걸어갔다네.

▶ 무늬(옷감이나 조각품 따위를 장식하기 위한 여러 가지 모양).

▷ 색과 文□ 이 아름다운 화려한 옷감.

▶ 한데(사방, 상하를 덮거나 가리지 아니한 곳).

▷ 공원에 □天 수영장을 만들었어.

▶ 눈이 가는 길. 또는 눈의 방향.

▷ 귀여운 꼬마에게 자꾸 □線 이 갔다.

▶ 잊지 않도록 마음에 깊이 새겨 둠.

▷ 내가 한 말을 반드시 □心 하도록.

▶ 생각이나 판단 따위가 감정에 치우치지 않고 침착하여 사리에 밝음.

▷ 너도 冷□ 하게 판단하기를 바란다.

· 굴절. 골절. 반절 · 곡면. 곡선. 악곡 · 규모. 모조. 모작 · 적설. 산적. 적립 · 감시. 감금. 교감 · 저력. 저의. 해저 / · 직선 · 굴곡 · 문양 · 노천 · 시선 · 명심 · 냉철

155

되새기기

曲 굽을 곡 日(가로왈)/총 6획

丶 冂 冂 曲 曲 曲

曲　曲　曲　曲

屈 굽을 굴 尸(주검시엄)/총 8획

乛 コ コ 尸 尸 屈 屈 屈

屈　屈　屈　屈

模 본뜰 모 木(나무목)/총 15획

一 十 木 札 村 村 椁 椁 椁 模 模

模　模　模　模

露 이슬 로 雨(비우)/총 21획

一 广 雨 雨 雪 雪 雷 雷 霹 霹 露 露 露

露　露　露　露

監 볼 감 皿(그릇명)/총 14획

一 丆 丂 彐 手 臣 臤 臤 臥 臤 監 監

監　監　監　監

徹 통할 철 彳(두인변)/총 15획

丿 彳 彳 彳 彳 彳 徉 徝 徝 徹 徹

徹　徹　徹　徹

座 자리 좌 广(엄호)/총 10획

丶 亠 广 广 广 庀 庐 座 座 座

座　座　座　座

線 줄 선 糸(실사)/총 15획

丶 乺 幺 幺 糸 糹 約 紵 紵 線 線 線

線　線　線　線

折 꺾을 절 扌(재방변)/총 7획

一 十 扌 扌 扩 折 折

折　折　折　折

樣 모양 양 木(나무목)/총 15획

一 十 木 村 杧 样 样 样 様 様 様

樣　樣　樣　樣

積 쌓을 적 禾(벼화)/총 16획

二 千 禾 禾 秆 秆 秸 秸 積 積 積 積

積　積　積　積

視 볼 시 見(볼견)/총 12획

一 丆 丁 丰 禾 利 祁 祁 視 視 視

視　視　視　視

底 밑 저 广(엄호)/총 8획

丶 亠 广 广 庀 庀 底 底

底　底　底　底

銘 새길 명 金(쇠금)/총 14획

丿 𠂉 乍 乍 牟 金 釒 釤 釤 鈘 銘 銘

銘　銘　銘　銘

공부할 한자

■ 공부할 한자의 모양을 살펴보며 음과 훈을 알아보자,

묶음 4-12

음 ■ 한자를 읽는 소리
아래 한자의 음을 찾아 적고 소리내어 읽어 보자.

- 바탕색과 글자색이 같은 것을 찾아 보자 -

審	是	賣	賃
買	貸	價	還
償	查	認	評

가	인	상	평	매	대
매	임	환	시	사	심

훈 ■ 한자의 뜻 새김
한자의 음을 적고 훈과 함께 외어 보자.

賃	품삯	貸	빌릴	賣	팔	買	살
是	이	認	알	審	살필	查	조사할
評	평할	價	값	償	갚을	還	돌아올

157

알아보기

■ 한자어와 한자어를 이루는 개별 한자의 뜻을 알아보자.
■ 아래 한자어의 음을 적고 그 뜻을 생각하며 글을 읽어 보자.
■ 공부할 한자의 뜻을 알아보고 필순에 따라 바르게 써 보자.

賃貸 [   ] ▶ 삯을 받고 빌려줌.

「 "살다보니 힘들고 어려웠던 나날들이 인생에 힘이 되었습니다.

남은 바람 중 하나는 老人 專用 賃貸 아파트를 잘 짓는 겁니다.

나이 드신 분들이 편하도록 방과 화장실의 문턱을 낮추고

집안 곳곳에 손잡이를 만들 생각입니다.

이런 실버형 賃貸 아파트가

많아져야 住宅을 재산 증식이나

상속의 수단이 아니라 거주

空間으로 보는 文化가

자리잡지 않겠습니까" 」

• 老人(노인) • 專用(전용) • 住宅(주택) • 空間(공간) • 文化(문화).
* 인생: 사람이 세상을 살아가는 일. * 증식: 늘어서 많아짐. 또는 늘려서 많게 함. * 거주: 일정한 곳에 머물러 삶.

賃은 '맡은 일', '맡기다'는 뜻인 任(임)과 '돈'을 뜻하는 貝(패)를 결합한 것이다. 일을 맡기고 대가로 주는 〈돈(품삯)〉을 의미한다.

[새김] ▪ 품삯 ▪ 품팔다 ▪ 세내다

| ノ | イ | 仁 | 仁 | 任 | 任 | 任 | 侁 | 凭 | 賃 | 賃 | 賃 |

賃	賃	賃	賃
賃	賃	賃	賃

贷는 '대신하다'는 뜻인 代(대)와 '돈'을 뜻하는 貝(패)를 결합한 것이다. 대가를 주고 〈빌림〉을 의미한다.

[새김] ▪ 빌리다 ▪ 꾸다 ▪ 빌린 금품

| ノ | イ | 仁 | 代 | 代 | 代 | 伐 | 贷 | 贷 | 貸 | 貸 |

貸	貸	貸	貸
貸	貸	貸	貸

새기고 익히기

■ 한자의 뜻을 새기고 그 한자로 이루어진 한자어를 익히자.
■ 한자의 뜻을 연결하여 한자어의 뜻을 생각해 보자.
■ 한자어의 뜻을 알고 예문을 통해 그 쓰임을 익히자.

賃 품삯 임
■ 품삯
■ 품팔다
■ 세내다

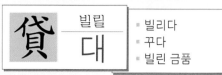
貸 빌릴 대
■ 빌리다
■ 꾸다
■ 빌린 금품

– 흐리게 나타난 한자어 위에 겹쳐서 쓰고 음을 적어라 –

金 쇠 금
■ 쇠, 쇠붙이
■ 금 ■ 돈
■ 귀하다

賃金
품삯으로 　받는 돈 ▶ 근로자가 노동의 대가로 사용자에게 받는 보수, 품삯

▷ 물가가 오르게 되면 그에 따라서 賃金도 인상되어야 한다.

勞 일할 로
■ 일하다
■ 수고하다
■ 노고

勞賃
일한 　품삯 ▶ 일한 대가로 받거나, 품을 산 대가로 주는 돈이나 물건.

▷ 농번기에는 일손 부족으로 勞賃이 올라간다.

與 더불 여
■ 더불다
■ 주다
■ 참여하다

貸與
빌려 　줌 ▶ 빌려 줌.

▷ 농가에 농기계를 무상으로 貸與해 줄 수 있다면 좋으련만.

付 줄 부
■ 주다
■ 맡기다
■ 붙이다

貸付
돈을 빌려 　줌 ▶ 은행 따위의 금융기관에서 이자와 기한을 정하고 돈을 빌려줌.

▷ 은행에서 貸付받은 돈의 이자를 다달이 납부하고 있다.

한 글자 더

認 알 인
■ 알다
■ 인정하다
■ 허가하다

默 잠잠할 묵
■ 잠잠하다
■ 묵묵하다
■ 말이 없다

默認
묵묵히 　인정함 ▶ 말 없는 가운데 슬며시 인정함.

▷ 불법 영업을 默認해 주는 대가로 뇌물을 받은 담당 공무원이 징계를 받았다.

否 아닐 부
■ 아니다
■ 그렇지 않다
■ 막히다

否認
아니함 　인정하지 ▶ 어떤 내용이나 사실을 옳거나 그러하다고 인정하지 아니함.

▷ 용의자가 범행 사실을 완강히 否認하자 수사관은 증거를 들이댔다.

알아보기

■ 한자어와 한자어를 이루는 개별 한자의 뜻을 알아보자.
■ 아래 한자어의 음을 적고 그 뜻을 생각하며 글을 읽어 보자.
■ 공부할 한자의 뜻을 알아보고 필순에 따라 바르게 써 보자.

賣買 [ ]

▶ 물건을 팔고 사고 하는 일.

「 市場은 우리 경제 생활에 여러 가지 重要한 구실을 한다.
그 중에서도 물건의 賣買가 쉽게 이루어지도록 하는 것이
무엇보다도 重要한 구실이다. 만일, 市場이 없다면 生産者와
소비자는 물건을 팔고 사기 위하여 서로 찾아다니는 不便을
겪지 않으면 안 된다. 그러나
市場이 있기 때문에 生産者가
生産한 물건을 내놓으면
소비자들이 찾아와 사게
되고, 必要한 물건도
손쉽게 구할 수 있다. 」

• 市場(시장) • 重要(중요) • 生産者(생산자) • 不便(불편) • 必要(필요)   * 소비자; 물자를 소비(써서 없앰)하는 사람.

賣는 '나가다', '내보내다' 는 뜻인 出(출)과 '값을 치
르고 넘겨 받음' 을 뜻하는 買(매)를 결합한 것이다. 나
중에 ㅄ이 士로 바뀌었다.   〈값을 받고 물건을 넘겨
줌〉을 의미한다.

[새김] ▪ 팔다 ▪ 내놓다 ▪ 배신하다

▦는 거두어들이는 '그물' 을 뜻하는 ⋈…网=四과
'돈' 을 뜻하는 ℘…貝(패)를 결합한 것이다.   〈값을
치르고 물건을 거두어들임〉을 의미한다.

[새김] ▪ 사다 ▪ 사들이다 ▪ 자초하다

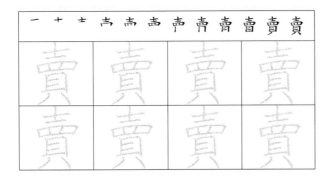

| 一 | 十 | 士 | 吉 | 냐 | 곪 | 声 | 壺 | 壺 | 壺 | 賣 | 賣 |

| 丶 | 冂 | 罒 | 罒 | 四 | 罒 | 胃 | 胃 | 胃 | 胃 | 買 | 買 |

160

■ 한자의 뜻을 새기고 그 한자로 이루어진 한자어를 익히자.
　■ 한자의 뜻을 연결하여 한자어의 뜻을 생각해 보자.
　■ 한자어의 뜻을 알고 예문을 통해 그 쓰임을 익히자.

賣 팔 매	▪ 팔다 ▪ 내놓다 ▪ 배신하다	買 살 매	▪ 사다 ▪ 사들이다 ▪ 자초하다

– 흐리게 나타난 한자어 위에 겹쳐서 쓰고 음을 적어라 –

競 다툴 경 ▪ 다투다 ▪ 겨루다 ▪ 나아가다

겨룸으로 | 팖
▷ 농수산물 시장에서는 매일 새벽 競賣가 벌어진다.
▶ 사려는 사람이 여럿일 때 값을 가장 높이 부르는 사람에게 파는 일.

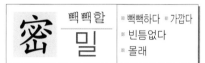

密 빽빽할 밀 ▪ 빽빽하다 ▪ 가깝다 ▪ 빈틈없다 ▪ 몰래

몰래 | 팖
▷ 국제적인 마약 密賣 조직이 적발 되었다.
▶ 거래가 금지된 물건을 몰래 팖.

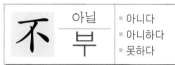

不 아닐 부 ▪ 아니다 ▪ 아니하다 ▪ 못하다

아니함 | 사지
▷ 소비자 단체에서는 부정한 일을 저지른 회사 제품에 대한 不買 운동을 벌였다.
▶ 상품 따위를 사지 아니함.

入 들 입 ▪ 들다 ▪ 들어가다 ▪ 들이다

사 | 들임
▷ 집을 짓기 위해 택지를 買入하였다.
▶ 물품 따위를 사들임.

한 글자 더

是 이 시 ▪ 이, 이것 ▪ 옳다 ▪ 바르게 하다

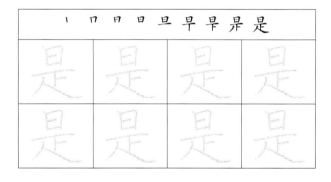

ㅣ ㄲ ㅁ ㅂ ㅁ 므 무 무 문 是

認 알 인 ▪ 알다 ▪ 인정하다 ▪ 허가하다

옳다고 | 인정함
▷ 그들은 판매한 제품에 문제가 있음을 是認하고 환불해 주었다.
▶ 어떤 내용이나 사실을 그러하다고 인정함.

非 아닐 비 ▪ 아니다 ▪ 어긋나다 ▪ 그르다

옳음과 | 그름
▷ 그래, 우리 차분히 是非를 가려보자.
▷ 사소한 是非가 몸싸움으로 번졌다.
▶ 옳음과 그름. 옳고 그름을 따지는 말다툼.

■ 한자어와 한자어를 이루는 개별 한자의 뜻을 알아보자.
■ 아래 한자어의 음을 적고 그 뜻을 생각하며 글을 읽어 보자.
■ 공부할 한자의 뜻을 알아보고 필순에 따라 바르게 써 보자.

審査 [ ]
▶ 자세히 조사함, 심의하여 사정함.

「 문명이 발달한 先進 국가들은 대부분 표준어를 定하여 쓰고 있다. 우리나라도 1936年 표준어를 審査하여 定하는 작업을 實施한 이래, 오늘날까지 꾸준히 표준어 普及에 힘써 오고 있다. 국어 사전을 편찬한 일이라든지, 통일된 맞춤법을 制定한 일 등은 모두 표준어 普及의 일환이었던 것이다. 그 결과, 오늘날 글을 통한 우리의 표준어 생활은 상당한 수준에 到達하게 되었다. 」

• 先進(선진) • 實施(실시) • 制定(제정) • 普及(보급): 널리 펴서 많은 사람들에게 골고루 미치게 하여 누리게 함. • 到達(도달)
＊편찬: 여러 가지 자료를 모아 체계적으로 정리하여 책을 만듦. ＊일환: 서로 밀접한 관계로 연결되어 있는 여러 것 가운데 한 부분.

[宀]는 '집'을 뜻하는 宀 …▶ 宀과 밭이나 사냥터에 남겨진 '짐승의 발자국'을 뜻하는 釆 …▶ 番을 결합한 것이다. 집 안에서 발견된 짐승의 발자국을 〈살피고 조사함〉을 의미한다.

[새김] ▪살피다 ▪밝히다 ▪조사하다

`	宀	宀	宀	宁	宷	宷	審	審	審	審

審	審	審	審
審	審	審	審

查는 '나무'를 뜻하는 木(목)과 '또', '거듭하여'를 뜻하는 且(차)를 결합한 것이다. 통나무를 거듭 엮어 만든 뗏목이 잘못됨이 없는지를 〈조사함〉을 의미한다.

[새김] ▪조사하다 ▪사실하다 ▪떼(뗏목)

一	十	才	木	木	杏	杏	杳	查

查	查	查	查
查	查	查	查

새기고 익히기

■ 한자의 뜻을 새기고 그 한자로 이루어진 한자어를 익히자.
■ 한자의 뜻을 연결하여 한자어의 뜻을 생각해 보자.
■ 한자어의 뜻을 알고 예문을 통해 그 쓰임을 익히자.

審	살필 심	■ 살피다 ■ 밝히다 ■ 조사하다

查	조사할 사	■ 조사하다 ■ 사실하다 ■ 떼(뗏목)

- 흐리게 나타난 한자어 위에 겹쳐서 쓰고 음을 적어라 -

問	물을 문	■ 묻다, 물음 ■ 알아보다 ■ 방문하다

審問 □
조사하여 물음 ▶ 자세히 따져서 물음.

▷ 범인을 審問하여 범행 일체를 밝혀냈다.

判	판단할 판	■ 판단하다 ■ 판결하다 ■ 구별하다

審判 □
살피어 판결함 ▶ 문제가 되는 안건을 심의하여 판결을 내리는 일.

▷ 헌법재판소에서는 법률의 위헌 여부를 審判한다.

調	고를 조	■ 고르다 ■ 가락 ■ 조절하다 ■ 조사하다

調查 □
고르게 조사하다 ▶ 사물의 내용을 명확히 알기 위해 자세히 살펴보거나 찾아봄.

▷ 환경 오염 실태에 대하여 調查한 결과 그 정도가 매우 심하다고 한다.

監	볼 감	■ 보다 ■ 살피다 ■ 거울삼다 ■ 감옥

監查 □
살펴보며 조사함 ▶ 감독하고 검사함.

▷ 그 회사는 이번에 국세청으로부터 세무 監查를 받았다.

한 글자 더

償	갚을 상	■ 갚다 ■ 상환하다 ■ 보상

亻 亻' 亻'' 亻'' 俨 償 償 償 償 償 償

償	償	償	償
償	償	償	償

補	기울 보	■ 깁다 ■ 돕다 ■ 보태다

補償 □
기움 갚아서 ▶ 남에게 끼친 손해를 갚음.

▷ 보험 회사는 교통사고 피해에 대하여 補償하기로 했다.

無	없을 무	■ 없다 ■ 아니하다 ■ 공허하다

無償 □
없음 보상이 ▶ 어떤 행위에 대하여 아무런 대가나 보상이 없음.

▷ 새 제품을 구입하면 정해진 기간 동안은 無償으로 수리를 받을 수 있다.

알아보기

■ 한자어와 한자어를 이루는 개별 한자의 뜻을 알아보자.
■ 아래 한자어의 음을 적고 그 뜻을 생각하며 글을 읽어 보자.
■ 공부할 한자의 뜻을 알아보고 필순에 따라 바르게 써 보자.

評價 [　　] ▶ 선악 미추 등의 가치를 평론하여 정함.

「 우리는 영화나 텔레비젼 드라마를 보고, 그 작품에 대한 느낌을
말하거나 評價 를 하기도 한다. 같은 작품에 대해 意見이 다를 때
에는 서로 제 생각이 옳다고 理由를 내세워 主張하며, 상대방의
主張을 받아들여서 자신의 생각을
고치기도 한다. 이와 같은 對話는
우리가 영화와 드라마 작품에
대해서 각기 느끼고, 理解하며,
評價 하는 데서 이루어지는
것이다. 이것은 지극히
자연스럽고 당연한 일이다. 」

• 意見(의견) • 理由(이유) • 主張(주장) • 對話(대화) • 理解(이해). ＊상대방: 어떤 일이나 말을 할 때 짝을 이루는 사람.
＊지극히: 더할 나위 없이 아주. ＊당연하다: 일의 앞뒤 사정을 놓고 볼 때 마땅히 그러하다.

[　][　] 評

評은 '말하다' 는 뜻인 言(언)과 '고르다' 는 뜻인 平
(평)을 결합한 것이다.   좋고 나쁨, 옳고 그름 따위를
〈고르게 헤아려서 말함〉을 의미한다.

[새김] ▪ 품평 ▪ 품평하다 ▪ 평론하다

`	˜	ˉ	言	言	言	言	言	訮	訮	評
評	評	評	評
評	評	評	評

價 價

價는 '사람' 을 뜻하는 亻(인)과 '사고팔다', '값' 을 뜻
하는 賈(가)를 결합한 것이다.   사람들이 물건을 사고
팔며 치루는 〈값〉을 의미한다.

[새김] ▪ 값 ▪ 값어치 ▪ 평판

亻	亻	亻	价	價	價	價	價	價	價	價
價	價	價	價
價	價	價	價

새기고 익히기

■ 한자의 뜻을 새기고 그 한자로 이루어진 한자어를 익히자.
■ 한자의 뜻을 연결하여 한자어의 뜻을 생각해 보자.
■ 한자어의 뜻을 알고 예문을 통해 그 쓰임을 익히자.

評 평할 평	▪ 평하다 ▪ 품평하다 ▪ 평론하다	價 값 가	▪ 값 ▪ 값어치 ▪ 평판

– 흐리게 나타난 한자어 위에 겹쳐서 쓰고 음을 적어라 –

好 좋을 호	▪ 좋다 ▪ 좋아하다 ▪ 사랑하다	好評 [ ] 좋게 평함 ▶ 좋게 평함. 또는 그런 평판.	▷ 그 회사에서 이번에 출시한 제품에 대해 好評이 이어졌다.

寸 마디 촌	▪ 마디 ▪ 치 ▪ 작다, 적다 ▪ 헤아리다	寸評 [ ] 짧게 평함 ▶ 매우 짧게 비평함. 또는 그런 비평.	▷ 영화를 보고 나오는 사람들은 제각기 한 마디씩 寸評을 했다.

物 만물 물	▪ 만물 ▪ 물건 ▪ 사물	物價 [ ] 물건의 값 ▶ 물건의 값.	▷ 무엇보다도 物價를 안정시키는 것이 우선 이라 생각한다.

眞 참 진	▪ 참 ▪ 진실 ▪ 참되다	眞價 [ ] 참된 값어치 ▶ 참된 값어치.	▷ 흠, 이제는 내 작품의 眞價를 알아보는군.

한 글자 더

還 돌아올 환	▪ 돌아오다 ▪ 돌려보내다 ▪ 돌아보다

丶 丨 罒 罒 罒 睘 睘 睘 睘 睘 還 還

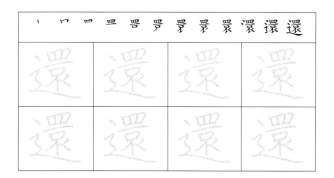

☆ 옛집에 돌아오다.
  가져온 것을 도로 보내다.

償 갚을 상	▪ 갚다 ▪ 상환하다 ▪ 보상	償還 [ ] 갚거나 돌려줌 ▶ 갚거나 돌려줌.	▷ 그는 매달 조금씩 대출금을 償還하고 있다.

歸 돌아갈 귀	▪ 돌아가다 ▪ 돌려보내다 ▪ 따르다	歸還 [ ] 돌아감 돌아오거나 ▶ 다른 곳으로 떠나 있던 사람이 돌아오거나 돌아감.	▷ 우주 정거장에 머물고 있던 우주인들이 무사히 歸還하였다.

한자성어

■ 한자 성어에 담긴 함축된 의미를 파악하고 그 쓰임을 익히자.

■ 한자 성어의 음을 적고 그에 담긴 의미와 적절한 쓰임을 익혀라.

度外視

▶ 상관하지 아니하거나 무시함.

▷ 그것이 소수의 의견이라고 해서 度外視하면 안된다.

百折不屈

▶ 어떠한 난관에도 결코 굽히지 않음.

▷ 가장 중요한 것은 정신력이다. 百折不屈의 강인한 정신력을 지녔다면 무엇을 하여도 뜻을 이룰 수 있을 것이다.

各樣各色

▶ 각기 다른 여러 가지 모양과 빛깔.

▷ 이번 전시회에는 各樣各色의 많은 작품들이 출품되었다.

徹頭徹尾

▶ 처음부터 끝까지 철저하게.

▷ 그 사건의 원인과 진상을 밝혀내기 위해 徹頭徹尾 조사를 진행하고 있다.

晝耕夜讀

▶ 낮에는 농사짓고, 밤에는 글을 읽는다는 뜻으로, 어려운 여건 속에서도 꿋꿋이 공부함을 이르는 말.

▷ 집안이 어려웠지만 晝耕夜讀으로 성공한 많은 사람들이 많다.

威風堂堂

▶ 풍체나 기세가 위엄 있고 당당함.

▷ 올림픽에서 좋은 결과를 낸 우리 선수들이 威風堂堂한 모습으로 귀국하였다.

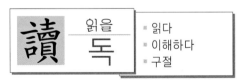

讀 읽을 독
- 읽다
- 이해하다
- 구절

威 위엄 위
- 위엄
- 위력
- 오르다

· 도외시 · 백절불굴 · 각양각색 · 철두철미 · 주경야독 · 위풍당당

166

더 살펴 익히기

■ 아래 한자가 지닌 뜻과 그 뜻을 지니는 한자어를 줄로 이어라.

■ [是]와 상대되는 뜻을 지닌 한자에 모두 ○표 하여라. ⇨ [非 · 示 · 不 · 否]

■ [曲]과 비슷한 뜻을 지닌 한자에 ○표 하여라. ⇨ [折 · 角 · 屈 · 圓]

■ [輕]과 상대되는 뜻을 지닌 한자에 ○표 하여라. ⇨ [積 · 堅 · 動 · 重]

■ 아래의 뜻을 지닌 한자성어가 되도록 ( ) 안에 한자를 써 넣고 완성된 성어의 독음을 적어라.

▶ 착상이나 <u>생각</u> 따위가 쉽게 짐작할 수 없을 정도로 기발하고 엉뚱함. ⇨ 奇( )天外

▶ 가가운 혈족끼리 <u>서로</u> 해치고 죽임. ⇨ 骨肉( )殘

▶ 손을 <u>묶은</u> 것처럼 어찌할 도리가 없어 꼼짝 못함. ⇨ ( )手無策

▶ 눈앞에 벌어진 상황 따위를 눈 뜨고 차마 볼 수 없음. ⇨ 目不忍( )

▶ 늘 <u>자리</u> 옆에 갖추어 두고 가르침으로 삼는 말이나 문구. ⇨ ( )右銘

▶ 자기 몸을 상해 가면서까지 꾸며 내는 <u>계책</u>이라는 뜻으로 어려운 상태를 벗어나기 위해 어쩔 수 없이 꾸며내는 계책을 이르는 말. ⇨ 苦肉之( )

· 곡해. 명곡. 굴곡 · 적금. 면적. 산적 · 노출. 결로 /. 想 · 相 · 束 · 見 · 座 · 策

어휘력 다지기

■ 공사를 마치고 勞賃[ ]을 지불하였다. • • 임금이 없음, 값을 치르지 않음.

■ 기차에 몰래 無賃[ ] 승차 하려다가. • • 세를 받고 방을 빌려줌, 또는 그 방.

■ 주택 구입자에게 자금을 貸付[ ] 한다. • • '노동임금(노동에 대한 보수)'을 줄여 이르는 말.

■ 그곳에서 머무를 방을 貸室[ ] 하였다. • • 차용증서를 받고 돈이나 물건 따위를 빌려줌.

■ 극장 안 賣店[ ]에서 팝콘을 샀다네. • • 차표나 입장권 따위의 표를 삼.

■ 열차의 좌석은 이미 賣盡[ ] 되었어. • • 어떤 기관이나 단체 안에서 물건을 파는 작은 상점.

■ 야구장 입장권을 미리 買票[ ] 해야 해. • • 하나도 남지 아니하고 모두 다 팔려 동이 남.

■ 점심은 항상 밖에서 買食[ ]을 한다. • • 아마도 틀림없이.

■ 그에게 必是[ ] 무슨 일이 있나보다. • • 음식을 사서 먹음, 또는 사서 먹는 음식.

■ 차별 대우에 대한 是正[ ]을 요구했다. • • 용납하여 인정함.

■ 유통 기한을 確認[ ] 하고 구입하도록. • • 잘못된 것을 바로잡음.

■ 그의 잘못을 그냥 容認[ ] 할 수 없어. • • 틀림없이 그러한가를 알아보거나 인정함.

■ 主審[ ]이 그 선수에게 경고를 주었다. • • 심사원의 우두머리, 주심판.

■ 납치되었던 선원들이 生還[ ] 하였다. • • 학생들의 학업 성적을 평가하는 시험.

■ 오늘로 학기말 考査[ ]가 끝났어. • • 살아서 돌아옴.

■ 상품 재고를 정확하게 實査[ ] 하여라. • • 모든 사람이 다 같이 인정하는 평판.

■ 그에 대한 評判[ ]이 매우 좋았다. • • 실제를 조사하거나 검사함.

■ 품질이 좋기로 定評[ ] 있는 상품이야. • • 세상 사람들의 비평, 비평하여 시비를 판정함.

■ 定價[ ]에서 할인된 가격으로 샀다. • • 어떤 행위에 대하여 보상이 있음.

■ 더 낸 세금을 모두 還給[ ] 받았어. • • 도로 돌려줌.

■ 보증 기간이 끝나서 有償[ ]으로 수리. • • 상품에 일정한 값을 매김, 또는 그 값.

· 노임 · 무임 · 대부 · 대실 · 매점 · 매진 · 매표 · 매식 · 필시 · 시정 · 확인 · 용인 · 주심 · 생환 · 고사 · 실사 · 평판 · 정평 · 정가 · 환급 · 유상

■ 한자어가 되도록 ☐ 안에 공통으로 넣을 한자를 보기에서 찾아 ☐ 안에 쓰고 , 그 한자어의 뜻을 생각하며 음을 적어라.

☐ ⇨	運☐	☐金	☐貸

☐ ⇨	賣☐	☐食	☐入

☐ ⇨	是☐	否☐	確☐

☐ ⇨	審☐	調☐	監☐

☐ ⇨	☐價	好☐	☐判

☐ ⇨	無☐	有☐	☐還

보기

賃 · 還 · 評 · 讀 · 認 · 價 · 賣 · 是 · 貸 · 查 · 償 · 買 · 審

■ 아래의 뜻을 지닌 한자어가 되도록 위의 보기에서 알맞은 한자를 찾아 ☐ 안에 써 넣어라.

▷ 계약에 의하여 일정 기간 동안 그 사람에게만 빌려 주어 다른 사람의 사용을 금하는 일.

▷ 물건을 내다 파는 일.

▷ 어떤 내용이나 사실이 옳거나 그러하다고 인정함.

▷ 책을 읽음.

▷ 자세히 따져서 물음.

▷ 싼값(시세에 비하여 헐한 값).

▷ 본디의 상태로 다시 돌아감, 또는 그렇게 되게 함.

▷ 버스를 ☐切 하여 수학 여행을 갔다.

▷ 다달이 ☐出 이 늘어나고 있구나.

▷ 그는 자신의 잘못을 ☐認 하였다.

▷ ☐書 의 즐거움을 느껴보았느냐?

▷ 그 사건의 용의자를 잡아 ☐問 했다.

▷ 低☐ 상품에 사람들이 몰렸다.

▷ 그는 전 재산을 사회에 ☐元 하였다.

· 운임. 임금. 임대 · 매매. 매식. 매입 · 시인. 부인. 확인 · 심사. 조사. 감사 · 평가. 호평. 평판 · 무상. 유상. 상환 / · 대절 · 매출 · 시인 · 독서 · 심문 · 저가 · 환원

■ 한자의 음과 훈을 되새기며 필순에 따라 바르게 써 보자.

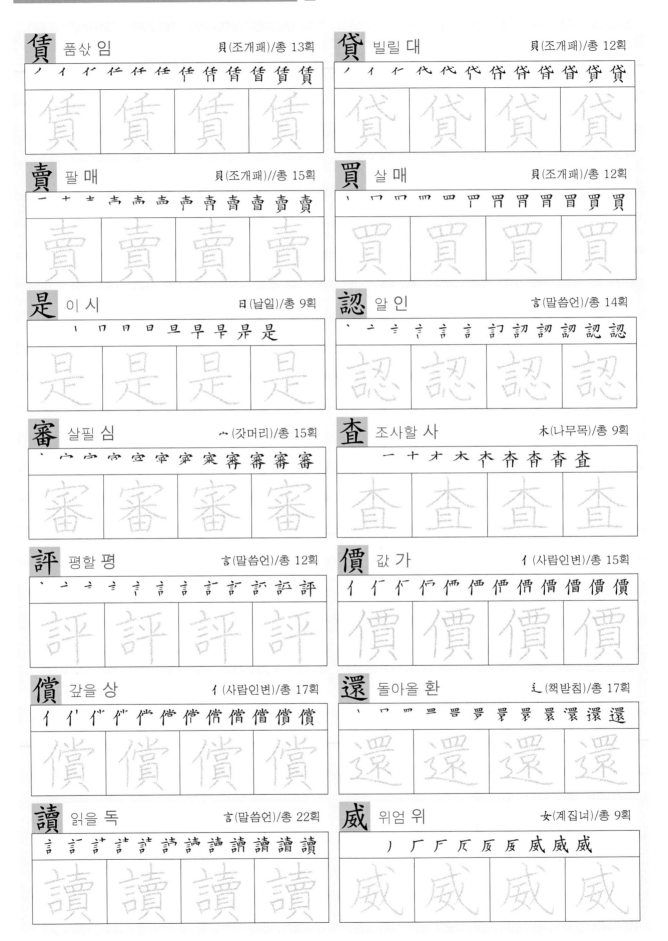

賃 품삯 임 　　　　貝(조개패)/총 13획

ノ イ イ仁 仁仟 任 任 賃 賃 賃 賃 賃

賣 팔 매 　　　　貝(조개패)//총 15획

一 十 士 吉 吉 吉 吉 壱 賣 賣 賣 賣

是 이 시 　　　　日(날일)/총 9획

丨 口 日 旦 旦 早 昱 是

審 살필 심 　　　　宀(갓머리)/총 15획

丶 宀 宀 宀 宇 宇 宇 宷 審 審 審 審

評 평할 평 　　　　言(말씀언)/총 12획

丶 亠 亠 言 言 言 言 訂 訂 評 評

償 갚을 상 　　　　亻(사람인변)/총 17획

亻 亻 亻 伩 俨 償 償 償 償 償 償

讀 읽을 독 　　　　言(말씀언)/총 22획

言 言 計 計 計 請 請 讀 讀 讀 讀 讀

貸 빌릴 대 　　　　貝(조개패)/총 12획

ノ イ イ 代 代 代 代 貸 貸 貸 貸 貸

買 살 매 　　　　貝(조개패)/총 12획

丶 丨 冂 四 四 四 罒 罒 胃 胃 買 買

認 알 인 　　　　言(말씀언)/총 14획

丶 亠 言 言 言 言 訂 訒 認 認 認 認

査 조사할 사 　　　　木(나무목)/총 9획

一 十 才 木 木 杏 杏 杏 査

價 값 가 　　　　亻(사람인변)/총 15획

亻 亻 亻 仃 仔 俨 價 價 價 價 價

還 돌아올 환 　　　　辶(책받침)/총 17획

丶 口 四 四 罒 罘 罩 睘 景 環 環 還

威 위엄 위 　　　　女(계집녀)/총 9획

ノ 厂 厂 厂 反 反 反 威 威 威

170

■ 공부할 한자의 모양을 살펴보며 음과 훈을 알아보자,

묶음 4-13

음 ■ 한자를 읽는 소리
아래 한자의 음을 찾아 적고 소리내어 읽어 보자.

- 바탕색과 글자색이 같은 것을 찾아 보자 -

賢		慈		敬		近	
貴		網		賤		仁	
尊		親		妻		羅	

처	현	천	인	망	귀
자	라	경	근	친	존

훈 ■ 한자의 뜻 새김
한자의 음을 적고 훈과 함께 외어 보자.

尊	높을	敬	공경	仁	어질	慈	사랑할
賢	어질	妻	아내	貴	귀할	賤	천할
網	그물	羅	그물	親	친할	近	가까울

171

알아보기

■ 한자어와 한자어를 이루는 개별 한자의 뜻을 알아보자.
▬ 아래 한자어의 음을 적고 그 뜻을 생각하며 글을 읽어 보자.
▬ 공부할 한자의 뜻을 알아보고 필순에 따라 바르게 써 보자.

尊敬 ☐ ▶ 높이어 공경함.

「青少年은 마음 속으로 尊敬하고 따를 만한 인물을 찾아야 한다.
여러 分野에서 본받을 만한 인물을 찾아보아야 한다. 가족 중에서나
歷史的 인물 중에서 본보기가 될 만한 인물을 찾을 수도 있다.
또, 문학 작품 속에서 이상적인 인물을
찾아볼 수도 있을 것이다. 어떻든,
青少年은 각자 尊敬하고 따를 만한
인물을 찾아, 그와 같은 사람이
되고자 노력하는 슬기로움을 지녀야
한다. 그렇지 않으면, 目標를 상실하고
방황하기 쉽다.

↳ 青少年(청소년) • 分野(분야): 여러 갈래로 나누어진 범위(일정하게 한정된 영역)나 부분. • 歷史的(역사적)
• 目標(목표).　＊상실: 어떤 것이 아주 없어지거나 사라짐. ＊방황: 분명한 방향이나 목표를 정하지 못하고 갈팡질팡 함.

尋은 술항아리를 두 손으로 받쳐 든 모습이다. 　공경
하는 마음으로 술을 올리며 〈높이어 떠받듦〉을 의미한
다.

[새김] ▪ 높다 ▪ 높이다 ▪ 우러러보다

´	八	𥾅	竹	疒	尓	酋	酋	酋	尊	尊	尊
尊	尊	尊	尊								
尊	尊	尊	尊								

敬은 '삼가다(몸가짐이나 언행을 조심하다)', '사랑하다'
는 뜻인 苟 (극)과 '~하게하다'는 뜻인 攴
(복)=攵을 결합한 것이다. 　몸가짐을 삼가며 〈받들어
모심〉을 의미한다.

[새김] ▪ 공경 ▪ 공경하다 ▪ 삼가다

´	⺈	⺈	艹	艹	芍	苟	苟	苟	敬	敬
敬	敬	敬	敬							
敬	敬	敬	敬							

■ 한자의 뜻을 새기고 그 한자로 이루어진 한자어를 익히자.

■ 한자의 뜻을 연결하여 한자어의 뜻을 생각해 보자.

■ 한자어의 뜻을 알고 예문을 통해 그 쓰임을 익히자.

尊 높을 존	■ 높다 ■ 높이다 ■ 우러러보다	敬 공경 경	■ 공경 ■ 공경하다 ■ 삼가다

– 흐리게 나타난 한자어 위에 겹쳐서 쓰고 음을 적어라 –

重 무거울 중	■ 무겁다 ■ 무게 ■ 중하다 ■ 겹치다

尊重 ☐
높이어 중하게 대함 ▶ **높이어 귀중하게 대함.**

▷ 다른 사람의 의사와 자유가 尊重될 때 나의 의사와 자유도 보호되는 것이다.

自 스스로 자	■ 스스로 ■ 자기, 자신 ■ ~부터

自尊 ☐
스스로 높임 ▶ **자기의 품위를 스스로 지킴. 자기를 높여 잘난 체함.**

▷ 너의 自尊을 생각하여 신중하게 행동해라.
▷ 지나친 오만과 自尊이 네 자신을 망쳤다.

語 말씀 어	■ 말씀, 말 ■ 말하다

敬語 ☐
공경하는 뜻의 말 ▶ **상대를 공경하는 뜻의 말. 높임말.**

▷ 웃어른에게는 敬語를 써야 한다.

老 늙을 로	■ 늙다 ■ 노련하다 ■ 오래 되다

敬老 ☐
공경함 노인을 ▶ **노인을 공경함.**

▷ 敬老 정신이 점점 사라지고 있는 세태가 안타깝다.

賢 어질 현	■ 어질다 ■ 어진 사람, 현인 ■ 현명하다

一 厂 厂 臣 臣 臥 臤 臤 臤 賢 賢 賢

賢	賢	賢	賢
賢	賢	賢	賢

明 밝을 명	■ 밝다 ■ 밝히다 ■ 확실하게

賢明 ☐
어질고 밝음 ▶ **어질고 슬기로워 사리에 밝음.**

▷ 사람은 나이 들수록 모든 일에 賢明하게 대처하려는 마음을 가져야 한다.

聖 성스러울 성	■ 성스럽다 ■ 성인 ■ 거룩하다

聖賢 ☐
성인과 현인 ▶ **성인과 현인을 아울러 이르는 말.**

▷ 옛 聖賢들의 가르침을 따라라.

알아보기

■ 한자어와 한자어를 이루는 개별 한자의 뜻을 알아보자.
■ 아래 한자어의 음을 적고 그 뜻을 생각하며 글을 읽어 보자.
■ 공부할 한자의 뜻을 알아보고 필순에 따라 바르게 써 보자.

仁慈 [   ] ▶ 어질고 자애스러움.

「 자녀에 대한 父母의 사랑은 仁慈 하고 희생적인, 條件 없는
사랑이다. 그렇다고 해서 父母가 언제나 자녀에게 부드럽게
대하기만 하는 것은 아니다. 경우에 따라서는
엄하게 꾸짖기도 하고, 회초리를 들기도 한다.
父母는 자녀를 眞心으로 사랑하므로,
자식의 잘못을 고쳐 주기 위하여
때로는 血肉의 情을 누르고
엄하게 대하기도 하는 것이다. 」

• 條件(조건) • 眞心(진심) • 血肉(혈육) • 情(정). *엄하다: 어떤 일이나 행동이 잘못되지 아니하도록 주의가 철저하다.
* 희생적: 다른 사람이나 어떤 목적으로 위하여 자신의 목숨, 재산, 명예 이익 따위를 바치거나 버리는 것.

亻=은 '사람'을 뜻하는 亻→ 亻(인)과 '둘', '거듭'을 뜻
하는 二→ 二(이)를 결합한 것이다. 사람과 사람이
서로서로 베푸는 〈어진 마음〉을 의미한다.

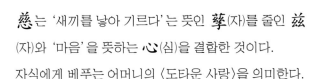

慈는 '새끼를 낳아 기르다'는 뜻인 孶(자)를 줄인 兹
(자)와 '마음'을 뜻하는 心(심)을 결합한 것이다.
자식에게 베푸는 어머니의 〈도타운 사랑〉을 의미한다.

[새김] ▪어질다 ▪착하다 ▪사람의 마음

ノ 亻 仁 仁			
仁	仁	仁	仁
仁	仁	仁	仁

[새김] ▪사랑 ▪자비, 자애 ▪어머니

ⸯ ⸯⸯ ⸯⸯ ⸯⸯ 兹 兹 兹 兹 兹 慈 慈 慈			
慈	慈	慈	慈
慈	慈	慈	慈

새기고 익히기

■ 한자의 뜻을 새기고 그 한자로 이루어진 한자어를 익히자.
  ➡ 한자의 뜻을 연결하여 한자어의 뜻을 생각해 보자.
  ➡ 한자어의 뜻을 알고 예문을 통해 그 쓰임을 익히자.

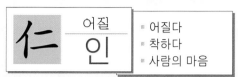

仁 어질 인
■ 어질다
■ 착하다
■ 사람의 마음

慈 사랑 자
■ 사랑 (자식에 대한)
■ 자비, 자애
■ 어머니

― 흐리게 나타난 한자어 위에 겹쳐서 쓰고 음을 적어라 ―

術 재주 술
■ 재주
■ 방법, 수단
■ 기예

仁術 [   ]
어진   수단 ▶ 사람을 살리는 어진 기술이라는 뜻으로, '의술'을 이르는 말.

▷ 뜻있는 의사들이 환경이 열악한 지역에서 仁術을 베풀고 있다.

者 놈 자
■ 놈 ■ 사람
■ 것
■ 적다

仁者 [   ]
어진   사람 ▶ 마음이 어진 사람.

▷ 仁者는 의리에 만족하여 몸가짐이 무겁고 덕이 두터워 그 마음이 산과 같다.

善 착할 선
■ 착하다
■ 좋다
■ 훌륭하다

慈善 [   ]
자비롭고   착한 ▶ 남을 불쌍히 여겨 도와줌.

▷ 연말을 맞이하여 연예인들이 불우 이웃을 돕기 위한 慈善 공연을 열었다.

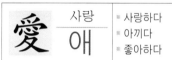

愛 사랑 애
■ 사랑하다
■ 아끼다
■ 좋아하다

慈愛 [   ]
사랑하고   이낌 ▶ 아랫사람에게 베푸는 도타운 사랑.

▷ 어머니는 慈愛로운 미소를 띠며 나를 바라보셨다.

한 글자 더

妻 아내 처
■ 아내
■ 아내로 삼다

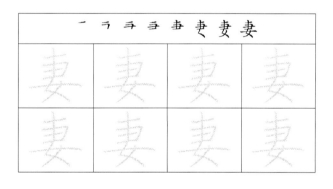

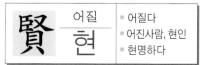

賢 어질 현
■ 어질다
■ 어진사람, 현인
■ 현명하다

賢妻 [   ]
어진   아내 ▶ 어진 아내.

▷ 남편들은 누구나 자기 아내가 賢妻이기를 바랄 것이다.

弟 아우 제
■ 아우
■ 제자
■ 나이 어린 사람

妻弟 [   ]
아내의   아우 ▶ 아내의 여자 동생.

▷ 아버지의 妻弟는 나에게 이모가 된다.

■ 한자어와 한자어를 이루는 개별 한자의 뜻을 알아보자.
■ 아래 한자어의 음을 적고 그 뜻을 생각하며 글을 읽어 보자.
■ 공부할 한자의 뜻을 알아보고 필순에 따라 바르게 써 보자.

貴賤 [ ] ▸ 귀함과 천함.

「 수입이 적거나, 사회적 지위가 낮다고 해서 자기의 직업을 낮추어 생각하는 것은 어리석은 일이다. 직업의 貴賤은 직업 그 자체에 의해서가 아니라, 직업에 대한 직업인의 자세에 의해 決定되기 때문이다. 따라서, 직업에 대한 確固한 信念과 애착심이 없이 오직 수입이라든지 사회적 지위 등에만 關心을 둘 때, 직업에 대한 貴賤 意識이 생기기 쉽다. 직업의 가치를 이러한 것들에 의해 판단하게 되면, 이 세상의 어떤 직업도 결코 만족할 수 없기 때문이다. 」

• 決定(결정) • 確固(확고) • 信念(신념) • 關心(관심) • 意識(의식).
＊ 어리석다: 슬기롭지 못하고 둔하다. ＊애착심: 몹시 사랑하거나 끌리어서 떨어질 수 없는 마음. ＊결코: 어떤 경우에도 절대로.

𦥑는 두 손(𦥑)으로 토지(토지신)(￺)를 감싸는 모습이다. 나중에 '돈', '재물'을 뜻하는 貝(패)를 결합하였다. 토지와 재물을 〈귀히 여김〉을 의미한다.

賤은 '돈'을 뜻하는 貝(패)와 '얇다', '작다'는 뜻인 戔(전)을 결합한 것이다. 값어치가 작고 흔하여 〈천히 여김〉을 의미한다.

[새김] ▪ 귀하다 ▪ 귀중하다 ▪ 귀히 여기다

[새김] ▪ 천하다 ▪ 천히 여기다 ▪ 흔하다

﹅ ﹂ ﹃ 中 虫 虫 虫 贵 贵 贵 貴 貴			
貴	貴	貴	貴
貴	貴	貴	貴

﹘ ﹐ 冂 日 目 貝 貝 貯 賎 賎 賤 賤 賤			
賤	賤	賤	賤
賤	賤	賤	賤

■ 한자의 뜻을 새기고 그 한자로 이루어진 한자어를 익히자.
- 한자의 뜻을 연결하여 한자어의 뜻을 생각해 보자.
- 한자어의 뜻을 알고 예문을 통해 그 쓰임을 익히자.

| 貴 귀할 귀 | ▪ 귀하다
▪ 귀중하다
▪ 귀히 여기다 | 賤 천할 천 | ▪ 천하다
▪ 천히 여기다
▪ 흔하다 |

- 흐리게 나타난 한자어 위에 겹쳐서 쓰고 음을 적어라 -

| 重 무거울 중 | ▪ 무겁다 ▪ 무게
▪ 중하다
▪ 겹치다 |

貴重 [ ]
귀하고 중하다 ▶ 귀하고 중요하다.

▷ 그 부부에게 하나뿐인 딸아이는 무엇보다 貴重한 존재였다.

| 富 부유할 부 | ▪ 부유하다
▪ 가멸다
▪ 부자 |

富貴 [ ]
부유하고 귀함 ▶ 재산이 많고 지위가 높음.

▷ 행복이 富貴에만 있지 않다는 것을 새삼 깨달았다.

| 視 볼 시 | ▪ 보다
▪ 살펴보다
▪ 여기다 |

賤視 [ ]
천하게 여김 ▶ 업신여겨 낮게 보거나 천하게 여김.

▷ 언행이 바르지 않고 신용이 없다면 결국 둘레 사람들에게 賤視당할 것이다.

| 微 작을 미 | ▪ 작다
▪ 적다
▪ 어렴풋하다 |

微賤 [ ]
작고 천하다 ▶ 신분이나 지위 따위가 하찮고 천하다.

▷ 비록 가문은 微賤하였지만 그의 포부는 원대하였다.

한 글자 더

| 親 친할 친 | ▪ 친하다
▪ 가까이하다
▪ 어버이 ▪ 친척 |

ㅗ	ㅑ	ㅛ	ㅍ	후	辛	亲	亲	親	郭	親	親
親		親		親		親					
親		親		親		親					

| 熟 익을 숙 | ▪ 익다
▪ 익숙하다
▪ 곰곰이 |

親熟 [ ]
친하고 익숙함 ▶ 친하여 익숙하고 허물이 없음.

▷ 그들은 이미 오래전부터 親熟한 사이인 듯했다.

| 兩 두 양 | ▪ 두, 둘
▪ 짝, 양쪽
▪ 냥(무게 단위) |

兩親 [ ]
(짝이 되는)두 어버이 ▶ 부친과 모친을 아울러 이르는 말.

▷ 兩親이 내 곁에 계시다는 것이 무엇보다 큰 행복이다.

■ 한자어와 한자어를 이루는 개별 한자의 뜻을 알아보자.
■ 아래 한자어의 음을 적고 그 뜻을 생각하며 글을 읽어 보자.
■ 공부할 한자의 뜻을 알아보고 필순에 따라 바르게 써 보자.

網羅 [ ]

▶ 물고기와 새를 잡는 그물이라는 뜻으로, 널리 받아들여 모두 포함함을 이르는 말.

「 어떤 사람이 인격적으로 成熟한 사람인가?

어떤 사람은 풍부한 教養이 있어야 한다는 점을 強調하고, 또

어떤 사람은 도덕적인 인격의 완성을 주장하기도 한다. 그와 같은

意見이나 주장을 網羅하기는 어려우나, 중요한 점을 간추려 보면,

자기 자신을 잘 理解하고 있는 사람,

남을 먼저 생각하고 행동하는

사람, 자율적으로 생각하고

행동하는 사람, 자기 나름의

뚜렷한 인생관을 가지고 있는

사람으로 집약할 수 있다. 」

• 成熟(성숙) • 教養(교 • 強調(강조) • 意見(의견) • 理解(이해). * 집약: 한데 모아서 요약함(말이나 글의 요점을 잡아서 간추림).
* 인격: 사람으로서의 품격. * 자율적: 자기 스스로의 원칙에 따라 어떤 일을 하거나 자기 스스로를 통제하여 절제하는 것.

𠕁은 물고기를 잡는 그물의 모습이다. 나중에 '실'을 뜻하는 糸(사)를 결합하였다.   실로 짠 〈그물〉을 의미한다.

[새김] ▪ 그물 ▪ 계통 ▪ 조직

✓	⺈	纟	糸	糸	糸	糺	紹	網	絧	網	網
網		網		網		網					
網		網		網		網					

𦀠은 실로 짠 그물인 𠕁… 网 = 罒(망)과 '새'를 뜻하는 쇠… 隹(추)를 결합한 것이다. 나중에 糸(사)를 결합하였다.   가는 명주실로 짜 벌여 놓은 〈새그물〉을 의미한다.

[새김] ▪ 새그물 ▪ 벌여 놓다 ▪ 늘어서다

⼌	罒	罒	罓	罘	羃	羅	羅	羅	羅	羅
羅		羅		羅		羅				
羅		羅		羅		羅				

새기고 익히기

■ 한자의 뜻을 새기고 그 한자로 이루어진 한자어를 익히자.
■ 한자의 뜻을 연결하여 한자어의 뜻을 생각해 보자.
■ 한자어의 뜻을 알고 예문을 통해 그 쓰임을 익히자.

網 그물 망
■ 그물
■ 계통
■ 조직

羅 그물 라
■ 새그물
■ 벌여 놓다
■ 늘어서다

- 흐리게 나타난 한자어 위에 겹쳐서 쓰고 음을 적어라 -

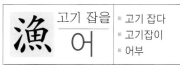
漁 고기 잡을 어
■ 고기 잡다
■ 고기잡이
■ 어부

漁 網
고기잡이 그물 ▶ 물고기를 잡는 데 쓰는 그물.

▷ 끌어올린 漁網 안에는 은빛 멸치가 가득하였다.

投 던질 투
■ 던지다
■ 넣다
■ 가담하다

投 網
던져 넣음 그물을 ▶ 물고기를 잡으려고 그물을 물속에 넣어 침.

▷ 고기떼를 발견하자 어부들은 급히 投網을 서둘렀다.

法 법 법
■ 법
■ 방법
■ 불교의 진리

法 網
법의 그물 ▶ 법의 그물이라는 뜻으로 법률이나 그 집행 기관을 비유함.

▷ 法網을 피해가며 자기 잇속만을 차리는 사람들이 문제다.

列 벌일 렬
■ 벌이다
■ 줄짓다
■ 가르다

羅 列
벌여 놓음 줄지어 ▶ 죽 벌여 놓음. 또는 죽 벌여 있음. 나란히 줄을 지음.

▷ 완성된 작품들을 일렬로 羅列하였다.

한 글자 더

近 가까울 근
■ 가깝다
■ 가까이
■ 가까운 곳

☆ 거리가 멀지 아니하다.
닮다. 비슷하다.

`丿 丆 斤 斤 䒑 近 近 近`

親 친할 친
■ 친하다
■ 가까이하다
■ 어버이 · 친척

親 近
친하고 가깝다 ▶ 사귀어 지내는 사이가 아주 가깝다. 친숙하다.

▷ 그와 나는 형제처럼 親近한 사이다.

最 가장 최
■ 가장, 제일
■ 모두
■ 중요한 일

最 近
가장 가까움 ▶ 얼마 되지 않은 지나간 날. 거리 따위가 가장 가까움.

▷ 네가 最近에 읽은 책이 무엇이냐?

어휘력 다지기

■ 우리들 모두는 尊貴[ ]한 존재이다.   •   • 존경하는 뜻.

■ 선생님의 헌신에 敬意[ ]를 표합니다.   •   • 지위나 신분이 높고 귀함.

■ 부동 자세로 거수 敬禮[ ]를 하였다.   •   • 어진 마음으로 사랑함. 또는 그 사랑.

■ 아랫사람에게 仁愛[ ]를 베푸신 그분.   •   • 공경의 뜻을 나타내기 위하여 인사하는 일.

■ 先賢[ ]들의 가르침을 따르도록 해라.   •   • 아내의 본가.

■ 그는 愛妻[ ]가로 소문이 나 있었지.   •   • 옛날의 어질고 사리에 밝은 사람.

■ 아버지의 妻家[ ]는 나의 외가이다.   •   • 아내를 아끼고 사랑함. 또는 그 아내.

■ 妻子[ ]를 데리고 고향으로 내려갔어.   •   • 훌륭하고 귀함.

■ 사람의 목숨만큼 高貴[ ]한 것은 없다.   •   • 아내와 자식을 아울러 이르는 말.

■ 사재기로 라면 品貴[ ]현상이 발생?   •   • 지체가 낮고 천한 백성.

■ 인격을 부귀와 貧賤[ ]으로 평가한다?   •   • 물건을 구하기 어려움.

■ 양반과 賤民[ ]이 따로 없는 세상이야.   •   • 가난하고 천함.

■ 끌어올린 魚網[ ]속에 숭어가 가득.   •   • 고기를 잡는 데 쓰는 그물.

■ 경주에는 新羅[ ]의 유적이 많이 있다.   •   • 우리나라 삼국 시대의 삼국 가운데 하나.

■ 지리산은 全羅[ ], 경상도에 걸쳐있어.   •   • 서로 잘 알고 가깝게 지내는 사람.

■ 그들은 꽤 親密[ ]한 사이인가 봐요.   •   • 전라도(전라남도와 전라북도를 아울러 이르는 말).

■ 연말에 親知[ ]들을 초대하려 한다.   •   • 지내는 사이가 매우 친하고 가까움.

■ 이 풍경화는 遠近[ ]이 잘 표현되었어.   •   • 가까운 요즈음.

■ 近來[ ]에 보기드문 아름다운 선행을.   •   • 멀고 가까움. 먼 곳과 가까운 곳. 또는 그곳의 사람.

■ 대자연의 威力[ ]앞에 연약한 인간.   •   • 위엄과 신망을 아울러 이르는 말.

■ 그는 체면과 威信[ ]을 지키려 했다네.   •   • 상대를 압도할 만큼 강력함. 또는 그런 힘.

· 존귀 · 경의 · 경례 · 인애 · 선현 · 애처 · 처가 · 처자 · 고귀 · 품귀 · 빈천 · 천민 · 어망 · 신라 · 전라 · 친밀 · 친지 · 원근 · 근래 · 위력 · 위신

■ 한자어가 되도록 □ 안에 공통으로 넣을 한자를 보기에서 찾아 □ 안에 쓰고 , 그 한자어의 뜻을 생각하며 음을 적어라.

| | ⇨ | □意 | □老 | □禮 |
| | | | | |

| | ⇨ | □慈 | □術 | □者 |
| | | | | |

| | ⇨ | □家 | 愛□ | □子 |
| | | | | |

| | ⇨ | 貴□ | □視 | 微□ |
| | | | | |

| | ⇨ | 漁□ | 法□ | 投□ |
| | | | | |

| | ⇨ | 最□ | □來 | □視 |
| | | | | |

보기

近 · 威 · 仁 · 羅 · 妻 · 賤 · 敬 · 慈 · 網 · 親 · 尊 · 貴 · 賢

■ 아래의 뜻을 지닌 한자어가 되도록 위의 보기에서 알맞은 한자를 찾아 □ 안에 써 넣어라.

▶ 남의 인격, 사상, 행위 따위를 받들어 공경함.

▷ 나는 아버지 어머니를 □敬 합니다.

▶ 남을 불쌍히 여겨 도와줌.

▷ 나도 □善 냄비에 성금을 넣었다.

▶ 어질고 총명하여 성인에 다음가는 사람.

▷ 책을 통해 □人 을 만날 수 있다네.

▶ 주로 편지글에서, 상대편의 ,집안을 높여 이르는 말.

▷ □宅 에 행운이 있기를 기원합니다.

▶ 상대를 압도할 만큼 강력함. 또는 그런 힘.

▷ 태풍의 □力 은 참으로 대단하였다.

▶ 죽 벌여 놓음. 또는 죽 벌여 있음.

▷ 완성된 작품을 한 줄로 □列 하였다.

▶ 손수 쓴 글씨.

▷ 저자가 □筆 서명을 한 증정본이야.

· 경의. 경로. 경례 · 인자. 인술. 인자 · 처가. 애처. 처자 · 귀천. 천시. 미천 · 어망. 법망. 투망 · 최근. 근래. 근시 / · 존경 · 자선 · 현인 · 귀댁 · 위력 · 나열 · 자필

■ 한자의 음과 훈을 되새기며 필순에 따라 바르게 써 보자.

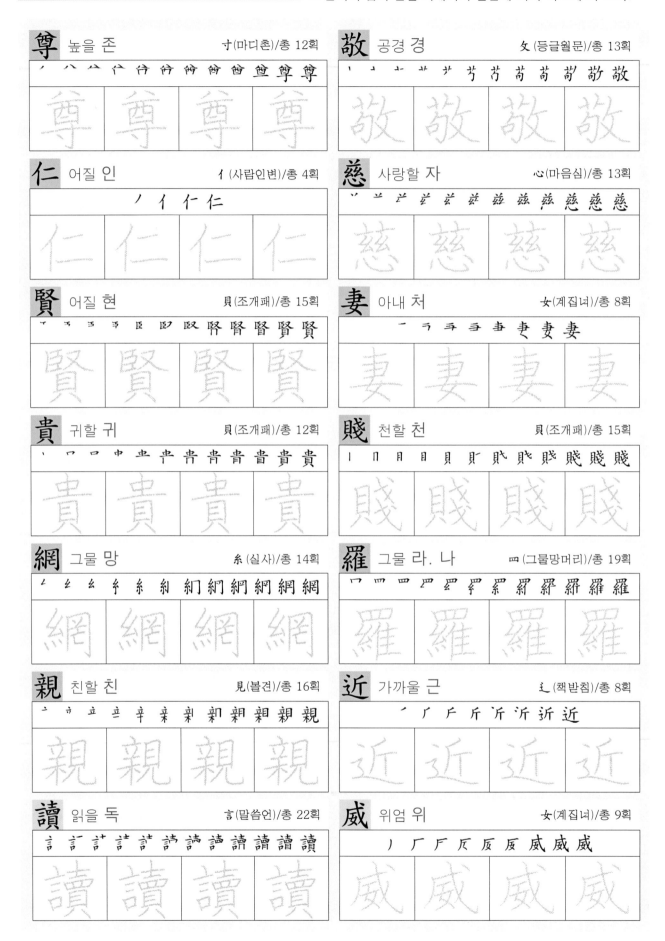

尊 높을 존 　寸(마디촌)/총 12획

仁 어질 인 　亻(사람인변)/총 4획

賢 어질 현 　貝(조개패)/총 15획

貴 귀할 귀 　貝(조개패)/총 12획

網 그물 망 　糸(실사)/총 14획

親 친할 친 　見(볼견)/총 16획

讀 읽을 독 　言(말씀언)/총 22획

敬 공경 경 　攵(등글월문)/총 13획

慈 사랑할 자 　心(마음심)/총 13획

妻 아내 처 　女(계집녀)/총 8획

賤 천할 천 　貝(조개패)/총 15획

羅 그물 라. 나 　罒(그물망머리)/총 19획

近 가까울 근 　辶(책받침)/총 8획

威 위엄 위 　女(계집녀)/총 9획

공부할 한자

묶음 4-14

음 ■ 한자를 읽는 소리
아래 한자의 음을 찾아 적고 소리내어 읽어 보자.

- 바탕색과 글자색이 같은 것을 찾아 보자 -

銅	數	貯	減
附	貨	寄	蓄
銀	增	錢	量

화	전	저	은	부	기
증	량	축	감	동	수

훈 ■ 한자의 뜻 새김
한자의 음을 적고 훈과 함께 외어 보자.

數	셀	量	헤아릴	貯	쌓을	蓄	모을
增	더할	減	덜	銅	구리	錢	돈
銀	은	貨	재화	寄	부칠	附	붙을

■ 한자어와 한자어를 이루는 개별 한자의 뜻을 알아보자.
■ 아래 한자어의 음을 적고 그 뜻을 생각하며 글을 읽어 보자.
■ 공부할 한자의 뜻을 알아보고 필순에 따라 바르게 써 보자.

數量 [　　] ▶ 수효와 분량을 아울러 이르는 말.

「 오늘날에는 생산된 물건을 소비자에게 운반하고 판매하는 流通이
더욱 중요하게 되었다. 物資를 운반하고 판매하는 데는 상인,
운송업자, 창고업자가 필요하고 통신 수단도 중요한 구실을 한다.
流通 과정에서는 빠른 시간에 많은 **數量**의 物資를
운반할수록 운반비가 적게 든다.
특히 農水産物은 新鮮한 狀態를
유지해야 하기 때문에 流通 시간을
줄이는 일이 무엇보다 중요하다. 」

• 物資(물자) • 農水産物(농수산물) • 新鮮(신선)
• 狀態(상태) • 流通(유통). * 운반: 물건 따위를 옮겨 나름.
* 유지하다: 어떤 상태나 상황을 그대로 보존하거나 변함없이 계속하여 지탱하다(오래 버티거나 배겨 내다).

𢿛 는 여러 개의 매듭을 지은 줄의 모습인 𢎨 …婁(루)
와 '~을 하게 하다'를 뜻하는 𠂤 …攴(복)=攵 결합한
것이다. 줄에 매듭을 지어 가며 〈수를 헤아림〉을 의미
한다.

[새김] ▪세다 ▪수효 ▪몇, 대여섯 ▪꾀, 책략

𫝀	曰	甲	룜	룸	婁	婁	婁	婁	數	數	數

(數 연습칸 8개)

𤲅 은 물건을 담은 자루인 𣃘 와 분량을 되는 그릇(되)인
口 를 결합한 것이다. 자루에 담는 양을 되로 되어
〈헤아림〉을 의미한다.

[새김] ▪헤아리다 ▪양, 분량 ▪도량

丶	一	口	曰	므	무	昰	昌	昌	昌	量	量

(量 연습칸 8개)

새기고 익히기

■ 한자의 뜻을 새기고 그 한자로 이루어진 한자어를 익히자.
■ 한자의 뜻을 연결하여 한자어의 뜻을 생각해 보자.
■ 한자어의 뜻을 알고 예문을 통해 그 쓰임을 익히자.

數 셀 수 : 세다 · 수효 · 몇, 대여섯 · 꾀, 책략

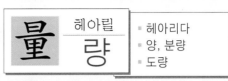
量 헤아릴 량 : 헤아리다 · 양, 분량 · 도량

– 흐리게 나타난 한자어 위에 겹쳐서 쓰고 음을 적어라 –

級 등급 급 : 등급 · 자리나 계급 따위의 차례

級數
등급 | 기술 따위의 ▶ 기술 따위를 우열에 따라 매긴 등급.

▷ 내가 바둑을 늦게 시작했지만 級數는 그보다 높다.

等 무리 등 : 무리 · 같다 · 등급 · 순위 · 구별하다

等數
등급을 정한 | 수 ▶ 등급에 따라 정한 차례.

▷ 이번 시험에서 수학 성적이 좋아 等數가 올랐다.

容 얼굴 용 : 얼굴, 모습 · 담다 · 받아들이다

容量
담는 | 분량 ▶ 가구나 그릇 같은 데 들어갈 수 있는 분량.

▷ 이 물통은 容量이 얼마나 되나요?

含 머금을 함 : 머금다 · 품다 · 담다

含量
품고 있는 | 분량 ▶ 물질이 어떤 성분을 포함하고 있는 분량.

▷ 우유는 칼슘 含量이 많아 자라나는 아이들의 성장에 좋다.

한 글자 더

增 더할 증 : 더하다 · 늘다 · 늘리다

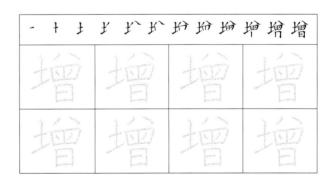
一 十 土 圹 圹 圹 圽 增 增 增 增

設 베풀 설 : 베풀다 · 세우다 · 갖추어두다

增設
늘리어 | 세움 ▶ 더 늘려 설치함.

▷ 학생 수가 증가하여 학급을 增設하였다.

加 더할 가 : 더하다 · 가하다 · 가입하다

增加
늚 | 더해져서 ▶ 양이나 수치가 늚. 또는 양이나 수치를 늘림.

▷ 인구 증가에 따른 통행량의 增加로 교통 혼잡이 더욱 심해지고 있다.

185

■ 한자어와 한자어를 이루는 개별 한자의 뜻을 알아보자.
■ 아래 한자어의 음을 적고 그 뜻을 생각하며 글을 읽어 보자.
■ 공부할 한자의 뜻을 알아보고 필순에 따라 바르게 써 보자.

貯蓄 [　　] ▶ 절약하여 모아 한데 쌓아 둠.

「 사람은 누구나 언제 어떤 災難을 당할지 알 수 없으므로 平素에
늘 대비해야 한다. 갑자기 병이 난다든가 火災가 났을 때, 미리
貯蓄해 놓은 돈이 있으면 이러한 어려움을 이겨 낼 수 있다.
또, 나이가 많아져 소득을 얻기 어려울 때를 대비해 두는 것도
重要하다. 財産을 늘리는 것도 하루
아침에 이루어질 수 없으므로,
매일매일 조금씩 貯蓄하여
財産을 늘려 나가야 한다. 」

• 災難(재난) • 平素(평소) • 火災(화재) • 重要(중요) • 財産(재산).　　* 소득: 일한 결과로 얻은 정신적 · 물질적 이익.
* 대비: 앞으로 일어날지도 모르는 어떠한 일에 대응하기 위하여 미리 준비함. 또는 그런 준비.

宁는 궤 (宀)안에 '돈'이나 '재물' (ㅇ⋯ 貝)을 넣어
둔 모습이다.　돈과 재물을 〈모아 둠〉을 의미한다.

[새김] ▪ 쌓다 ▪ 모아두다 ▪ 담다

丨	冂	冂	月	目	貝	貝	貯	貯	貯	貯
貯		貯		貯		貯				
貯		貯		貯		貯				

蓄은 '쌓다(모으다. 쟁이다)'는 뜻인 畜(축)과 '풀(채
소)'을 뜻하는 艸(초)=艹를 결합한 것이다.　나중에
쓰기 위한 푸성귀(채소나 나물 따위)를 〈쟁여놓음〉을 의미
한다.

[새김] ▪ 모으다 ▪ 쌓아두다 ▪ 간직하다

艹	艹	芕	芣	莑	莑	蒼	蒼	蓄	蓄	蓄
蓄		蓄		蓄		蓄				
蓄		蓄		蓄		蓄				

새기고 익히기

■ 한자의 뜻을 새기고 그 한자로 이루어진 한자어를 익히자.
■ 한자의 뜻을 연결하여 한자어의 뜻을 생각해 보자.
■ 한자어의 뜻을 알고 예문을 통해 그 쓰임을 익히자.

| 貯 | 쌓을 저 | ■ 쌓다 ■ 모아두다 ■ 담다 | 蓄 | 모을 축 | ■ 모으다 ■ 쌓아두다 ■ 간직하다 |

- 흐리게 나타난 한자어 위에 겹쳐서 쓰고 음을 적어라 -

金 쇠 금 — ■ 쇠, 쇠붙이 ■ 금 ■ 돈 ■ 귀하다

貯金 〔모아 둠 / 돈을〕
▷ 누나는 용돈을 아껴 남은 돈을 꼬박꼬박 貯金을 한다.
▶ 돈을 모아 둠. 또는 그 돈. 금융 기관에 돈을 맡김. 또는 그 돈.

油 기름 유 — ■ 기름 ■ 기름 먹이다

貯油 〔모아 둠 / 기름을〕
▷ 해안가에 석유를 비축해 두는 커다란 貯油 탱크가 여러개 있다.
▶ 기름을 저장하여 둠.

積 쌓을 적 — ■ 쌓다, 쌓이다 ■ 더미 ■ 넓이 ■ 부피

蓄積 〔모아서 / 쌓음〕
▷ 그 회사는 蓄積된 기술을 바탕으로 더욱 앞서 나갈 수 있었다.
▶ 지식, 경험, 자금 따위를 모아서 쌓음. 또는 모아서 쌓은 것.

含 머금을 함 — ■ 머금다 ■ 품다 ■ 담다

含蓄 〔품어 / 간직함〕
▷ 그가 던진 한마디 말에는 여러 의미를 含蓄하고 있었다.
▶ 겉으로 드러내지 않고 속에 간직함.

한 글자 더

減 덜 감 — ■ 덜다 ■ 줄다 ■ 빼다

☆ 수량을 적게 하다. 가볍게 하다. 등급을 낮추다.

| ` | ` | 冫 | 冫 | 冫 | 汀 | 汀 | 沥 | 减 | 减 | 減 | 減 | 減 |

增 더할 증 — ■ 더하다 ■ 늘다 ■ 늘리다

增減 〔늘거나 / 줄음〕
▷ 수입의 增減에 따라 살림도 신축성 있게 꾸려나가야 한다.
▶ 많아지거나 적어짐. 또는 늘리거나 줄임.

輕 가벼울 경 — ■ 가볍다 ■ 가벼이하다 ■ 함부로

輕減 〔가볍게 함 / 덜어서〕
▷ 기업들은 사무 자동화를 통해 인건비의 輕減을 꾀하고 있다.
▶ 부담이나 고통 따위를 덜어서 가볍게 함.

알아보기

■ 한자어와 한자어를 이루는 개별 한자의 뜻을 알아보자.
■ 아래 한자어의 음을 적고 그 뜻을 생각하며 글을 읽어 보자.
■ 공부할 한자의 뜻을 알아보고 필순에 따라 바르게 써 보자.

銅錢 □

▶ 구리로 만든 돈.

「 화폐는 조개껍데기, 곡식, 베 등 물품 화폐에서 시작되었다.
그 후, 금, 은, 동, 철 등 금속 화폐를 쓰다가, 오늘날에는
지폐와 銅錢, 手票, 信用카드 등을 쓰고 있다.
지폐와 銅錢에는 액수 標示만 하는 것이 아니라,
傳統 문화재나 역사상 이름난 인물의 초상화를
넣기도 한다. 돈은 그 나라의 얼굴이라고 해서
나라마다 個性 있게 만들어 내고 있다. 」

• 手票(수표) • 信用(신용) • 標示(표시) • 個性(개성) • 傳統(전통)
* 액수: 돈의 머릿수. * 문화재: 문화 활동에 의하여 창조된 가치가 뛰어난 사물. * 인물: 뛰어난 사람.

銅 銅

銅은 '쇠붙이'를 뜻하는 金(금)과 '함께하다'는 뜻인
同(동)을 결합한 것이다.   다른 금속과 쉽게 융합되는
특성이 있는 금속인 〈구리〉를 의미한다. 청동, 놋쇠, 백
동 등은 구리를 섞어 만든다.

[새김] ▪구리 ▪구리 그릇

ノ	ト	ヒ	午	牟	金	釘	釘	釖	銅	銅	銅
銅		銅		銅		銅					
銅		銅		銅		銅					

錢 錢

錢은 '청동(쇠)'을 뜻하는 金(금)과 '얇고 작다'는 뜻
인 戔(전)을 결합한 것이다. 중국 주나라 때 처음 청동으
로 만들어 사용한 돈을 '錢'이라 하였다.   〈돈〉을 의미
한다.

[새김] ▪돈, 화폐 ▪대금 ▪자금

ノ	ヒ	午	牟	金	金	釒	錢	錢	錢	錢	錢
錢		錢		錢		錢					
錢		錢		錢		錢					

새기고 익히기

■ 한자의 뜻을 새기고 그 한자로 이루어진 한자어를 익히자.
■ 한자의 뜻을 연결하여 한자어의 뜻을 생각해 보자.
■ 한자어의 뜻을 알고 예문을 통해 그 쓰임을 익히자.

銅 ─ 구리 동
■ 구리
■ 구리 그릇
■ 동전

錢 ─ 돈 전
■ 돈, 화폐
■ 대금
■ 자금

– 흐리게 나타난 한자어 위에 겹쳐서 쓰고 음을 적어라 –

像 ─ 모양 상
■ 모양, 형상
■ 본뜬 형상
■ 닮다

구리로 만든 · 형상 ▶ 구리나 구릿빛으로 사람이나 동물의 형상을 만들어 놓은 것.

▷ 바다가 내려다 보이는 그 공원에 이순신 장군의 銅像이 서 있다.

板 ─ 널빤지 판
■ 널빤지
■ 판목
■ 판

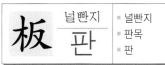

구리 · 판 ▶ 구리로 만든 판.

▷ 그 조각가는 주로 銅板을 재료로 하여 작품 제작을 한다.

換 ─ 바꿀 환
■ 바꾸다
■ 바뀌다
■ 고치다

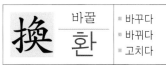

바꿈 · 화폐를 ▶ 서로 종류가 다른 화폐와 화폐를 교환함, 또는 그런 일.

▷ 우리는 외국 여행에 필요한 돈을 달러로 換錢하였다.

本 ─ 근본 본
■ 근본. 본디
■ 책
■ 주가 되는 것

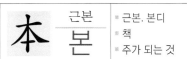

본디의 · 돈 ▶ 이자를 붙이지 아니한 본래의 액수. 본밑천의 돈.

▷ 그는 장사가 잘되어 일 년 만에 本錢을 뽑았다.

한 글자 더

寄 ─ 부칠 기
■ 부치다, 보내다
■ 맡기다
■ 붙여 살다

☆ 위임하다. 의지하다. 임시로 얹혀 살다.

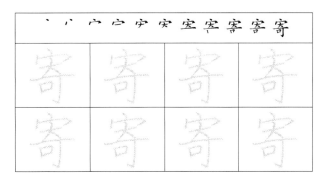

與 ─ 더불 여
■ 더불다
■ 주다
■ 참여하다

보내어 · 줌 ▶ 도움이 되도록 이바지 함.

▷ 그는 세계 평화에 寄與한 공로로 노벨 평화상을 받았다.

託 ─ 부탁할 탁
■ 부탁하다
■ 맡기다
■ 의지하다

맡김 · 부탁하여 ▶ 어떤 일을 부탁하여 맡겨 둠.

▷ 그는 많은 금액을 불우한 환경의 청소년을 돌보는 사회 봉사 단체에 寄託하였다.

189

알아보기

■ 한자어와 한자어를 이루는 개별 한자의 뜻을 알아보자.
■ 아래 한자어의 음을 적고 그 뜻을 생각하며 글을 읽어 보자.
■ 공부할 한자의 뜻을 알아보고 필순에 따라 바르게 써 보자.

銀貨 [　　] ▶ 은 돈, 은으로 만든 돈.

「 "짝!"

첫째 박이 갈라졌습니다.

"여보, 이게 뭐지요?"

"아니, 이건 보석이 아니오? 보석!"

"짝!"

둘째 박이 열렸습니다. 이번에는
비단이 가득 들어 있었습니다.
꺼내도 꺼내도 자꾸만 나왔습니다.
셋째 박을 가르니 金貨, 銀貨가
막 쏟아져 나왔습니다. 」

• 金貨(금화).   *보석: 아주 단단하고 빛깔과 광택이 아름다우며 희귀한 광물. 다이아몬드 · 에메랄드 · 루비 따위가 있다.

銀은 '쇠붙이'를 뜻하는 金(금)과 '당기다'는 뜻인 艮
(흔)을 결합한 것이다.   사람의 마음을 당기는 귀금속
인 〈은〉을 의미한다.

貨는 '되다', '바뀌다'는 뜻인 化(화)와 '돈', '재물'을
뜻하는 貝(패)를 결합한 것이다.   돈이나 돈값을 지니
고 있는 〈재화〉를 의미한다.

[새김] ▪은 ▪은빛 ▪돈, 화폐

[새김] ▪재화, 재물 ▪물품, 상품 ▪돈, 화폐

ノ	ト	ト	ゎ	全	金	釒	釖	釗	釘	銀	銀
銀		銀		銀		銀					
銀		銀		銀		銀					

ノ	イ	イ	化	化	俨	貨	貨	貨	貨	貨
貨		貨		貨		貨				
貨		貨		貨		貨				

190

새기고 익히기

■ 한자의 뜻을 새기고 그 한자로 이루어진 한자어를 익히자.
　■ 한자의 뜻을 연결하여 한자어의 뜻을 생각해 보자.
　■ 한자어의 뜻을 알고 예문을 통해 그 쓰임을 익히자.

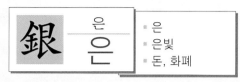　

銀 은　■ 은　■ 은빛　■ 돈, 화폐
貨 재화　■ 재화, 재물　■ 물품, 상품　■ 돈, 화폐

– 흐리게 나타난 한자어 위에 겹쳐서 쓰고 음을 적어라 –

粉 가루 분　■ 가루　■ 희다　■ 분을 바르다

은　가루 ▶ 은가루,

▷ 나무 조각에 銀粉으로 칠을 하였더니 마치 금속처럼 보였다.

鑛 쇳돌 광　■ 쇳돌　■ 광석

은　광석 ▶ 은을 캐내는 광산, 은이 들어 있는 광석,

▷ 우리나라 최대의 銀鑛에서 채굴을 시작하였다.

財 재물 재　■ 재물　■ 재산　■ 거리(재료)

재물과　돈 ▶ 재물, 돈이나 그 밖의 값나가는 모든 물건,

▷ 큰 병을 앓고 난 그는 財貨보다는 건강이 더 소중하다는 것을 깨달았다.

物 만물 물　■ 만물　■ 물건　■ 사물

물품　물건 ▶ 운반할 수 있는 유형의 재화나 물품을 통틀어 이르는 말,

▷ 크고 무거운 貨物 운반은 주로 통행량이 적은 늦은 밤시간을 이용한다.

한 글자 더

附 붙을 부　■ 붙다　■ 붙이다　■ 보태다

☆ 달라 붙다. 달라 붙게하다.
　가깝다. 가까이하다.

着 붙을 착　■ 붙다　■ 입다　■ 시작하다　■ 나타나다(저)

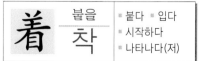

붙도록　붙임 ▶ 떨어지지 아니하게 붙음, 또는 그렇게 붙이거나 닮,

▷ 차량에 附着한 블랙박스 덕분에 교통사고의 잘잘못을 가릴 수 있었다.

加 더할 가　■ 더하다　■ 가하다　■ 가입하다

붙임　더하여 ▶ 주된 것에 덧붙임,

▷ 이 복사기는 스캐너와 팩시밀리 기능이 附加된 제품이다.

한자성어

한자 성어에 담긴 함축된 의미를 파악하고 그 쓰임을 익히자.

■ 한자 성어의 음을 적고 그에 담긴 의미와 적절한 쓰임을 익혀라.

近墨者黑

▶ 먹을 가까이 하는 사람은 검어진다는 뜻으로, 나쁜 사람과 가까이 지내면 나쁜 버릇에 물들기 쉬움을 비유적으로 이르는 말.

▷ 부모님들은 近墨者黑을 염려하여 우리가 행동이 바르지 못한 친구와 어울리지 않기를 바랍니다.

一網打盡

▶ 한 번 그물을 쳐서 고기를 다 잡는다는 뜻으로, 어떤 무리를 한꺼번에 모조리 다 잡음을 이르는 말.

▷ 경찰은 이번에 폭력조직을 一網打盡하겠다고 발표했다.

不問曲直

▶ 옳고 그름을 따지지 아니함.

▷ 어머니는 내가 집에 늦게 돌아오자 不問曲直하고 대뜸 큰 소리로 야단을 치셨다.

燈下不明

▶ 등잔 밑이 어둡다는 뜻으로, 가까이에 있는 물건이나 사람을 잘 찾지 못함을 이르는 말.

▷ 燈下不明이라더니, 휴대폰을 바로 옆에 두고 그렇게 찾았네.

附和雷動

▶ 줏대 없이 남의 의견에 따라 움직임.

▷ 옳은지 그른지 판단도 없이 附和雷動하는 친구들을 보면 참으로 한심하기 짝이 없다.

周到綿密

▶ 주의가 두루 미쳐 자세하고 빈틈이 없음.

▷ 그는 어느 한 곳이라도 소홀함이 없도록 周到綿密하게 계획을 세웠다.

雷 — 우레 / 뇌
■ 우레, 천둥
■ 큰소리의 형용
■ 빠른 모양

綿 — 솜 / 면
■ 솜
■ 솜옷
■ 이어지다

· 근묵자흑 · 일망타진 · 불문곡직 · 등하불명 · 부화뇌동 · 주도면밀

더 살펴 익히기

■ 아래 한자가 지닌 뜻과 그 뜻을 지니는 한자어를 줄로 이어라.

親
- 친하다 · · 兩親( ) ▶ 부친과 모친을 아울러 이르는 말.
- 어버이 · · 近親( ) ▶ 촌수가 가까운 일가.
- 몸소(손수) · · 親善( ) ▶ 서로 간에 친하여 사이가 좋음.
- 겨레, 친족 · · 親筆( ) ▶ 손수 쓴 글씨.

數
- 수, 수효 · · 數次( ) ▶ 수차례(여러 차례).
- 몇, 여러 · · 多數( ) ▶ 수효가 많음. 또는 많은 수효.
- 꾀, 책략 · · 術數( ) ▶ 술책(어떤 일을 꾸미는 꾀와 방법).

■ [貴]와 상대되는 뜻을 지닌 한자에 ○표 하여라. ⇨ [富 · 貧 · 殘 · 賤]

■ [近]과 상대되는 뜻을 지닌 한자에 ○표 하여라. ⇨ [直 · 周 · 遠 · 親]

■ [增]과 상대되는 뜻을 지닌 한자에 ○표 하여라. ⇨ [缺 · 失 · 消 · 減]

■ [貨]와 비슷한 뜻을 지닌 한자에 모두 ○표 하여라. ⇨ [銀 · 財 · 資 · 物]

➡ 아래의 뜻을 지닌 한자성어가 되도록 ( ) 안에 한자를 써 넣고 완성된 성어의 독음을 적어라.

뜻	성어	독음
▶ 풍체나 기세가 <u>위엄</u> 있고 당당함.	⇨ ( )風堂堂	
▶ 각기 다른 여러 가지 모양과 <u>빛깔</u>.	⇨ 各樣各( )	
▶ 상관하지 아니하거나 <u>무시함</u>(눈여겨 보지않음).	⇨ 度外( )	
▶ 처음부터 끝까지 철저하게.	⇨ 徹頭徹( )	
▶ 낮에는 농사짓고, <u>밤</u>에는 글을 읽는다는 뜻으로, 어려운 여건 속에서도 꿋꿋이 공부함을 이르는 말.	⇨ 晝耕( )讀	
▶ 어떠한 난관에도 결코 <u>굽히지</u> 않음.	⇨ 百折不( )	

· 양친. 근친. 친선. 친필 · 수차. 다수. 술수 / 威 · 色 · 視 · 尾 · 夜 · 屈

193

어휘력 다지기

■ 나는 **多數** [ ]의 의견에 따르겠다. • • 어떤 일을 해낼 수 있는 힘.

■ 그의 **術數** [ ]에 넘어가지 않도록 해라. • • 수요가 많음.

■ 너의 **力量** [ ]을 최대한 발휘했으면 해. • • 술책(어떤 일을 꾸미는 꾀나 방법).

■ 체중을 **減量** [ ]하려면 운동을 하여라. • • 아주 적은 분량.

■ **微量** [ ]의 방사능이라도 몸에 해롭다. • • 수량이나 무게를 줄임.

■ 그는 권력을 이용해 **蓄財** [ ]를 하였어. • • 기운이나 세력 따위가 점점 더 늘어 가고 나아감.

■ 더위로 전력 수요가 **急增** [ ]하고 있다. • • 재물이 모여 쌓임, 또는 재물을 모아 쌓음.

■ 근로자의 복지 **增進** [ ]에 힘써주세요. • • 갑작스럽게 늘어남.

■ 빗길에서는 **減速** [ ]하여 운행하여라. • • 구리로 만듦, 또는 그렇게 만든 것.

■ 사실 그대로 **加減** [ ] 없이 전달했다. • • 돈이 없음.

■ 옛무덤에서 **銅製** [ ] 식기가 출토됐어. • • 속도를 줄임, 또는 그 속도.

■ 그는 자전거로 **無錢** [ ] 여행을 한다. • • 더하거나 빼는 일.

■ 흥부의 박 속에서는 **金銀** [ ] 보화가. • • 외국의 돈, 외국에서 들여오는 화물.

■ 흰색과 **銀色** [ ]을 조화시킨 디자인. • • 금과 은을 아울러 이르는 말.

■ 수출로 **外貨** [ ]를 벌어들이고 있지. • • 은의 빛깔과 같이 반짝이는 색.

■ **通貨** [ ]량이 증가하면 물가도 상승해. • • 어떤 곳을 중심으로 하여 가까운 곳.

■ 학교 **附近** [ ]에 학원이 여럿 있어요. • • 유통 수단이나 지불 수단으로서 가능한 화폐.

■ 호텔에 있는 **附帶** [ ] 시설을 이용했다. • • 어떤 기관 따위에 부속시켜 설치함, 또는 그런 시설.

■ 사범대학 **附設** [ ] 중, 고등학교 졸업. • • 기본이 되는 것에 곁달아 덧붙임.

■ 밤하늘에 떠 있는 **無數** [ ]히 많은 별. • • 수요, 무게 따위의 많고 적음이나 부피의 크고 작은 정도.

■ 네가 먹을 만큼의 **分量** [ ]만 담아라. • • 헤아릴 수 없음.

·다수 · 술수 · 역량 · 감량 · 미량 · 축재 · 급증 · 증진 · 감속 · 가감 · 동제 · 무전 · 금은 · 은색 · 외화 · 통화 · 부근 · 부대 · 부설 · 무수 · 분량

■ 한자어가 되도록 □ 안에 공통으로 넣을 한자를 보기에서 찾아 □ 안에 쓰고 , 그 한자어의 뜻을 생각하며 음을 적어라.

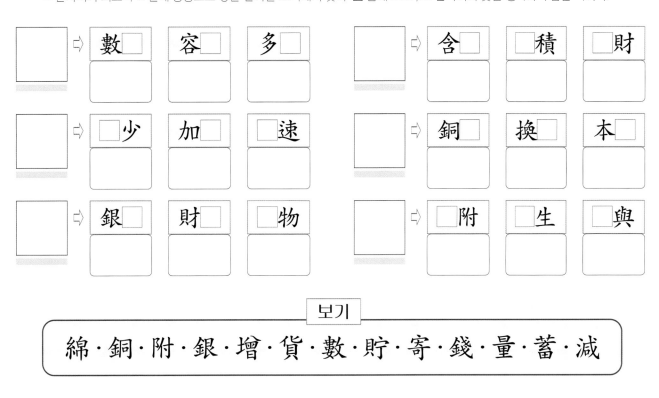

綿·銅·附·銀·增·貨·數·貯·寄·錢·量·蓄·減

■ 아래의 뜻을 지닌 한자어가 되도록 위의 보기에서 알맞은 한자를 찾아 □ 안에 써 넣어라.

▶ 적은 수요.

▷ 少　　의 의견도 존중되어야 한다.

▶ 절약하여 모아 둠.

▷ 그는 꾸준히 　蓄 을 하고 있다네.

▶ 양이 많아지거나 규모가 커짐, 또는 양을 늘리거나 규모를 크게 함.

▷ 개인 소득이 더욱 　大 되어야 한다.

▶ 구리와 주석의 합금.

▷ 박물관에서 靑　 검을 보았다.

▶ 다른 것이 전혀 섞여 있지 않은 면.

▷ 純　 으로 된 내의가 피부에 좋다.

▶ 예금을 받아 그 돈을 자금으로 하여 대출, 어음 거래, 증권의 인수 따위를 업무로 하는 금융기관.

▷ 현금을 인출하려 　行 에 다녀왔다.

▶ 사람에게 권리, 명예, 임무 따위를 지니도록 해 주거나, 사물이나 일에 가치·의의 따위를 붙여줌.

▷ 모든 국민에게 선거권이 　與 된다.

· 수량. 용량. 다량 · 합축. 축적. 축재 · 감소. 가감. 감속 · 은전. 환전. 본전 · 은화. 재화. 화물 · 기부. 기생. 기여 / · 소수 · 저축 · 증대 · 청동 · 순면 · 은행 · 부여

■ 한자의 음과 훈을 되새기며 필순에 따라 바르게 써 보자.

| 數 | 셀 수 | | 攵(등글월문)/총 15획 |

口 口 口 吕 吊 尹 婁 婁 婁 數 數 數

數 數 數 數

| 貯 | 쌓을 저 | | 貝(조개패)/총 12획 |

丨 冂 月 日 日 貝 貝 貯 貯 貯 貯

貯 貯 貯 貯

| 增 | 더할 증 | | 土(흙토)/총 15획 |

一 十 土 圹 圹 圹 圹 圹 垧 增 增

增 增 增 增

| 銅 | 구리 동 | | 金(쇠금)/총 14획 |

人 人 午 午 余 金 釒 釘 釘 銅 銅 銅

銅 銅 銅 銅

| 銀 | 은 은 | | 金(쇠금)/총 14획 |

人 人 午 午 余 金 釒 釘 釘 鈤 鈤 銀

銀 銀 銀 銀

| 寄 | 부칠 기 | | 宀(갓머리;)/총 11획 |

丶 丶 宀 宀 宀 宇 宝 宝 宝 害 寄

寄 寄 寄 寄

| 雷 | 우레 뢰. 뇌 | | 雨(비우)/총 13획 |

一 冖 冖 雨 雨 雷 雷 雷 雷 雷 雷 雷

雷 雷 雷 雷

| 量 | 헤아릴 량. 양 | | 里(마을리)/총 12획 |

丶 冂 日 旦 昌 昌 昌 昌 量 量

量 量 量 量

| 蓄 | 모을 축 | | 艹(초두머리)/총 14획 |

丶 十 艹 艹 芍 苳 荄 荄 蓄 蓄

蓄 蓄 蓄 蓄

| 減 | 덜 감 | | 氵(삼수변)/총 12획 |

丶 丶 氵 氵 汀 汀 汀 沥 沥 減 減 減

減 減 減 減

| 錢 | 돈 전 | | 金(쇠금)/총 16획 |

人 人 午 午 余 金 金 銭 銭 銭 錢 錢

錢 錢 錢 錢

| 貨 | 재화 화 | | 貝(조개패)/총 11획 |

丶 亻 亻 化 化 伫 伫 貨 貨 貨

貨 貨 貨 貨

| 附 | 붙을 부 | | 阝(좌부변)/총 8획 |

阝 阝 阝 阝 阱 附 附

附 附 附 附

| 綿 | 솜 면 | | 糸(실사)/총 14획 |

丶 幺 牟 糸 糸 糸 紻 紻 綿 綿 綿 綿

綿 綿 綿 綿

공부할 한자

묶음 4-15

음 ■ 한자를 읽는 소리
아래 한자의 음을 찾아 적고 소리내어 읽어 보자.

– 바탕색과 글자색이 같은 것을 찾아 보자 –

濟	計	討	損
益	提	論	算
議	經	案	檢

론 제 검 익 경 토
계 안 제 의 산 손

훈 ■ 한자의 뜻 새김
한자의 음을 적고 훈과 함께 외어 보자.

損 덜	益 더할	計 셈할	算 셈
經 지날	濟 건널	議 의논할	論 논할
提 끌	案 책상	檢 검사할	討 칠

알아보기

■ 한자어와 한자어를 이루는 개별 한자의 뜻을 알아보자.
■ 아래 한자어의 음을 적고 그 뜻을 생각하며 글을 읽어 보자.
■ 공부할 한자의 뜻을 알아보고 필순에 따라 바르게 써 보자.

損益 ▷ 손해와 이익을 아울러 이르는 말.

「 俗談에 "平生을 두고 길을 양보하여도 백 걸음을 넘지 못한다."는 말이 있습니다. 그만큼 양보하기가 쉽지 않다는 뜻입니다. 그러나 양보는 나에게 손해를 가져오는 것이라기 보다는 다른 사람에게 기쁨을 선사하는 일입니다. 相對方이 기뻐하면 그에게 베풀어준 나의 마음까지도 기뻐집니다. 양보는 손해가 아니라 기쁨입니다. 굳이 損益을 따지자면, 잃는 것보다 얻는 것이 더 크다고 할 수 있습니다. 」

• 俗談(속담) • 平生(평생) • 相對方(상대방). * 양보: 길이나 자리, 물건 따위를 사양하여 남에게 미루어 줌.
* 선사: 존경, 친근, 애정의 뜻을 나타내기 위하여 남에게 선물을 줌. # 사양: 겸손하여 받지 아니하거나 응하지 아니함.

損는 '손(도움이 될 힘이나 행위)', '손떼다'를 뜻하는 手(수)=才와 '수효', '인원'을 뜻하는 員(원)을 결합한 것이다. 손을 보태 돕는 인원이 덜리어 〈해를 입음〉을 의미한다.

[새김] ▪덜다 ▪잃다 ▪손해 ▪해치다

一	扌	扌	扌	扩	护	护	捐	捐	捐	損
損	損	損	損							
損	損	損	損							

은 그릇(╲)에 물을 가득히 더하여(╨) 넘치는 모습이다. 가득하고 넉넉하여 이로움이 〈더함〉을 의미한다.

[새김] ▪더하다 ▪이롭다 ▪이익

′	ハ	八	八	八	伞	谷	谷	益	益
益	益	益	益						
益	益	益	益						

■ 한자의 뜻을 새기고 그 한자로 이루어진 한자어를 익히자.
■ 한자의 뜻을 연결하여 한자어의 뜻을 생각해 보자.
■ 한자어의 뜻을 알고 예문을 통해 그 쓰임을 익히자.

損 덜 손	■ 덜다 ■ 잃다 ■ 손해 ■ 해치다	益 더할 익	■ 더하다 ■ 이롭다 ■ 이익

- 흐리게 나타난 한자어 위에 겹쳐서 쓰고 음을 적어라 -

失 잃을 실	■ 잃다 ■ 놓지다 ■ 잘못하다

損失 [   ]
손해를 봄　잃어서 ▶ 잃어버리거나 축가서 손해를 봄, 또는 그 손해,

▷ 전쟁은 인명과 재산에 막대한 損失을 초래한다.

缺 이지러질 결	■ 이지러지다 ■ 이빠지다 ■ 흠

缺損 [   ]
이빠짐　잃어서 ▶ 어느 부분이 없거나 잘못되어서 불완전함, 금전상의 손실,

▷ 缺損 가정에 대한 사회적 배려와 지원이 더욱 필요하다.

純 순수할 순	■ 순수하다 ■ 꾸밈없다 ■ 오로지

純益 [   ]
순수한　이익 ▶ 순이익, 총이익에서 총비용을 빼고 남은 순전한 이익,

▷ 상품 매출액과 함께 純益도 증가하였다.

實 열매 실	■ 열매 ■ 씨 ■ 실제, 사실 ■ 속이 차다

實益 [   ]
실제의　이익 ▶ 실제의 이익,

▷ 장사가 잘되는 듯했지만 實益이 없었다.

經 지날 경	■ 지나다 ■ 다스리다 ■ 짜다 ■ 경서

☆ 피륙이나 그물을 짤 때, 세로 방향으로 놓인 실.

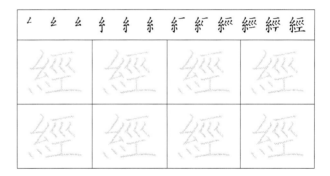

過 지날 과	■ 지나다 ■ 지나치다 ■ 잘못하다

經過 [   ]
지나다　지나다 ▶ 시간이 지나감, 일이 되어 가는 과정,

▷ 그가 출발한지 한 시간 經過하였다.
▷ 그 환자의 수술 經過가 매우 좋다.

歷 지날 력	■ 지나다 ■ 겪다 ■ 분명하다

經歷 [   ]
지내 옴　겪어 ▶ 여러가지 일을 겪어 지내 옴, 겪어 지내온 여러 가지 일,

▷ 우리 담임 선생님은 교직 經歷이 많으시다.

알아보기

■ 한자어와 한자어를 이루는 개별 한자의 뜻을 알아보자.
■ 아래 한자어의 음을 적고 그 뜻을 생각하며 글을 읽어 보자.
■ 공부할 한자의 뜻을 알아보고 필순에 따라 바르게 써 보자.

計算 [　　] ▶ 셈을 헤아림.

「 "아니 손님, 計算을 잘못하다니요?
책값이 8700원이니까 1300원 거슬러 드리면
되잖아요. 손님이 10000원 주셨으니까요?"
"아닙니다, 아가씨. 나에게
거스름돈을 적게 준 것이 아니라,
더 주어서 그래요."
"네? 제가 더 드렸다고요?" 」

* 거스르다: 셈할 돈을 빼고 나머지 돈을 도로 주거나 받다. * 거스름: 거슬러 주거나 받는 돈.

計는 '따지다', '헤아리다'는 뜻인 言(언)과 '전부(일체)'를 뜻하는 十(십)을 결합한 것이다.   모두 합치고 따져서 〈수를 헤아림〉을 의미한다.

[새김] ▪ 셈하다, 세다 ▪ 계획하다 ▪ 헤아리다

`	二	三	言	言	言	言	計
計	計	計	計				
計	計	計	計				

算은 '대나무'를 뜻하는 ⺮⋯ 竹(죽)과 '솜씨 있게 다루다'는 뜻인 𠬞⋯弄(롱)을 결합한 것이다. 나중에 𠬞이 具로 바뀌었다.   대로 만든 산가지 또는 수판을 다루어 〈수효를 셈함〉을 의미한다.

[새김] ▪ 셈, 계산 ▪ 수효 ▪ 슬기

'	⺮	⺮	⺮	竺	笪	笪	笪	笪	算	算
算	算	算	算							
算	算	算	算							

200

■ 한자의 뜻을 새기고 그 한자로 이루어진 한자어를 익히자.
■ 한자의 뜻을 연결하여 한자어의 뜻을 생각해 보자.
■ 한자어의 뜻을 알고 예문을 통해 그 쓰임을 익히자.

| 計 셈할 계 | ■ 셈하다, 세다
■ 계획하다
■ 헤아리다 | 算 셈 산 | ■ 셈, 계산
■ 수효
■ 슬기 |

― 흐리게 나타난 한자어 위에 겹쳐서 쓰고 음을 적어라 ―

| 時 때 시 | ■ 때
■ 철
■ 시각 |
時計
시각을 · 헤아리는 기계 ▶ 시간을 재거나 시각을 나타내는 기계나 장치를 이르는 말.
▷ 時計는 벌써 열두 시를 가리키고 있었다.

| 設 베풀 설 | ■ 베풀다
■ 갖추어 두다
■ 세우다 |
設計
세움 · 계획을 ▶ 계획을 세움. 또는 그 계획.
▷ 요즘의 아파트는 생활의 편리성을 최대한 살려서 設計한다.

| 換 바꿀 환 | ■ 바꾸다
■ 바뀌다
■ 고치다 |
換算
고쳐 · 셈함 ▶ 어떤 단위나 척도로 된 것을 다른 단위나 척도로 고쳐 헤아림.
▷ 문화재는 어떤 것으로도 換算되지 않는 가치를 지닌 것이다.

| 勝 이길 승 | ■ 이기다
■ 낫다
■ 뛰어난 것 |
勝算
이길 수 있는 · 셈 ▶ 이길 수 있는 가능성. 또는 그런 속타산.
▷ 수비만 잘하면 우리팀에게 勝算이 있다.

| 濟 건널 제 | ■ 건너다 ■ 돕다
■ 구제하다
■ 유익하다 |

☆ 물을 건너다. 빈곤이나 위급하고 곤란한 경우에서 구제하다.

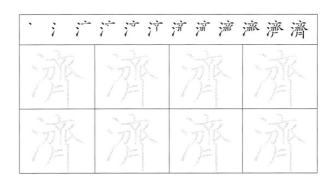

`丶氵汸泸泲泲浐浐濟濟濟`

| 經 지날 경 | ■ 지나다
■ 다스리다
■ 짜다 ■ 경서 |
經濟
다스려 · 유익하게 함 ▶ 인간 생활에 필요한 재화나 용역을 생산 분배 소비하는 모든 활동.
▷ 나라의 經濟가 발전하면 국민의 생활도 낳아지게 된다.

| 救 구원할 구 | ■ 구원하다
■ 구제하다
■ 돕다 |
救濟
구원하고 · 도와줌 ▶ 어려운 처지에 있는 사람을 도와줌.
▷ 소비자 피해를 救濟하기 위한 제도적 장치를 더욱 확대해야 한다.

알아보기

■ 한자어와 한자어를 이루는 개별 한자의 뜻을 알아보자.
■ 아래 한자어의 음을 적고 그 뜻을 생각하며 글을 읽어 보자.
■ 공부할 한자의 뜻을 알아보고 필순에 따라 바르게 써 보자.

議論 [　　] ▶ 의견을 서로 논함.

「 共同 생활에서 무슨 일을 決定할 때는 多數決로 定한다.

혼자서 하는 일은 자기 마음대로 定해도 되지만 여러 사람이

같이 해야 할 일은 서로 議論하고 토론해서,

각자의 意見이 다를 때는 가장 많은 사람이

원하는 意見으로 決定을 한다.

그리고 決定이 된 意見에는

모두 따라야 한다. 」

• 共同(공동) • 決定(결정) • 多數決(다수결) • 意見(의견)
* 토론: 어떤 문제에 대하여 여러 사람이 각각 의견을 말하며 논의함.

議는 '말하다', '의견'을 뜻하는 言(언)과 '바르고 옳음'을 뜻하는 義(의)를 결합한 것이다.　일을 바르고 옳게 해 나가기 위해 서로 생각과 의견을 주고 받으며 〈논의함〉을 의미한다.

[새김] ▪ 의논하다 ▪ 토의하다 ▪ 의견 ▪ 주장

ﾠ	ﾠ	ﾠ	ﾠ	ﾠ	ﾠ	ﾠ	ﾠ	ﾠ	ﾠ	ﾠ	ﾠ
言	言	言	言	訁	誩	誩	諄	諄	議	議	議

議	議	議	議
議	議	議	議

論은 '말하다'는 뜻인 言(언)과 '생각하다', '조리를 세우다'는 뜻인 侖(륜)을 결합한 것이다.　의견이나 생각을 〈조리를 세워서 말함〉을 의미한다.

[새김] ▪ 논하다 ▪ 말하다 ▪ 문제삼다

ﾠ	ﾠ	ﾠ	ﾠ	ﾠ	ﾠ	ﾠ	ﾠ	ﾠ	ﾠ	ﾠ	ﾠ
言	言	言	言	訁	訟	診	論	論	論	論	論

論	論	論	論
論	論	論	論

- 한자의 뜻을 새기고 그 한자로 이루어진 한자어를 익히자.
  - 한자의 뜻을 연결하여 한자어의 뜻을 생각해 보자.
  - 한자어의 뜻을 알고 예문을 통해 그 쓰임을 익히자.

議 의논할 의	論 논할 논
▪ 의논하다 ▪ 토의하다 ▪ 의견	▪ 논하다 ▪ 말하다 ▪ 문제삼다

- 흐리게 나타난 한자어 위에 겹쳐서 쓰고 음을 적어라 -

協 화합할 협	協議	▷ 서로 사전 協議 없이 일을 진행하다보니 어려움이 많았다.
▪ 화합하다 ▪ 돕다 ▪ 힘을 합하다	힘을 합하여 서로 의논함 ▶ 여러 사람이 모여 서로 의논함.	

異 다를 이	異議	▷ 이 결정에 異議가 있는 사람은 손을 들어라.
▪ 다르다 ▪ 달리하다 ▪ 기이하다	다른 의견 ▶ 다른 의견이나 논의.	

衆 무리 중	衆論	▷ 그것이 衆論이라면 나도 그에 따르겠다.
▪ 무리 ▪ 많은 사람 ▪ 백성	많은 사람의 의견 ▶ 여러 사람의 의견.	

持 가질 지	持論	▷ 자신이 좋아하고 잘할 수 있는 일을 하도록 해야 한다는 것이 나의 持論이다.
▪ 가지다 ▪ 지니다 ▪ 버티다	가지고 있는 의견 ▶ 늘 가지고 있거나 전부터 주장하여 온 생각이나 이론.	

한 글자 더

檢 검사할 검	一 十 木 术 术 术 检 检 检 檢
▪ 검사하다 ▪ 단속하다 ▪ 조사하다	檢 檢 檢 檢 檢 檢 檢 檢

查 조사할 사	檢查	▷ 철저한 檢查를 통해 제품의 품질을 한 단계 높일 수 있었다.
▪ 조사하다 ▪ 사실하다 ▪ 떼(뗏목)	단속하고 조사함 ▶ 조사하여 옳고 그름과 낫고 못함을 판단하는 일.	

算 셈 산	檢算	▷ 檢算을 해 보아도 같은 결과가 나왔다.
▪ 셈, 계산 ▪ 수효 ▪ 슬기	조사함 셈한 것을 ▶ 계산의 결과가 맞는지를 다시 조사하는 일.	

■ 한자어와 한자어를 이루는 개별 한자의 뜻을 알아보자.
■ 아래 한자어의 음을 적고 그 뜻을 생각하며 글을 읽어 보자.
■ 공부할 한자의 뜻을 알아보고 필순에 따라 바르게 써 보자.

提案 [　　] ▶ 의안을 제출함, 제출된 의안.

「 늘 자유롭고 活氣에 넘친 숲 속의 동물 나라가 있었습니다.
이 숲 속 나라에서는 무엇보다도 創意性이 尊重되었습니다.
언제나 더 살기 좋은 나라를 만들기 위하여 서로 智慧를
모았습니다. 얼마 전에는 동물들의 提案으로
화폐를 만들어 물물 交換의 불편을
없앴습니다. 물건을 사고 팔기
위해서 이곳 저곳을 찾아다니는
불편도 없앴습니다. 일주일에
한 번씩 장소와 날짜를 정하여
시장을 열기로 한 것입니다. 」

• 活氣(활기) • 創意性(창의성) • 尊重(존중) • 智慧(지혜) • 交換(교환)

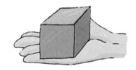

提는 '손'을 뜻하는 手(수)와 '이', '이것', '여기'를
이르는 말인 是(시)를 결합한 것이다.　손으로 들거나
이끌어서 〈내보임〉을 의미한다.

[새김] ▪ 끌다, 이끌다 ▪ 들다 ▪ 제시하다

一	十	扌	扌	护	护	护	捍	捍	捍	提	提
提	提	提	提
提	提	提	提

案은 '편안하다'는 뜻인 安(안)과 '나무로 만든 것'을
뜻하는 木(목)을 결합한 것이다.　몸을 편히 기대어 생
각도 하고 글도 쓰고 하는 나무로 만든 〈책상〉을 의미한
다.

[새김] ▪ 책상 ▪ 생각 ▪ 안, 안건

丶	丶	宀	宀	安	安	安	室	案	案
案	案	案	案
案	案	案	案

새기고 익히기

■ 한자의 뜻을 새기고 그 한자로 이루어진 한자어를 익히자.
- 한자의 뜻을 연결하여 한자어의 뜻을 생각해 보자.
- 한자어의 뜻을 알고 예문을 통해 그 쓰임을 익히자.

提 끌 제 ■ 끌다, 이끌다 ■ 들다 ■ 제시하다

案 책상 안 ■ 책상 ■ 생각 ■ 안, 안건

– 흐리게 나타난 한자어 위에 겹쳐서 쓰고 음을 적어라 –

供 이바지할 공 ■ 이바지하다 ■ 베풀다 ■ 바치다

끌어다 주어   이바지 함 ▶ 갖다 주어 이바지함.
▷ 신규 가입자에게는 3개월 무료 이용권을 提供하겠다고 한다.

示 보일 시 ■ 보이다 ■ 알리다 ■ 지시

들어서   보임 ▶ 의사를 나타내어 보임, 물품을 내어 보임.
▷ 교통 경찰관은 신호를 위반한 운전자에게 운전 면허증 提示를 요구하였다.

件 물건 건 ■ 물건 ■ 사건, 일 ■ 조건

따져서 생각할   일 ▶ 토의하거나 조사하여야 할 사실.
▷ 지난 회의 때 보류되었던 案件을 다시 논의하기로 했다.

考 생각할 고 ■ 생각하다 ■ 헤아리다 ■ 살펴보다

생각해 냄   안을 ▶ 연구하여 새로운 안을 생각해 냄, 또는 그 안.
▷ 보다 빠르고 편리한 새로운 문자 입력 방법이 考案되었다.

한 글자 더

討 칠 토 ■ 치다 ■ 다스리다 ■ 탐구하다

☆ 묻고 따져서 꾸짖어 다스림.

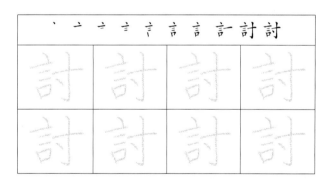

檢 검사할 검 ■ 검사하다 ■ 단속하다 ■ 조사하다

검사하여   탐구함 ▶ 어떤 사실이나 내용을 분석하여 따짐.
▷ 그 계획은 檢討한 결과 해볼 만한 가치가 있다고 판단되었다.

論 논할 론 ■ 논하다 ■ 말하다 ■ 문제삼다

탐구하여   논의함 ▶ 어떤 문제에 대하여 여러 사람이 각각 의견을 말하여 논의함.
▷ 사형 제도 폐지에 대하여 열띤 討論을 벌였다.

205

어휘력 다지기

■ 그는 계산 착오로 **損害** [ ]를 보았어. • • 물질적으로나 정신적으로 보탬이 되는 것.

■ 신제품 판매로 많은 **利益** [ ]을 남겼지. • • 물질적으로나 정신적으로 밑짐, 해를 입음.

■ 높은 **收益** [ ]이 보장된 사업이었다. • • 이미 뙨 계산들을 한데 모아서 계산함, 또는 그런 계산.

■ 물건 값의 **合計** [ ]가 얼마입니까? • • 이익을 거두어 들임, 또는 그 이익.

■ 최종 개표 결과를 **集計** [ ]하여 발표. • • 한데 합하여 계산함, 또는 그런 수요.

■ 이번달 상품 판매 수익금을 **算出** [ ]. • • 지나는 길, 일이 진행되는 방법이나 순서.

■ 시청료가 전기 요금에 **合算** [ ]된다. • • 계산하여 냄.

■ 여러 **經路** [ ]를 통하여 정보를 수집. • • 합하여 계산함.

■ 물품 대금을 신용카드로 **決濟** [ ]했다. • • 아직 끝나지 아니함.

■ 그 사건은 아직도 **未濟** [ ]로 남았어. • • 일을 처리하여 끝을 냄.

■ 그 일은 부모님과 **相議** [ ]하겠습니다. • • 회의에서 심의하고 토의할 안건.

■ 예산안을 만장일치로 **議決** [ ]하였다. • • 어떤 일을 서로 의논함.

■ 찬성 과반을 넘겨서 **議案** [ ]이 통과. • • 의논하여 결정함, 또는 그런 결정.

■ 신의 존재에 대해 **論難** [ ]이 많다. • • 문안이나 의견, 법안 따위를 냄.

■ 오늘 토론한 **論題** [ ]는 '환경 오염'. • • 여럿이 서로 다른 주장을 내며 다툼.

■ 중학교 배정 원서를 **提出** [ ]하였다. • • 논설이나, 토론 따위의 주제나 제목.

■ 전문가가 **提言** [ ]한 '학폭 방지 대책'. • • 일을 처리하거나 해결하여 나갈 방법이나 계획.

■ 교통문제 개선 **方案** [ ]을 논의하였다. • • 의견이나 생각을 내놓음, 또는 그 의견이나 생각.

■ 차분히 생각하며 **答案** [ ]을 작성했다. • • 어떤 안(案)을 대신하는 안.

■ 이 방법 외에 다른 **代案** [ ]을 찾아라. • • 검사하기 위하여 따져 물음.

■ 경찰이 도로에서 **檢問** [ ]을 하고 있다. • • 문제의 해답, 또는 그 해답을 쓴 것.

·손해 ·이익 ·수익 ·합계 ·집계 ·산출 ·합산 ·경로 ·결제 ·미제 ·상의 ·의결 ·의안 ·논란 ·논제 ·제출 ·제언 ·방안 ·답안 ·대안 ·검문

■ 한자어가 되도록 □ 안에 공통으로 넣을 한자를 보기에서 찾아 □ 안에 쓰고 , 그 한자어의 뜻을 생각하며 음을 적어라.

| | | □益 | □失 | □害 | | | □算 | 統□ | 設□ |

| | | □過 | □路 | □歷 | | | □論 | 會□ | 討□ |

| | | □案 | □示 | □出 | | | □査 | □算 | □診 |

보기

雷 · 損 · 算 · 檢 · 案 · 論 · 討 · 計 · 提 · 經 · 議 · 益 · 濟

■ 아래의 뜻을 지닌 한자어가 되도록 위의 보기에서 알맞은 한자를 찾아 □ 안에 써 넣어라.

▶ 천둥소리와 함께 내리는 비.

▷ 한바탕 □雨 가 쏟아졌다.

▶ 이롭거나 도움이 될 만한 것이 있음.

▷ 걷기 운동은 건강에 매우 有□ 하다.

▶ 정밀하게 계산 함, 또는 그런 계산.

▷ 이번 여행 경비를 精□ 해 보자.

▶ 인간의 생활에 필요한 재화나 용역을 · 생산 · 분배 · 소비하는 모든 활동.

▷ 우리집 經□ 상태를 알아보았다.

▶ 서로 다른 의견을 가진 사람들이 각자 자기 주장을 말이나 글로 논하여 다툼.

▷ 그들 둘은 가끔 □爭 을 벌인다.

▶ 안이나 의견으로 내놓음, 또는 그 안이나 의견.

▷ 모두들 그의 提□ 을 받아들였다.

▶ 어떤 사실이나 내용을 분석하여 따짐.

▷ 우리들의 계획을 다시 檢□ 해 보자.

· 손익. 손실. 손해 · 계산. 통계. 설계 · 경과. 경로. 경력 · 의논. 회의. 토의 · 제안. 제시. 제출 · 검사. 검산. 검진 / · 뇌우 · 유익 · 정산 · 경제 · 논쟁 · 제안 · 검토

207

■ 한자의 음과 훈을 되새기며 필순에 따라 바르게 써 보자.

損 덜 손　　扌(재방변)/총 13획
一 † ‡ ‡ ‡ 扫 扫 扫 捐 捐 捐 損 損
損 損 損 損

益 더할 익　　皿(그릇명)/총 10획
丶 八 八 公 分 쓴 쓴 谷 谷 益
益 益 益 益

計 셈할 계　　言(말씀언)/총 9획
丶 一 二 言 言 言 言 計
計 計 計 計

算 셈 산　　竹(대죽)/총 14획
丿 𥫗 𥫗 𥫗 筲 筲 筲 管 算 算 算
算 算 算 算

經 지날 경　　糸(실사)/총 13획
𡿨 𢆶 𢆶 幺 糸 糸 紀 紹 經 經 經 經
經 經 經 經

濟 건널 제　　氵(삼수변)/총 17획
丶 氵 氵 汼 汸 沸 済 済 済 済 濟 濟
濟 濟 濟 濟

議 의논할 의　　言(말씀언)/총 20획
丶 二 言 言 訃 詳 詳 詳 詳 議 議 議
議 議 議 議

論 논할 론. 논　　言(말씀언)/총 15획
丶 言 言 言 訃 訃 訡 諭 論 論 論
論 論 論 論

提 끌 제　　扌(재방변)/총 12획
一 † ‡ ‡ 扫 扫 扫 捍 捍 捍 提
提 提 提 提

案 책상 안　　木(나무목)/총 10획
丶 丶 宀 宀 安 安 安 案 案 案
案 案 案 案

檢 검사할 검　　木(나무목)/총 17획
一 † 才 木 木 杦 杦 杦 检 检 檢 檢
檢 檢 檢 檢

討 칠 토　　言(말씀언)/총 10획
丶 一 二 言 言 言 言 訃 討 討
討 討 討 討

雷 우레 뢰. 뇌　　雨(비우)/총 13획
丶 一 宀 帚 帚 雨 雨 雨 雪 雷 雷 雷 雷
雷 雷 雷 雷

綿 솜 면　　糸(실사)/총 14획
𡿨 幺 幺 糸 糸 糸 糸 綿 綿 綿 綿 綿
綿 綿 綿 綿

■ 공부할 한자의 모양을 살펴보며 음과 훈을 알아보자,

묶음 4-16

음 ■ 한자를 읽는 소리
아래 한자의 음을 찾아 적고 소리내어 읽어 보자.

훈 ■ 한자의 뜻 새김
한자의 음을 적고 훈과 함께 외어 보자.

寶	보배	劍	칼	勇	날랠	敢	감히
英	꽃부리	雄	수컷	拳	주먹	銃	총
射	쏠	殺	죽일	敵	대적할	將	장수

■ 한자어와 한자어를 이루는 개별 한자의 뜻을 알아보자.
■ 아래 한자어의 음을 적고 그 뜻을 생각하며 글을 읽어 보자.
■ 공부할 한자의 뜻을 알아보고 필순에 따라 바르게 써 보자.

寶劍 [   ]

▶ 보배로운 칼, 귀중한 칼.

「 왕자가 魔術에 걸려 있는 공주를 救하기 위해 가시 덤불로
에워싸인 城을 向하여 말을 물고 가는데, 人情 많은 요술 할멈이
나타나 왕자에게 寶劍과 방패를 건네 주면서,
그것이 魔鬼 할멈의 요술로부터
왕자를 지켜 줄 것이라고 했다.
왕자는 요술 할멈이 준 칼로
가시덤불을 내리쳤다. 그러자
가시덤불은 모두 끊어져 왕자는
城안으로 들어갈 수 있었다. 」

• 魔術(마술) • 救(구) • 城(성) • 向(향) • 人情(인정) • 魔鬼(마귀)
* 덤불: 어수선하게 엉클어진 수풀. * 방패: 전쟁 때에 적의 칼, 창, 화살 따위를 막는 데에 쓰던 무기.

寶는 집(宀 … 宀) 안에 재물(◎ … 貝)과 옥으로 된 물
건(王 … 玉)이 있음을 나타낸다. 나중에 '질그릇'을 뜻
하는 缶(부)를 결합하였다. 집안에서 귀중히 여기는
물건인 〈보배〉를 의미한다.

[새김] ▪보배 ▪보물 ▪보배로 여기다

` 宀 宀 宀 宀 宀 宀 宀 寶 寶 寶 寶

寶	寶	寶	寶
寶	寶	寶	寶

劍은 '도리깨'를 뜻하는 僉 … 僉(첨)과 '칼날', '칼로
베다'는 뜻인 刂 … 刃(인)을 결합한 것이다. 나중에 刂
이 刂(도)로 바뀌었다. 도리깨처럼 휘두르고 내려쳐
서 베는 칼인 〈검〉을 의미한다.

[새김] ▪검 ▪검법 ▪찌르다

ノ 人 人 人 슘 슘 슘 僉 僉 僉 劍 劍

劍	劍	劍	劍
劍	劍	劍	劍

새기고 익히기

■ 한자의 뜻을 새기고 그 한자로 이루어진 한자어를 익히자.

■ 한자의 뜻을 연결하여 한자어의 뜻을 생각해 보자.
■ 한자어의 뜻을 알고 예문을 통해 그 쓰임을 익히자.

寶 보 보배
- 보배
- 보물
- 보배로 여기다

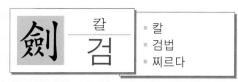

劍 검 칼
- 칼
- 검법
- 찌르다

- 흐리게 나타난 한자어 위에 겹쳐서 쓰고 음을 적어라 -

庫 고 곳집
- 곳집
- 창고
- 금고

寶庫
보배　　창고

▷ 바다는 식량 자원은 물론 광물 자원의 寶庫 이다.

▶ 귀중한 것이 많이 나거나 간직되어 있는 곳을 비유함.

貨 화 재화
- 재화, 재물
- 물품, 상품
- 돈, 화폐

寶貨
보배로운　　물품

▷ 흥부가 타는 박 속에서는 온갖 寶貨가 쏟아져 나왔다.

▶ 보물, 썩 드물고 귀한 가치가 있는 보배로운 물건.

道 도 길
- 길 ■ 도리
- 기예
- 행하다

劍道
검법의　　기예

▷ 그는 劍道가 삼단이다.

▶ 검술을 닦는 무도의 한 부문.

法 법 법
- 법
- 방법
- 불교의 진리

劍法
칼을 쓰는　　방법

▷ 오랜 추적과 검증 끝에 옛날 우리 고유의 劍法을 되살려냈다.

▶ 싸움터나 검도에서 칼을 쓰는 기술이나 방법.

한 글자 더

雄 웅 수컷
- 수컷 ■ 인걸
- 웅대하다
- 씩씩하다

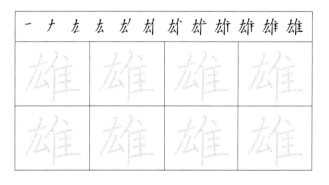

☆ 다리 근육이 잘 발달되어 있는 새의 수컷.
이에서 나아가 모든 동물의 수컷.

志 지 뜻
- 뜻
- 마음
- 기록

雄志
웅대한　　뜻

▷ 많은 공부를 하고 사회에 나갔으니 이제 너의 雄志를 마음껏 펼쳐 보아라.

▶ 웅대한 뜻, 큰 뜻.

飛 비 날
- 날다
- 높다
- 빠르다

雄飛
씩씩하게　　날아오름

▷ 그 회사는 신기술을 바탕으로 세계적인 기업으로 雄飛하고 있다.

▶ 기운차고 용기있게 활동함. 힘차고 씩씩하게 뻗어 나감.

211

알아보기

■ 한자어와 한자어를 이루는 개별 한자의 뜻을 알아보자.
■ 아래 한자어의 음을 적고 그 뜻을 생각하며 글을 읽어 보자.
■ 공부할 한자의 뜻을 알아보고 필순에 따라 바르게 써 보자.

勇敢 ☐ ▶ 용기가 있으며 씩씩하고 기운참.

「 두려움과 부끄러움을 극복하고 옳은 일을 실천하는 사람을 勇氣 있는 사람이라고 합니다. 우리들 마음 속에 良心과 正義感이 살아 있으면 勇氣가 솟아납니다. 勇氣 있는 사람은 자신에게 닥칠 위험이 두려워, 옳지 못한 일을 그대로 보고 있지 않습니다. 勇氣 있는 사람은 어떤 어려움이 따르더라도 결코 굽히지 않고 **勇敢**하게 나서서 最善을 다합니다. 또, 勇氣 있는 사람은 자기의 잘못을 솔직히 認定하고 겸손한 자세로 용서를 빕니다. 」

• 勇氣(용기) • 良心(양심) • 正義感(정의감) • 最善(최선) • 認定(인정). * 극복: 악조건(나쁜 조건)이나 고생 따위를 이겨냄.
* 닥치다: 어떤 일이나 대상 따위가 가까이 다다르다. * 겸손: 남을 존중하고 자기를 내세우지 않는 태도가 있음.

勇은 무기인 '창'을 뜻하는 戈(과)와 '쓰다(부리다)', '솟아오르다'는 뜻인 用 … 甬(용)을 결합한 것이다. 나중에 戈가 力(력)으로 바뀌었다. 무기를 들고 싸우는 모습이 〈굳세고 날램〉을 의미한다.

[새김] ▪ 날래다 ▪ 굳세다 ▪ 용기가 있다

⺈ ⺈ 厃 厈 帀 甬 甬 勇 勇			
勇	勇	勇	勇
勇	勇	勇	勇

敢은 손으로 사냥감을 잡은 모습인 𭥍과 '달게 여기다'는 뜻인 甘 … 甘(감)을 결합한 것이다. 두려움을 무릅쓰고 〈기꺼이 함〉을 의미한다.

[새김] ▪ 감히 ▪ 감히하다 ▪ 굳세다

⼀ ⼀ ⼯ ⼯ 丟 丟 耳 耴 耶 敢 敢			
敢	敢	敢	敢
敢	敢	敢	敢

212

■ 한자의 뜻을 새기고 그 한자로 이루어진 한자어를 익히자.
- 한자의 뜻을 연결하여 한자어의 뜻을 생각해 보자.
- 한자어의 뜻을 알고 예문을 통해 그 쓰임을 익히자.

勇 날랠 용	■ 날래다 ■ 굳세다 ■ 용기가 있다	敢 감히 감	■ 감히 ■ 감히하다 ■ 굳세다

- 흐리게 나타난 한자어 위에 겹쳐서 쓰고 음을 적어라 -

氣 기운 기	■ 기운 ■ 공기 ■ 기체 ■ 기후

勇氣 [　]
굳센 　 기운
▷ 혹시 실패하더라도 勇氣를 잃지 마라.
▶ 씩씩하고 굳센 기운, 또는 사물을 겁내지 아니하는 기개.

義 옳을 의	■ 옳다 ■ 의롭다 ■ 해 넣다

義勇 [　]
의로운 　 용기
▷ 義勇 소방대는 평소 자기 생업에 종사 하면서 응급시 화재 진압 등에 참여한다.
▶ 의를 위하여 일어나는 용기.

果 실과 과	■ 실과, 열매 ■ 일의 결과 ■ 과단성이 있다

果敢 [　]
과단성 있고 　 굳셈
▷ 시대에 뒤쳐지지 않으려면 새로운 변화를 받아들이는 데 果敢해야 한다.
▶ 과단성(일을 딱 잘라서 결정하는 성질)이 있고 용감함.

行 다닐 행	■ 다니다 ■ 가다 ■ 행하다

敢行 [　]
감히 　 행함
▷ 그들은 젊은 패기로 실패를 무릅쓰고 모험을 敢行하였다.
▶ 과감하게 실행함.

한 글자 더

英 꽃부리 영	■ 꽃부리 ■ 아름답다 ■ 뛰어나다

☆ 꽃부리 : 꽃잎 전체를 이르는 말.

一	十	十	艹	苎	苎	苎	英	英

英 英 英 英
英 英 英 英

雄 수컷 웅	■ 수컷 ■ 웅대하다 ■ 씩씩하다

英雄 [　]
뛰어나고 　 씩씩한 사람
▷ 한때는 사람들이 그를 英雄으로 치켜세운 적도 있었다.
▶ 지혜와 재능이 뛰어나고 보통 사람이 하기 어려운 일을 해내는 사람.

特 특별할 특	■ 특별하다 ■ 뛰어나다 ■ 수소

英特 [　]
뛰어나고 　 특별하다
▷ 그는 어려서부터 하는 짓이 英特하기로 소문이 났었다.
▶ 남달리 뛰어나고 훌륭하다.

알아보기

■ 한자어와 한자어를 이루는 개별 한자의 뜻을 알아보자.
■ 아래 한자어의 음을 적고 그 뜻을 생각하며 글을 읽어 보자.
■ 공부할 한자의 뜻을 알아보고 필순에 따라 바르게 써 보자.

拳銃 [　　] ▶ 한 손으로 발사할 수 있는 소형의 총.

「 안중근은 1909年 10月 26日, 하얼빈 역에 숨어 들어갔다.
안중근은 기차에서 내려 微笑를 지으며 환영객을 향해
손을 흔드는 이토 히로부미를 향해 拳銃을 쏘았다.
　"탕, 탕, 탕……."
　이토 히로부미는 그 자리에 쓰러졌다.
안중근은 들고 있던 拳銃을
내던지고 품 속에서 태극기를 꺼냈다.
그리고 목이 터져라 외쳤다.
　"大韓 獨立 萬歲!
　　大韓 獨立 萬歲!"」

• 微笑(미소) • 大韓(대한) • 獨立(독립) • 萬歲(만세).

*환영객: 오는 사람을 기쁜 마음으로 반갑게 맞이하는 사람.

拳은 '밥뭉치다'는 뜻인 𢍅…尖(권)과 '손'을 뜻하는 𠂇…手(수)를 결합한 것이다. 밥 뭉치듯 손을 오그리어 쥔 〈주먹〉을 의미한다.

[새김] ▪주먹 ▪주먹쥐다 ▪권법

＇ ＇＇ ＇＇＇ ＇＇ 半 尖 夬 叁 叁 拳
拳	拳	拳	拳
拳	拳	拳	拳

銃은 '쇠붙이'를 뜻하는 金(금)과 '채우다', '막다'는 뜻인 充(충)을 결합한 것이다. 처음의 총은 속이 빈 쇠통(筒)에 화약과 잔 탄알을 채우고 진흙으로 막아 심지에 불을 붙여 쏘는 것 이었다. 〈총〉을 의미한다.

[새김] ▪총 ▪총을 쏘다

ノ ノ 丿 𠂉 牟 牟 金 釒 鈁 鈁 鈁 銃
銃	銃	銃	銃
銃	銃	銃	銃

214

새기고 익히기

■ 한자의 뜻을 새기고 그 한자로 이루어진 한자어를 익히자.
➡ 한자의 뜻을 연결하여 한자어의 뜻을 생각해 보자.
➡ 한자어의 뜻을 알고 예문을 통해 그 쓰임을 익히자.

拳	주먹 권	■ 주먹 ■ 주먹쥐다 ■ 공손하다

銃	총 총	■ 총 ■ 총을 쏘다

– 흐리게 나타난 한자어 위에 겹쳐서 쓰고 음을 적어라 –

鬪	싸울 투	■ 싸우다 ■ 다투다 ■ 승패를 겨루다

拳鬪 [　]
주먹으로 승패를 겨룸 ▶ 손에 글러브를 끼고 상대편 상체를 쳐서 승부를 겨루는 경기.

▷ 그는 예전에 拳鬪 선수 였다.

法	법 법	■ 법 ■ 방법 ■ 불교의 진리

拳法 [　]
주먹을 쓰는 방법 ▶ 정신 수양과 신체 단련을 위하여 주먹을 놀리어서 하는 운동.

▷ 태권도는 무기 없이 유연한 동작으로 손과 발을 이용하여 공격하는 拳法이다.

劍	칼 검	■ 칼 ■ 검법 ■ 찌르다

銃劍 [　]
총과 칼 ▶ 총과 칼을 아울러 이르는 말. 무력을 비유적으로 이르는 말.

▷ 의병들은 銃劍으로 무장하고 싸움터로 향했다.

器	그릇 기	■ 그릇 ■ 기구, 도구 ■ 기관

銃器 [　]
총 따위의 기구 ▶ 권총, 기관총, 소총, 엽총 따위의 무기를 통틀어 이르는 말.

▷ 도주한 범인은 銃器를 소지하고 있었다.

한 글자 더

敵	대적할 적	■ 대적하다 ■ 겨루다 ■ 원수, 적

☆ 서로 싸우거나 해치려 하거나 하는 상대방.
경기, 시합 등에서 서로 겨루는 상대방.

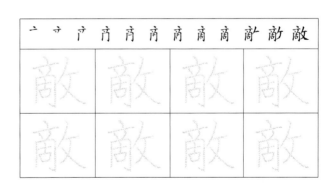

對	대할 대	■ 대하다 ■ 서로 마주 대함 ■ 대답하다

對敵 [　]
대하여 겨룸 ▶ 적이나 어떤 세력, 힘 따위와 맞서 겨룸. 또는 그 상대.

▷ 씨름판에서는 그와 對敵할 상대가 없었다.

意	뜻 의	■ 뜻, 뜻하다 ■ 생각 ■ 마음

敵意 [　]
적으로 대하는 마음 ▶ 적대하는 마음, 해치려는 마음.

▷ 그의 말과 태도에서 날카로운 敵意가 느껴졌다.

■ 한자어와 한자어를 이루는 개별 한자의 뜻을 알아보자.
■ 아래 한자어의 음을 적고 그 뜻을 생각하며 글을 읽어 보자.
■ 공부할 한자의 뜻을 알아보고 필순에 따라 바르게 써 보자.

射殺 [　　] ▶ 활이나 총포로 쏘아 죽임.

「 동물원에서 기르던 표범이 管理 소홀로 생긴 틈으로 우리를 빠져
나갔다. 동물원 사육사와 경찰들이 달아난 표범을 포획하기 위하여
나섰으나, 밤에 주로 活動하는 습성으로 쉬운 일이 아니었다.

시간은 점점 흐르고 만일의 경우,
표범이 사람을 공격하게 된다면
뜻하지 않은 큰 被害가 발생할
지도 모르는 일이었다. 그래서
결국 포수들을 動員하여
發見하는 대로 **射殺**하기로
하였다. 」

• 管理(관리) • 活動(활동) • 被害(피해) • 動員(동원) • 發見(발견).   ＊포획: 짐승이나 물고기를 잡음.
＊소홀: 대수롭지 아니하고 예사로움.또는 탐탁하지 아니하고 데면데면함. ＊습성: 습관이 되어 버린 성질.

🏹는 활시위에 화살을 메기는(화살을 시위에 물리는) 모
습이다.   활을 〈쏨〉을 의미한다.

🔆은 짐승이 창에 찔린 모습이다. 나중에 '날 없는 창',
'몽둥이'를 뜻하는 殳(수)를 결합하였다.   사냥으로
짐승을 〈죽임〉을 의미한다.

[새김] ▪쏘다 ▪비추다 ▪맞히다

[새김] ▪죽이다 ▪없애다 ▪덜다(쇄)

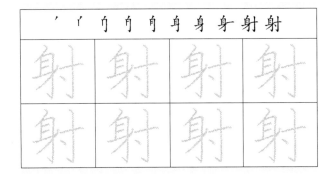

| ´ | ⺊ | ⺊ | 自 | 自 | 身 | 身 | 身 | 射 | 射 |

| 射 | 射 | 射 | 射 |
| 射 | 射 | 射 | 射 |

| ノ | メ | 二 | 辛 | 羊 | 杀 | 杀 | 剎 | 殺 | 殺 | 殺 |

| 殺 | 殺 | 殺 | 殺 |
| 殺 | 殺 | 殺 | 殺 |

새기고 익히기

■ 한자의 뜻을 새기고 그 한자로 이루어진 한자어를 익히자.
- 한자의 뜻을 연결하여 한자어의 뜻을 생각해 보자.
- 한자어의 뜻을 알고 예문을 통해 그 쓰임을 익히자.

射 쏠 사
- 쏘다
- 비추다
- 맞히다

殺 죽일 살
- 죽이다
- 없애다
- 덜다(쇄)

– 흐리게 나타난 한자어 위에 겹쳐서 쓰고 음을 적어라 –

發 필 발
- 피다 · 쏘다
- 가다 · 내다
- 일으키다

發射
쏘다 쏘다 ▶ 활, 총포, 로켓이나 광선, 음파 따위를 쏘는 일.

▷ 우리의 자체 기술로 인공위성을 우주 공간으로 發射할 수 있게 되었다.

反 돌이킬 반
- 돌이키다
- 거스르다
- 반대하다

反射
돌이키어 비침 ▶ 되비침.

▷ 강한 빛이 反射되어 눈을 뜰 수가 없네.

蟲 벌레 충
- 벌레
- 해충
- 벌레 먹다

殺蟲
죽임 벌레를 ▶ 벌레나 해충을 죽임.

▷ 이 약품은 殺蟲 효과가 있어 파리와 모기 따위의 해충을 잡을 수 있다.

暗 어두울 암
- 어둡다
- 남몰래
- 보이지 않다

暗殺
남몰래 죽임 ▶ 사람을 몰래 죽임.

▷ 그는 테러리스트에게 暗殺 당하였다.

한 글자 더

將 장수 장
- 장수 · 인솔자
- 장차
- 거느리다

丨	爿	爿	뷰	뷰	뷰	뷰	뷰	뷰	將	將

將 將 將 將

將 將 將 將

勇 날랠 용
- 날래다
- 굳세다
- 용기가 있다

勇將
용기가 있는 장수 ▶ 용맹스러운 장수.

▷ 이순신 장군은 덕장, 지장, 勇將의 면모를 두루 갖춘 분이다.

校 학교 교
- 학교
- 부대
- 울타리

將校
인솔자 부대의 ▶ 육해공군 소위 이상의 군인.

▷ 귀관들은 이제 대한민국 육군의 영예로운 將校 후보생임을 잊지 말아라.

한자성어

■ 한자 성어에 담긴 함축된 의미를 파악하고 그 쓰임을 익히자.

■ 한자 성어의 음을 적고 그에 담긴 의미와 적절한 쓰임을 익혀라.

牛耳讀經

▶ 쇠귀에 경 읽기라는 뜻으로, 아무리 가르치고 일러 주어도 알아듣지 못함을 이르는 말.

▷ 너의 생각이 딴 곳에 가 있으니 내가 아무리 떠들어봐야 牛耳讀經이지.

殺身成仁

▶ 자기 몸을 희생하여 인(仁)을 이룸.

▷ 119대원들은 언제나 殺身成仁의 정신으로 재난 현장으로달려가 어려움에 처한 이들을 구조한다.

多多益善

▶ 많으면 많을수록 더욱 좋음.

▷ 아버지께서 한 달 용돈으로 얼마면 좋겠느냐고 물어보시기에 나는 多多益善이라고 대답하였다.

百戰老將

▶ 수많은 싸움을 치른 노련한 장수.
온갖 어려운 일을 많이 겪은 노련한 사람.

▷ 그 선수는 百戰老將답게 위기 때마다 상대편의 공격을 적절히 막아 내었다.

多聞博識

▶ 보고 들은 것이 많고 아는 것이 많음.

▷ 그는 책도 많이 읽고 여러면에 경험도 많아 多聞博識하다.

隱忍自重

▶ 마음속에 감추어 참고 견디면서 몸가짐을 신중하게 행동함.

▷ 한동안 隱忍自重하던 그가 이제 사회 활동을 다시 시작하였다.

| 博 | 넓을 박 | ▪ 넓다, 깊다 ▪ 많다, 크다 ▪ 넓히다 |

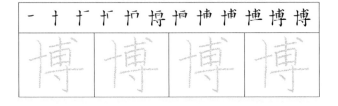

一 十 十 忄 忄 忄 搏 悍 博 博 博 博

博　博　博　博

| 隱 | 숨을 은 | ▪ 숨다 ▪ 은퇴하다 ▪ 가엾어 하다 |

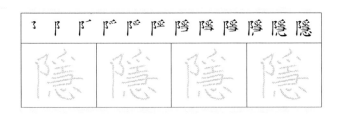

阝 阝 阝 阝 阝 阝 隱 隱 隱 隱 隱 隱

隱　隱　隱　隱

· 우이독경 · 살신성인 · 다다익선 · 백전노장 · 다문박식 · 은인자중

더 살펴 익히기

■ 아래 한자가 지닌 뜻과 그 뜻을 지니는 한자어를 줄로 이어라.

計
- 셈하다, 세다 · · 合計( ) ▸ 한데 합하여 계산함. 또는 그런 수요.
- 꾀하다 · · 計器( ) ▸ 길이, 면적, 무게, 양 따위나 온도 시간, 강도 따위를 재는 기구를 통틀어 이르는 말.
- 헤아리다 · · 計策( ) ▸ 어떤 일을 이루기 위하여 꾀나 방법을 생각해 냄.

經
- 지나다 · · 經書( ) ▸ 옛 성현들이 유교의 사상과 교리를 써 놓은 책.
- 다스리다 · · 經路( ) ▸ 지나는 길. 일이 진행되는 방법이나 순서.
- 경서 · · 經營( ) ▸ 기업이나 사업 따위를 관리하고 운영함.

殺
- 죽이다(살) · · 殺到( ) ▸ 전화, 주문 따위가 한꺼번에 세차게 몰려듦.
- 덜다(쇄) · · 相殺( ) ▸ 상반되는 것이 서로 영향을 주어 효과가 없어지는 것.
- 매우(쇄) · · 殺蟲( ) ▸ 벌레나 해충을 죽임.

■ [損]과 상대되는 뜻을 지닌 한자에 모두 ○표 하여라. ⇨ [加 · 失 · 增 · 益]

■ [計]과 비슷한 뜻을 지닌 한자에 모두 ○표 하여라. ⇨ [策 · 算 · 討 · 數]

■ 아래의 뜻을 지닌 한자성어가 되도록 ( ) 안에 한자를 써 넣고 완성된 성어의 독음을 적어라.

▸ 먹을 <u>가까이</u> 하는 사람은 검어진다는 뜻으로, 나쁜 사람과 가까이 지내면 나쁜 버릇에 물들기 쉬움을 비유적으로 이르는 말. ⇨ ( )墨者黑	
▸ 주의가 두루 미쳐 자세하고 <u>빈틈이</u> 없음. ⇨ 周到綿( )	
▸ 한 번 <u>그물</u>을 쳐서 고기를 다 잡는다는 뜻으로, 어떤 무리를 한꺼번에 모조리 다 잡음을 이르는 말. ⇨ 一( )打盡	
▸ <u>등잔</u> 밑이 어둡다는 뜻으로, 가까이에 있는 물건이나 사람을 잘 찾지 못함을 이르는 말. ⇨ ( )下不明	
▸ 옳고 <u>그름</u>을 따지지 아니함. ⇨ 不問( )直	
▸ 줏대 없이 남의 의견에 따라 <u>움직임</u>. ⇨ 附和雷( )	

· 합계. 계기. 계책 · 경서. 경로. 경영 · 쇄도. 상쇄. 살충 / 近 · 密 · 網 · 燈 · 曲 · 動

219

어휘력 다지기

■ 공부한 한자로 이루어진 한자어를 익혀 어휘력을 다지자.
━ 글 속 한자어의 음을 적고, 그 뜻과 줄로 있고, 쓰임을 익히자.

■ 해적이 숨겨놓은 寶物 [ ] 이 있을까? ・ ・한 집안에서 대를 물려 전해 오는 보배로운 물건,

■ 물려받은 도자기를 家寶 [ ] 로 여겼다. ・ ・동(銅)이나 청동으로 만든 칼,

■ 그는 劍術 [ ] 과 궁술에 능하였다네. ・ ・썩 드물고 귀한 가치가 있는 보배로운 물건,

■ 옛 무덤에서 출토된 銅劍 [ ] 이란다. ・ ・검을 가지고 싸우는 기술,

■ 위풍당당한 모습의 국군 勇士 [ ] 들. ・ ・지혜와 용기를 아울러 이르는 말,

■ 그는 智勇 [ ] 을 겸비한 훌륭한 지도자. ・ ・용맹스러운 사람,

■ 우수아를 발굴하여 英才 [ ] 교육을. ・ ・영재를 가르쳐 기름, 교육을 이르는 말이다,

■ 학교를 세워서 育英 [ ] 사업에 힘썼다. ・ ・뛰어난 재주, 또는 그런 사람,

■ 나의 계획과 희망은 雄大 [ ] 하였단다. ・ ・웅대한 뜻,

■ 雄志 [ ] 를 펼치려면 실력을 쌓아라. ・ ・웅장하고 큼,

■ 銃口 [ ] 는 바로 그의 심장을 겨누었다. ・ ・총을 쥐거나 지님,

■ 위병들이 執銃 [ ] 을 하고 보초를 선다. ・ ・적의 사격에 대응하여 마주 쏨,

■ 적의 사격에 즉각 應射 [ ] 를 하였다. ・ ・총구멍(총알이 나가는 총의 앞쪽 끝 부분),

■ 조준을 끝낸 射手 [ ] 는 방아쇠를 당겨. ・ ・의견이나 제안 따위를 듣고도 못 들은 척함,

■ 장난삼아 하는 殺生 [ ] 은 큰 죄악이야. ・ ・대포나 총, 활 따위를 쏘는 사람,

■ 그는 나의 충고를 默殺 [ ] 하였다. ・ ・사람이나 짐승 따위를 죽이는 일,

■ 우리 팀은 強敵 [ ] 을 만나 고전하였어. ・ ・재주나 힘이 서로 비슷해서 상대가 되는 사람,

■ 팔씨름에서 그는 나의 敵手 [ ] 가 아냐. ・ ・오래전부터의 원수, 여러 해 전부터의 적수,

■ 宿敵 [ ] 인 두 팀이 결승전에서 붙었다. ・ ・강한 적수, 또는 만만찮은 상대,

■ 그 둘은 예전부터 敵對 [ ] 관계였다. ・ ・장교와 부사관, 사병을 통틀어 이르는 말,

■ 부대의 전 將兵 [ ] 이 연병장으로 집합. ・ ・적으로 대함, 또는 적과 같이 대함,

·보물·가보·검술·동검·용사·지용·영재·육영·웅대·웅지·총구·집총·응사·사수·살생·묵살·강적·적수·숙적·적대·장병

■ 한자어가 되도록 □ 안에 공통으로 넣을 한자를 보기에서 찾아 □ 안에 쓰고 , 그 한자어의 뜻을 생각하며 음을 적어라.

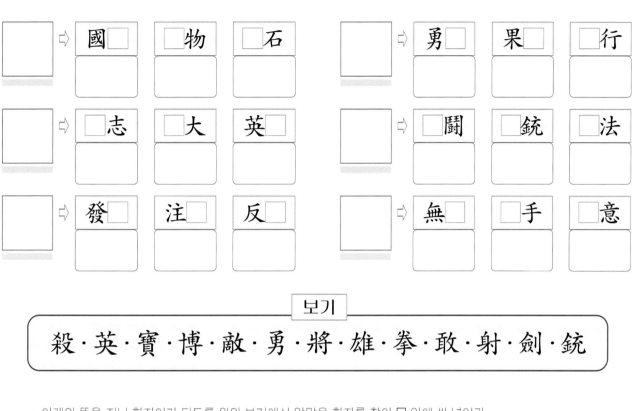

國□　□物　□石

□志　□大　英□

發□　注□　反□

勇□　果□　□行

□鬪　□銃　□法

無□　□手　□意

보기
殺·英·寶·博·敵·勇·將·雄·拳·敢·射·劍·銃

■ 아래의 뜻을 지닌 한자어가 되도록 위의 보기에서 알맞은 한자를 찾아 □ 안에 써 넣어라.

▶ 칼 쓰기 기술에 능한 사람.

▷ 두 □客 이 맞붙어 싸우는 장면.

▶ 씩씩하고 굳센 기운. 또는 사물을 겁내지 아니하는 기개.

▷ 그들에게 대항할 □氣 가 없었다네.

▶ 남달리 뛰어나고 훌륭함.

▷ 그는 □特 하고 슬기로운 아이였어.

▶ 나무를 깎아 만든 총.

▷ 木□ 을 들고 전쟁놀이 하는 아이들.

▶ 지식이 넓고 아는 것이 많음.

▷ 그는 우리의 역사에 □識 하단다.

▶ 새나 짐승 따위의 생물을 죽임.

▷ 불교에서는 □生 을 금하고 있다.

▶ 군의 우두머리로 군을 지휘하고 통솔하는 무관.

▷ 우리 민족의 역사에 남은 □軍  들.

· 국보. 보물. 보석 · 용감. 과감. 감행 · 웅지. 웅대. 영웅 · 권투. 권총. 권법 · 발사. 주사. 반사 · 무적. 적수. 적의 / · 검객 · 용기 · 영특 · 목총 · 박식 · 살생 · 장군

되새기기

■ 한자의 음과 훈을 되새기며 필순에 따라 바르게 써 보자.

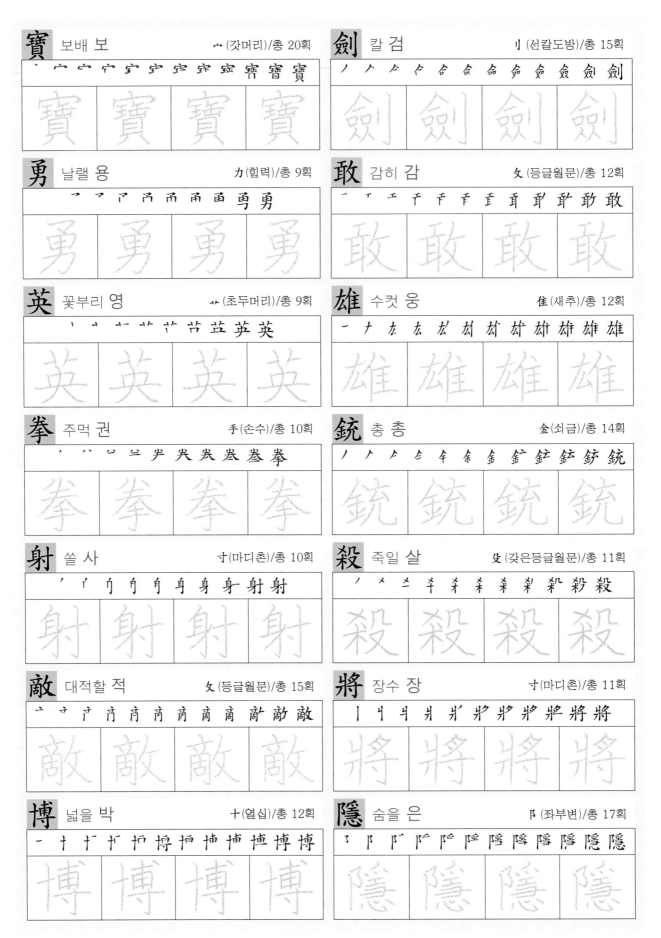

寶 보배 보	Ⱄ(갓머리)/총 20획
劍 칼 검	⻏(선칼도방)/총 15획
勇 날랠 용	力(힘력)/총 9획
敢 감히 감	攵(등글월문)/총 12획
英 꽃부리 영	⺾(초두머리)/총 9획
雄 수컷 웅	隹(새추)/총 12획
拳 주먹 권	手(손수)/총 10획
銃 총 총	金(쇠금)/총 14획
射 쏠 사	寸(마디촌)/총 10획
殺 죽일 살	殳(갖은등글월문)/총 11획
敵 대적할 적	攵(등글월문)/총 15획
將 장수 장	寸(마디촌)/총 11획
博 넓을 박	十(열십)/총 12획
隱 숨을 은	⻖(좌부변)/총 17획

학습한자 찾아보기

無<무>	3-04	5급
舞<무>	5-14	4급
墨<묵>	3-10	3급 II
默<묵>	2-16	3급 II
問<문>	2-16	7급
文<문>	2-02	7급
聞<문>	2-02	6급 II
門<문>	1-03	8급
物<물>	1-14	7급 II
味<미>	4-06	4급 II
尾<미>	2-12	3급 II
微<미>	4-06	3급 II
末<미>	2-03	4급 II
美<미>	3-01	6급
民<민>	1-11	8급
密<밀>	3-16	4급 II

[ㅂ]

博<박>	4-16	4급 II
拍<박>	추-5	4급
朴<박>	추-8	6급
迫<박>	3-12	3급 II
半<반>	1-09	6급 II
反<반>	2-12	6급 II
叛<반>	5-03	3급
班<반>	추-1	6급 II
發<발>	3-15	6급 II
髮<발>	3-04	4급
妨<방>	추-5	4급
房<방>	4-07	4급 II
放<방>	5-02	6급 II
方<방>	1-04	7급 II
訪<방>	추-7	4급 II
防<방>	2-10	4급 II
倍<배>	추-1	4급
拜<배>	3-07	4급 II
排<배>	3-02	3급 II
背<배>	5-03	4급 II
配<배>	3-05	4급 II
伯<백>	3-12	3급 II
白<백>	1-02	8급
百<백>	1	7급
番<번>	4-02	6급
繁<번>	4-03	3급 II
伐<벌>	5-02	4급 II
罰<벌>	3-01	4급 II

凡<범>	1-15	3급 II
犯<범>	3-01	4급
範<범>	추-4	4급
法<법>	3-01	5급 II
壁<벽>	4-08	4급 II
變<변>	3-15	5급 II
辯<변>	5-07	4급
邊<변>	5-06	4급 II
別<별>	4-08	6급
丙<병>	1-04	3급 II
兵<병>	1-12	5급 II
病<병>	3-13	6급
保<보>	3-16	4급 II
報<보>	5-05	4급 II
寶<보>	4-16	4급 II
普<보>	2-08	4급
步<보>	2-01	4급 II
補<보>	2-08	3급 II
伏<복>	2-06	4급
復<복>	3-05	4급 II
服<복>	5-03	6급
福<복>	2-04	5급 II
腹<복>	5-11	3급 II
複<복>	5-12	4급
本<본>	1-10	6급
奉<봉>	추-3	5급 II
不<불,부>	1-06	7급 II
付<부>	4-01	3급 II
副<부>	추-3	4급 II
否<부>	2-09	4급
夫<부>	2-12	7급
婦<부>	2-12	4급 II
富<부>	2-07	4급 II
府<부>	추-1	4급 II
浮<부>	5-14	3급 II
父<부>	1-06	8급
負<부>	5-11	4급
部<부>	5-11	6급 II
附<부>	4-14	3급 II
北<북,배>	1-10	8급
分<분>	1-09	6급 II
奔<분>	3-14	3급
奮<분>	5-09	3급 II
憤<분>	5-12	4급
粉<분>	3-04	4급
佛<불>	추-3	4급 II

備<비>	5-12	4급 II
悲<비>	5-10	4급 II
比<비>	5-11	5급
碑<비>	추-7	4급
秘<비>	3-16	4급
肥<비>	3-10	3급 II
費<비>	추-5	5급
非<비>	1-15	4급 II
飛<비>	3-16	4급 II
鼻<비>	1-14	5급
貧<빈>	3-03	4급 II
氷<빙>	4-09	5급

[ㅅ]

事<사>	1-09	7급 II
似<사>	3-14	3급
使<사>	3-04	6급
史<사>	3-04	5급
四<사>	1	8급
士<사>	1-12	5급
寫<사>	4-07	5급
寺<사>	2-01	4급 II
射<사>	4-16	4급
師<사>	2-05	4급 II
思<사>	4-04	5급
查<사>	4-12	5급
死<사>	2-02	6급
沙<사>	5-16	3급 II
社<사>	2-09	6급 II
私<사>	1-08	4급
絲<사>	추-3	4급
舍<사>	3-12	4급 II
蛇<사>	4-02	3급 II
謝<사>	5-08	4급 II
辭<사>	추-4	4급
山<산>	1-01	8급
散<산>	3-08	4급
産<산>	3-06	5급 II
算<산>	4-15	7급
殺<살,쇄>	4-16	4급 II
三<삼>	1	8급
上<상>	1-01	7급 II
傷<상>	5-11	4급
像<상>	4-03	3급 II
償<상>	4-12	3급 II
商<상>	3-06	5급 II

尙<상>	3-07	3급 II
常<상>	3-07	4급 II
床<상>	3-12	4급 II
想<상>	4-03	4급 II
狀<상>	3-09	4급 II
相<상>	3-14	5급 II
象<상>	3-16	4급
賞<상>	3-15	5급
霜<상>	4-08	3급 II
索<색>	추-7	3급 II
色<색>	1-08	7급
生<생>	1-02	8급
序<서>	4-02	5급
書<서>	3-07	6급 II
西<서>	1-10	8급
夕<석>	1-09	7급
席<석>	3-07	6급
石<석>	1-03	6급
先<선>	1-02	8급
善<선>	1-11	5급
宣<선>	2-05	4급
線<선>	4-11	6급 II
船<선>	4-01	5급
選<선>	5-07	5급
鮮<선>	3-08	5급 II
舌<설>	2-08	4급
設<설>	4-07	4급 II
說<설>	2-14	5급 II
雪<설>	4-07	6급 II
城<성>	4-08	4급 II
性<성>	2-01	5급 II
成<성>	1-12	6급 II
星<성>	1-03	4급 II
盛<성>	2-13	4급 II
省<성>	2-15	6급 II
聖<성>	3-04	4급 II
聲<성>	5-02	4급 II
誠<성>	2-13	4급 II
世<세>	3-08	7급 II
勢<세>	3-11	4급 II
歲<세>	3-07	5급 II
洗<세>	추-8	5급 II
稅<세>	4-10	4급 II
細<세>	5-13	4급 II
小<소>	1-01	8급
少<소>	1-06	7급

한자	번호	급수
所<소>	1-13	7급
掃<소>	추-7	4급Ⅱ
消<소>	1-15	6급Ⅱ
笑<소>	4-06	4급Ⅱ
素<소>	1-16	4급Ⅱ
俗<속>	3-11	4급
屬<속>	추-5	4급
束<속>	2-04	5급Ⅱ
續<속>	5-05	4급Ⅱ
速<속>	2-05	6급
孫<손>	2-15	6급
損<손>	4-15	4급
率<솔,률,율>	5-11	3급Ⅱ
松<송>	1-08	4급
送<송>	5-12	4급Ⅱ
頌<송>	추-5	4급
碎<쇄>	2-02	1급
衰<쇠>	5-12	3급Ⅱ
修<수>	5-15	4급Ⅱ
受<수>	3-15	4급Ⅱ
守<수>	4-10	4급Ⅱ
手<수>	1-06	7급Ⅱ
授<수>	3-15	4급Ⅱ
收<수>	1-11	4급Ⅱ
數<수>	4-14	7급
樹<수>	3-08	6급
水<수>	1-03	8급
獸<수>	3-06	3급Ⅱ
秀<수>	5-06	4급
輸<수>	5-12	3급Ⅱ
需<수>	2-10	3급Ⅱ
首<수>	1-09	5급Ⅱ
叔<숙>	추-8	4급
宿<숙>	1-13	5급Ⅱ
熟<숙>	4-06	3급Ⅱ
肅<숙>	추-6	4급
巡<순>	5-03	3급Ⅱ
旬<순>	1-16	3급Ⅱ
純<순>	3-02	4급Ⅱ
順<순>	4-02	5급Ⅱ
術<술>	3-04	6급Ⅱ
崇<숭>	3-07	4급
濕<습>	5-13	3급Ⅱ
習<습>	5-05	6급
乘<승>	4-01	3급Ⅱ
勝<승>	3-02	6급
承<승>	5-05	4급Ⅱ
昇<승>	5-03	3급Ⅱ
始<시>	5-07	6급Ⅱ
市<시>	1-11	7급Ⅱ
施<시>	4-07	4급Ⅱ
是<시>	4-12	4급Ⅱ
時<시>	2-01	7급Ⅱ
示<시>	1-12	5급
視<시>	4-11	4급Ⅱ
試<시>	5-15	4급Ⅱ
詩<시>	5-15	4급Ⅱ
式<식>	3-07	6급
息<식>	1-13	4급Ⅱ
植<식>	5-08	7급
識<식>	4-04	5급Ⅱ
食<식>	1-07	7급Ⅱ
飾<식>	4-02	3급Ⅱ
信<신>	1-16	6급Ⅱ
新<신>	3-08	6급Ⅱ
申<신>	추-7	4급Ⅱ
神<신>	3-04	6급Ⅱ
臣<신>	2-13	5급Ⅱ
身<신>	1-05	6급Ⅱ
失<실>	1-06	6급
室<실>	4-02	8급
實<실>	3-09	5급Ⅱ
審<심>	4-12	3급Ⅱ
心<심>	1-04	7급
深<심>	4-05	4급Ⅱ
十<십>	1	8급
雙<쌍>	3-05	3급Ⅱ
氏<씨>	추-7	4급

ㅇ

한자	번호	급수
兒<아>	2-04	5급Ⅱ
我<아>	4-04	3급Ⅱ
牙<아>	3-16	3급Ⅱ
惡<악>	3-12	5급Ⅱ
安<안>	1-05	7급
案<안>	4-15	5급
眼<안>	3-13	4급Ⅱ
顔<안>	5-16	3급Ⅱ
暗<암>	2-16	4급Ⅱ
壓<압>	3-12	4급Ⅱ
央<앙>	1-02	3급Ⅱ
哀<애>	5-08	3급Ⅱ
愛<애>	1-16	6급
液<액>	4-09	4급Ⅱ
額<액>	추-4	4급
夜<야>	2-14	6급
野<야>	4-05	6급
弱<약>	2-10	6급Ⅱ
約<약>	2-04	5급Ⅱ
藥<약>	2-07	6급Ⅱ
揚<양>	5-14	3급Ⅱ
樣<양>	4-11	4급
洋<양>	1-11	6급
羊<양>	1-08	4급Ⅱ
陽<양>	1-13	6급
養<양>	2-04	5급Ⅱ
漁<어>	2-11	5급
語<어>	1-16	7급
魚<어>	2-10	5급
億<억>	추-3	5급
言<언>	1-16	6급
嚴<엄>	5-10	4급
業<업>	2-11	6급Ⅱ
如<여>	1-08	4급Ⅱ
與<여>	3-15	4급
餘<여>	2-07	4급Ⅱ
域<역>	3-10	4급
役<역>	5-14	3급Ⅱ
易<역>	1-12	4급
逆<역>	5-07	4급Ⅱ
延<연>	추-1	4급
演<연>	4-03	4급Ⅱ
然<연>	4-02	7급
煙<연>	3-10	4급Ⅱ
燃<연>	추-8	4급
研<연>	5-13	4급Ⅱ
緣<연>	2-14	4급
軟<연>	추-7	3급Ⅱ
連<련,연>	5-05	4급Ⅱ
熱<열>	5-07	5급
染<염>	5-06	3급Ⅱ
葉<엽>	5-04	5급
映<영>	추-4	4급
榮<영>	4-02	4급Ⅱ
永<영>	4-08	6급
營<영>	4-05	4급
英<영>	4-16	6급
迎<영>	5-10	4급
藝<예>	3-04	4급Ⅱ
禮<례,예>	2-13	6급
豫<예>	5-05	4급
五<오>	1	8급
午<오>	추-7	7급Ⅱ
汚<오>	5-06	3급
烏<오>	2-10	3급Ⅱ
誤<오>	5-05	4급Ⅱ
屋<옥>	2-15	5급
獄<옥>	5-14	3급
玉<옥>	1-03	4급Ⅱ
溫<온>	2-15	6급
完<완>	1-12	5급
往<왕>	3-05	4급Ⅱ
王<왕>	1-02	8급
外<외>	1-10	8급
曜<요>	추-8	4급
要<요>	2-05	5급Ⅱ
謠<요>	추-8	4급Ⅱ
慾<욕>	2-06	3급Ⅱ
欲<욕>	2-06	3급Ⅱ
浴<욕>	추-5	5급
勇<용>	4-16	6급Ⅱ
容<용>	4-08	4급Ⅱ
溶<용>	4-09	특급Ⅱ
用<용>	1-11	6급Ⅱ
優<우>	4-04	4급
友<우>	2-06	5급Ⅱ
右<우>	1-10	7급Ⅱ
憂<우>	4-04	3급Ⅱ
牛<우>	1-08	5급
遇<우>	추-3	4급
雨<우>	2-02	5급Ⅱ
運<운>	2-06	6급Ⅱ
雲<운>	2-02	5급Ⅱ
雄<웅>	4-16	5급
元<원>	1-09	5급Ⅱ
原<원>	3-02	5급
員<원>	2-05	4급Ⅱ
圓<원>	2-06	4급Ⅱ
園<원>	5-04	6급
怨<원>	추-2	4급
援<원>	3-03	4급
源<원>	4-03	4급
遠<원>	4-08	6급
院<원>	2-01	5급

한자	코드	급수	한자	코드	급수	한자	코드	급수	한자	코드	급수
願<원>	5-08	5급	人<인>	1-01	8급	載<재>	추-6	3급II	制<제>	3-12	4급II
月<월>	1-01	8급	仁<인>	4-13	4급	爭<쟁>	3-12	5급	帝<제>	추-6	4급
越<월>	3-11	3급II	印<인>	5-10	4급II	低<저>	3-11	4급II	弟<제>	1-06	8급
位<위>	4-01	5급	因<인>	3-02	5급	底<저>	4-11	4급	提<제>	4-15	4급II
偉<위>	2-11	5급II	引<인>	3-14	4급II	貯<저>	4-14	5급	濟<제>	4-15	4급II
危<위>	3-03	4급	忍<인>	4-09	3급II	敵<적>	4-16	4급II	祭<제>	3-09	4급II
圍<위>	2-11	4급	認<인>	4-12	4급II	的<적>	2-11	5급II	製<제>	4-03	4급II
委<위>	2-05	4급	一<일>	1	8급	積<적>	4-11	4급	除<제>	5-03	4급II
威<위>	4-12	4급	日<일>	1-01	8급	籍<적>	추-6	4급	際<제>	3-09	4급II
慰<위>	추-6	4급	逸<일>	3-06	3급II	賊<적>	5-02	4급	題<제>	5-13	6급II
爲<위>	5-14	4급II	任<임>	2-04	5급II	赤<적>	4-06	5급	助<조>	2-06	4급II
衛<위>	추-3	4급II	賃<임>	4-12	3급II	適<적>	4-01	4급	弔<조>	3-09	3급
違<위>	2-12	3급	入<입>	1-01	7급	傳<전>	2-14	5급II	操<조>	추-7	5급
乳<유>	1-08	4급				全<전>	1-05	7급II	早<조>	2-05	4급II
儒<유>	추-6	4급	**ㅈ**			典<전>	추-7	5급II	朝<조>	1-09	6급
幼<유>	2-04	3급II	姉<자>	추-5	4급	前<전>	2-03	7급II	條<조>	4-08	4급
有<유>	1-07	7급	姿<자>	추-8	4급	專<전>	2-14	4급	潮<조>	추-6	4급
柔<유>	추-5	3급II	子<자>	1-05	7급II	展<전>	3-15	5급II	祖<조>	2-15	7급
油<유>	4-06	6급	字<자>	2-09	7급	戰<전>	3-12	6급II	組<조>	추-3	4급
由<유>	2-03	6급	慈<자>	4-13	3급II	田<전>	1-05	4급II	調<조>	3-01	5급II
遊<유>	추-2	4급	者<자>	2-07	6급	轉<전>	5-07	4급	造<조>	4-03	4급II
遺<유>	5-04	4급	自<자>	1-07	7급II	錢<전>	4-14	4급	鳥<조>	2-10	4급II
肉<육>	1-07	4급II	資<자>	4-03	4급	電<전>	3-05	7급II	族<족>	5-04	6급
育<육>	2-04	7급	作<작>	1-07	6급II	切<절,체>	3-12	5급II	足<족>	1-06	7급II
恩<은>	5-08	4급II	昨<작>	추-4	6급II	折<절>	4-11	4급	存<존>	2-01	4급
銀<은>	4-14	6급	殘<잔>	4-09	4급	節<절>	2-13	5급II	尊<존>	4-13	4급II
隱<은>	4-16	4급	雜<잡>	5-12	4급	絶<절>	5-09	4급II	卒<졸>	1-12	5급II
乙<을>	1-04	3급II	丈<장>	3-02	3급II	占<점>	2-08	4급	宗<종>	2-15	4급II
陰<음>	5-02	4급II	場<장>	1-14	7급II	店<점>	2-09	5급II	從<종>	5-03	4급
音<음>	2-07	6급II	壯<장>	5-01	4급	點<점>	5-15	4급	種<종>	5-13	5급II
飮<음>	2-16	6급II	獎<장>	추-4	4급	接<접>	5-16	4급II	終<종>	5-07	5급
應<응>	3-14	4급II	將<장>	4-16	4급II	丁<정>	1-04	4급	坐<좌>	3-08	3급II
依<의>	2-09	4급	帳<장>	추-2	4급	井<정>	4-04	3급II	左<좌>	1-10	7급II
儀<의>	3-07	4급	張<장>	4-10	4급	停<정>	4-06	5급	座<좌>	4-10	4급
意<의>	2-08	6급II	章<장>	5-10	6급	定<정>	1-15	6급	罪<죄>	3-01	5급
疑<의>	2-16	4급	腸<장>	추-5	4급	庭<정>	5-04	6급II	主<주>	1-02	7급
義<의>	1-16	4급II	裝<장>	5-01	4급	征<정>	5-02	3급II	住<주>	1-13	7급
衣<의>	1-02	6급	長<장>	1-05	8급	情<정>	1-16	5급II	周<주>	2-11	4급
議<의>	4-15	4급II	障<장>	추-2	4급II	政<정>	5-07	4급II	晝<주>	2-14	6급
醫<의>	3-14	6급	再<재>	5-07	5급	整<정>	5-12	4급	朱<주>	5-04	4급
二<이>	1	8급	在<재>	2-01	6급	正<정>	1-07	7급II	注<주>	4-06	6급II
以<이>	1-12	5급II	才<재>	1-02	6급II	淨<정>	5-06	3급II	舟<주>	1-04	3급
異<이>	3-07	4급	材<재>	2-07	5급II	程<정>	추-6	4급II	走<주>	3-13	4급II
移<이>	5-08	4급II	災<재>	3-03	5급	精<정>	2-13	4급II	週<주>	5-09	5급II
耳<이>	1-10	5급	裁<재>	5-11	3급	靜<정>	추-6	4급	酒<주>	2-16	4급
益<익>	4-15	4급II	財<재>	3-06	5급II	頂<정>	5-09	3급II	竹<죽>	1-08	4급II

漢<한>	2-09	7급Ⅱ		混<혼>	5-14	4급
閑<한>	3-09	4급		紅<홍>	5-04	4급
限<한>	3-04	4급Ⅱ		化<화>	1-15	5급
韓<한>	2-15	8급		和<화>	3-01	6급Ⅱ
割<할>	5-14	3급Ⅱ		火<화>	1-03	8급
含<함>	3-10	3급Ⅱ		畫<화>	3-10	6급
合<합>	1-04	6급		禍<화>	5-11	3급Ⅱ
抗<항>	5-01	4급		花<화>	1-15	7급
航<항>	1-15	4급Ⅱ		華<화>	4-02	4급
害<해>	2-10	5급Ⅱ		話<화>	4-05	7급Ⅱ
海<해>	1-11	7급Ⅱ		貨<화>	4-14	4급Ⅱ
解<해>	2-16	4급Ⅱ		擴<확>	3-08	3급
核<핵>	추-1	4급		確<확>	4-02	4급Ⅱ
幸<행>	2-04	6급Ⅱ		患<환>	3-13	5급
行<행>	1-06	6급		換<환>	2-12	3급Ⅱ
向<향>	1-04	6급		歡<환>	5-10	4급
鄕<향>	4-07	4급Ⅱ		還<환>	4-12	3급Ⅱ
香<향>	3-10	4급Ⅱ		活<활>	1-11	7급
虛<허>	4-02	4급Ⅱ		況<황>	3-09	4급
許<허>	4-08	5급		黃<황>	1-13	6급
憲<헌>	추-1	4급		回<회>	1-11	4급Ⅱ
險<험>	5-15	4급		會<회>	2-09	6급Ⅱ
驗<험>	5-15	4급Ⅱ		灰<회>	추-2	3급
革<혁>	3-15	4급		劃<획>	3-10	3급Ⅱ
現<현>	1-16	6급Ⅱ		孝<효>	1-09	7급Ⅱ
賢<현>	4-13	4급Ⅱ		效<효>	3-13	5급Ⅱ
顯<현>	추-8	4급		候<후>	추-2	4급
血<혈>	1-08	4급Ⅱ		厚<후>	5-08	4급
協<협>	2-06	4급Ⅱ		後<후>	2-03	7급Ⅱ
兄<형>	1-06	8급		訓<훈>	5-15	6급
刑<형>	3-01	4급		揮<휘>	추-5	4급
型<형>	5-10	2급		休<휴>	1-13	7급
形<형>	2-06	6급Ⅱ		凶<흉>	2-02	5급Ⅱ
惠<혜>	5-08	4급Ⅱ		黑<흑>	2-16	5급
慧<혜>	4-04	3급Ⅱ		吸<흡>	2-12	4급Ⅱ
呼<호>	2-12	4급Ⅱ		興<흥>	5-09	4급Ⅱ
好<호>	2-06	4급Ⅱ		喜<희>	5-10	4급
戶<호>	1-03	4급Ⅱ		希<희>	3-11	4급Ⅱ
湖<호>	2-08	5급				
虎<호>	3-16	3급Ⅱ				
號<호>	4-02	6급				
護<호>	4-10	4급Ⅱ				
豪<호>	4-02	3급Ⅱ				
或<혹>	추-4	4급				
酷<혹>	4-09	2급				
婚<혼>	2-04	4급				

초등 때 키운

한자 어휘력! 나를 키운다 시리즈

이 책으로는 많이 쓰이는 한자와
그 한자들로 이루어진 한자어를 익혀 어휘력을 키우며
나아가 다른 한자어의 뜻도 유추할 수 있게 합니다.

초등 때 키운 한자 어휘력! 나를 키운다 1
이재준 | 20,000원 | 224쪽

초등 때 키운 한자 어휘력! 나를 키운다 2
이재준 | 20,000원 | 228쪽

초등 때 키운 한자 어휘력! 나를 키운다 3
이재준 | 20,000원 | 230쪽

초등 때 키운 한자 어휘력! 나를 키운다 5
이재준 | 22,000원 | 260쪽

어휘력은 사고력의 출발인 동시에 문해력 학습 능력의 기초입니다.